Jens Berger

STRESSTEST DEUTSCHLAND

Wie gut sind wir wirklich?

WESTEND

Mehr über unsere Autoren und Bücher:
www.westendverlag.de

Die Deutsche Nationalbibliothek verzeichnet diese Publikation in
der Deutschen Nationalbibliografie; detaillierte bibliografische Daten
sind im Internet über http://dnb.d-nb.de abrufbar.

ISBN 978-3-86489-002-4
© Westend Verlag GmbH, Frankfurt/Main 2012
Satz: Publikations Atelier, Dreieich
Druck und Bindung: CPI – Clausen & Bosse, Leck
Printed in Germany

Inhalt

Einleitung
Auf der Suche nach dem Glück

In der Unabhängigkeitserklärung der Vereinigten Staaten von Amerika aus dem Jahr 1776 wird das Recht auf »Leben, Freiheit und das Streben nach Glückseligkeit« als das unveräußerliche Recht eines jeden Menschen bezeichnet. Der kleine Himalaja-Staat Bhutan hat das Glück seiner Bürger sogar zum Staatsziel erhoben. Dort bemisst sich der Erfolg der Politik nicht am Bruttoinlandsprodukt, sondern am »Bruttonationalglück«. Jede öffentliche Investition und jede politische Gesetzesänderung müssen sich dort daran messen lassen, ob sie dem Allgemeinwohl dienen.

Diese Maxime mag für deutsche Leser, die als Maßstab für erfolgreiches politisches Handeln eher materielle Benchmarks wie Effizienz, Produktivität, Rendite und Profit kennen, ungewöhnlich, ja vielleicht sogar naiv klingen. Warum eigentlich?

Es versteht sich von selbst, dass wirtschaftliche Kennzahlen kein reiner Selbstzweck sind. Umso erstaunlicher ist es jedoch, dass eben diese wirtschaftlichen Kennzahlen von Politikern und Medien immer wieder isoliert zum Maß aller Dinge erhoben werden. Deutschland strebt nicht nach Glückseligkeit, sondern nach steigenden DAX-Kursen. Nicht das Bruttonationalglück, sondern das Bruttoinlandsprodukt ist die Benchmark politischen Handelns. Dabei heißt es schon im Amtseid, den jeder Bundeskanzler und Bundesminister ablegen muss: »Ich schwöre, dass ich meine Kraft dem Wohle des deutschen Volkes widmen, seinen Nutzen mehren, Schaden von ihm wenden [...] werde.« Dem Wohl der Wirtschaft haben die Verfasser des Grundgesetzes wohlweislich keinen Verfassungsrang zugesprochen.

Gleichwohl stehen wirtschaftliche Kennzahlen keinesfalls im Gegensatz zum Streben nach Glückseligkeit. Denn es ist nicht per se falsch, eine Steigerung des Bruttoinlandsprodukts anzustreben, und selbstverständlich ist es für das Land zunächst einmal von Vorteil, wenn es der hiesigen Wirtschaft gutgeht. Analog zum bekannten Sprichwort, nach dem Geld nicht alles, ohne Geld aber alles nichts sei, könnte man auch sagen, dass Wirtschaftswachstum nicht alles, ohne Wirtschaftswachstum aber alles nichts ist.

Seit mehreren Jahren hat die Mehrheit der Deutschen das Gefühl, dass es ihr von Jahr zu Jahr schlechter geht. Die Preise steigen, die Löhne stagnieren, immer häufiger reicht selbst für die Angehörigen der Mittelschicht am Ende des Monats das Geld nicht mehr aus, um alle Rechnungen pünktlich zu begleichen. Fragt man die Deutschen, wovor sie Angst haben, stehen nicht etwa der Klimawandel oder der internationale Terrorismus an erster Stelle, sondern die steigenden Lebenshaltungskosten.[1] Noch sind zwei Drittel aller Deutschen mit ihrem persönlichen Lebensstandard eher zufrieden.[2] Es sind jedoch ebenfalls zwei Drittel, die sich vor einem künftigen persönlichen sozialen Abstieg fürchten.[3] Mehr als die Hälfte aller Deutschen ist zudem der Ansicht,[4] dass der allgemeine Lebensstandard in Deutschland künftig eher sinken wird. All dies steht im krassen Gegensatz zur jüngeren Entwicklung der deutschen Wirtschaft, die Jahr für Jahr neue Umsatz- und Gewinnrekorde meldet, während das Bruttoinlandsprodukt trotz Weltwirtschaftskrise und kurzzeitiger Rückschläge solide und stetig steigt. Nehmen die Menschen den XXL-Aufschwung – O-Ton Rainer Brüderle – etwa nicht wahr? Oder haben sie erkannt, dass er nichts mit ihrer persönlichen Situation zu tun hat?

Wäre das Glück auch hierzulande Staatsziel, müsste die Regierung wohl eine Kommission einberufen, um die Diskrepanz zwischen den wirtschaftlichen Kennzahlen und dem Empfinden der Menschen zu untersuchen. Die Wirtschaftswissenschaft kann – und will – diese Diskrepanz offensichtlich nicht aufklären. Das Fach

Wohlfahrtsökonomik gilt hierzulande als Außenseiterfach, da es »normativ« ist, also Werturteile fällt. Moderne Ökonomen lieben nackte Zahlen, unterlassen es jedoch, aus diesen Zahlen Werturteile herzuleiten. Darum wird das Fach Wohlfahrtsökonomik auch nur an wenigen deutschen Universitäten überhaupt gelehrt.

Auch das Fach Wirtschaftsethik führt an den deutschen Universitäten ein Schattendasein. Trotz großer Nachfrage seitens der Bologna-gestressten Studierenden bietet nur jede zweite Wirtschaftsfakultät dieses Fach an[5] – zu den abschlussrelevanten Pflichtveranstaltungen gehört es fast nirgends. Stattdessen werden den Studenten der Wirtschaftswissenschaften auch heute noch unhaltbare Thesen wie die der universellen Gültigkeit der Marktgesetze eingebleut.

Der US-amerikanische Ökonom und Wirtschaftsnobelpreisträger Joseph E. Stiglitz bringt die vermeintliche Unfehlbarkeit ökonomischer Erkenntnisse in einem kurzen Satz auf den Punkt: »Die Ökonomie ist die einzige Wissenschaft, in der sich zwei Menschen einen Nobelpreis teilen können, weil ihre Theorien sich gegenseitig widerlegen.«[6]

Man versucht seitens der herrschenden Lehrmeinung erst gar nicht, die Diskrepanz zwischen Theorie und Realität zu erklären. Vielmehr werden die Menschen, die nicht daran glauben, dass sie etwas vom XXL-Aufschwung haben, bezichtigt, einer Sinnestäuschung zu unterliegen. Es kann nicht sein, was nicht sein darf. Dass die Menschen aber nicht Opfer von Sinnestäuschungen sind, belegen unzählige Statistiken, von denen einige in späteren Kapiteln noch angeführt werden.

Welchen Maßstab könnte man also anlegen, wenn man die Frage beantworten will, ob es uns gut geht und ob das Land auf dem richtigen Weg ist? Das Glück oder die Glückseligkeit wären zwar die ideale Benchmark. Leider ist Glück jedoch nicht messbar, und zum Glücksempfinden gehören viele Faktoren, die mit politischen oder wirtschaftlichen Fragen nicht unbedingt im Zusammenhang stehen, etwa das private Umfeld oder die Gesundheit. Einen praktikableren Ansatz bietet da schon die eingangs zitierte Unabhängigkeitserklärung der Vereinigten Staaten: Nicht das Glück als solches, sondern das »Streben nach Glückseligkeit« gilt dort als unveräußerliches Recht. Eine Politik, die den Menschen das Streben nach Glückseligkeit ermöglicht, wäre somit eine denkbare Benchmark für unsere Lagebestimmung.

Begriffe wie Glück oder Freiheit sind zugleich sehr subjektiv. Guido Westerwelle und Sahra Wagenknecht vertreten nicht nur einen anderen Freiheitsbegriff, sondern haben vermutlich auch unterschiedliche Vorstellungen davon, welche Politik das Streben der Menschen nach Glückseligkeit unterstützt. Eine Benchmark, die hier Klarheit bringt, muss demnach auch normativ sein, sie muss Ziele setzen, deren Erreichung wünschenswert erscheint.

Die Glücksforschung gibt uns da zumindest einen empirischen Befund. Nach dem neoliberalen Dogma fördert Ungleichheit den Wettbewerb, spornt die ärmeren Schichten an, ihren Lebensstandard durch Leistung zu verbessern, und sorgt daher für eine Gesellschaft, in der ein jeder mit vollem Einsatz sein (ökonomisches) Glück suchen kann. Dass diese Theorie falsch ist, belegten die britischen Epidemiologen Kate Pickett und Richard Wilkinson in einer aktuellen und aufsehenerregenden Studie.[7] Pickett und Wilkinson haben in jahrzehntelanger Arbeit Daten zum Zustand der Gesellschaft in modernen Industriestaaten gesammelt und ausgewertet. Sie untersuchten unter anderem die Verbreitung von psychischen Erkrankungen, den Drogenkonsum, die Zahl der Selbstmorde, die Höhe der Lebenserwartung; sie fragten nach dem Bildungsniveau, nach Schwangerschaften von Minderjährigen und der sozialen Mobilität. Die Wissenschaftler kamen zu dem – vielleicht überraschenden – Ergebnis, dass soziale Ungleichheit in einer Gesellschaft es begünstigt, dass negative Faktoren besonders häufig auftreten.

Nicht nur die Armen, sondern alle soziale Schichten leiden unter der Ungleichheit. So ist beispielsweise die Zahl psychischer Erkrankungen in den USA, wo es gewaltige Einkommensunterschiede gibt, fünfmal so hoch wie in den skandinavischen Ländern und betrifft vor allem Personen mit einem höheren Einkommen. Ungleichheit führt zu Statusangst auf allen Ebenen einer Gesellschaft, und diese macht die Menschen nicht nur unglücklich, sondern auch krank. Die Ergebnisse von Pickett und Wilkinson decken sich mit Studien der University of Leicester.[8] Dort wurde mit Hilfe einer Metaanalyse aus mehr als hundert verschiedenen Studien eine Weltkarte des Glücks erstellt. Auch hier konnten die skandinavischen Länder, in denen Einkommen und Vermögen relativ gleichmäßig verteilt sind, Spitzenplätze erzielen, während Länder, in denen es große Unterschiede bei der Einkommens- und Vermögensverteilung gibt, schlecht abschnitten.

Die Benchmark für den Stresstest Deutschland ist somit eine gerechte Gesellschaft, in der Einkommen, Vermögen und Macht möglichst gleich verteilt sind, in der die Menschen keine Angst vor sozialem Abstieg haben müssen und die sich durch eine hohe Einkommens- und Bildungsmobilität – das heißt durch gute Aufstiegschancen für die ärmeren Schichten –, auszeichnet. Eine solche Gesellschaft hat sich ansatzweise in Deutschland in der Nachkriegszeit bereits entwickelt. »Wirtschaftswunder« wurde das Schlagwort für diese gut zwei Jahrzehnte andauernde rasante Entwicklung. Auferstanden aus Ruinen der eigenen Großmannssucht, wurde der Westteil des Landes zu einem demokratischen Staat, in dem Freiheit nicht nur eine hohle Phrase war.

Natürlich kann man dieses »Wirtschaftswunder« nicht losgelöst von seinem historischen Kontext betrachten. Nach dem Zweiten Weltkrieg lag das Land in Trümmern, viele Angehörige der jüngeren und mittleren Generation waren im Krieg gefallen. Das Land brauchte nicht nur Arbeiter, sondern auch speziell geschulte Fachkräfte und Akademiker, die dann natürlich auch höhere Einkommen erzielen konnten. Die oberen Schichten reichten als »Reservoir« für diesen Bedarf nicht aus, also musste man auch den Nachwuchs der unteren Schichten rekrutieren. Dies ging nur, indem man das Bildungssystem sukzessive öffnete, um eine erhöhte soziale Mobilität zu ermöglichen.

Man sollte auch nicht vergessen, dass sich der kapitalistische Westen damals in einem Wettbewerb der Systeme befand und sich selbst und seinen Bürgern stets aufs neue beweisen musste, dass der Kapitalismus dem Sozialismus überlegen sei. Insofern fand auch die Freiheit der politischen Betätigung im neuen demokratischen Deutschland 1956 mit dem Verbot der KPD (Kommunistische Partei Deutschlands) ihre Grenze.

Die Periode zwischen dem Zweiten Weltkrieg und der Wiedervereinigung zeichnete sich auch durch ein komplett anderes Selbstverständnis des Staates aus, als wir es heute – nach dem Siegeszug des Neoliberalismus – kennen. Der starke Staat, dessen Wirken weit in sämtliche wirtschaftliche Belange reichte, war in dieser Periode der Regelfall. Damals gab es noch keine Spitzenverdiener, die der Politik Steuersenkungen abpressten und offen mit ihrem Wegzug drohten. Bis ins Jahr 2000 lag der Spitzensteuersatz in Deutschland stetig zwischen 53 Prozent und 56 Prozent und galt für alle Einkommensarten. Heute liegt er bei 42 Prozent und gilt nur für Einkommen aus eigener Arbeit – Einkünfte aus Kapitalanlagen, Mieten und Dividenden werden pauschal mit lediglich 25 Prozent versteuert. In den »erzkapitalistischen« USA lag der Spitzensteuersatz in der Nachkriegszeit bis zum Jahre 1965 sogar bei 91 Prozent und betrug 1981 beim Amtsantritt Ronald Reagans immer noch stolze siebzig Prozent.

Wenn der Staat nicht freiwillig auf Einnahmen verzichtet, kann er es sich natürlich auch leisten, Rahmenbedingungen zu schaffen, die das Streben nach Glück bestmöglich garantieren. In Deutschland betrugen die Staatseinnahmen in den Fünfzigern und Sechzigern mehr als 27,5 Prozent des Bruttoinlandsprodukts – unter den Kanzlern Gerhard Schröder und Angela Merkel ist dieser Wert auf unter 22,5 Prozent gesunken. Wann immer über die angeblich horrende Staatsverschuldung palavert wird, sollte man im Hinterkopf behalten, dass Deutschland nahezu schuldenfrei wäre, wenn die Regierungen Kohl, Schröder und Merkel die Staatseinnahmenquote nach der Wiedervereinigung nicht durch teilweise groteske Steuersenkungen für Unternehmen und Besserverdienende gesenkt hätten.

Eine weitere Benchmark für unseren Stresstest ist somit ein aktiver Staat, der sein Handeln am Wohl seiner Bürger ausrichtet, wie es ja auch der Amtseid der deutschen Kanzler und Bundesminister vorsieht. Ziel wäre demnach ein Land, in dem man die Schichtzugehörigkeit und Entlohnungsstufe seiner Bewohner nicht bereits am Zustand des Gebisses erkennt. Ein Land, in dem es möglich ist, dass auch Arbeiter ihre Kinder auf die Universität schicken, die dann auch im späteren Leben die gleichen Chancen haben wie Kinder aus »besserem Hause«. Ein Land, in dem keine Angst vor sozialem Abstieg, Armut oder Arbeitslosigkeit herrscht.

Dem Begriff Stresstest kommt in diesem Buch gleich doppelte Bedeutung zu. Die rasante Entwicklung, die das Land seit dem Beginn der Finanz- und Wirtschaftskrise durchmacht, stellt für unsere Gesellschaft einen Stressfaktor par excellence dar. Gleichzeitig greift der Begriff »Stresstest« in ironischer Weise die Stresstests des vergangenen Jahres auf. Ganz gleich, ob es sich dabei um den Stresstest für das Immobilienprojekt Stuttgart 21, den Stresstest für die Atommeiler oder die zahlreichen Stresstests für das Bankensystem handelte – die Ergebnisse dieser Stresstests standen bereits von vornherein fest, und ihr einziger Sinn und Zweck lag darin, besorgte und verängstigte Menschen zu beruhigen. Dieses Buch will freilich nicht beruhigen, sondern vielmehr zum Nachdenken anregen und wachrütteln. Es will den Finger in die Wunde legen. Dabei soll Kritik jedoch nicht zum Selbstzweck verkommen, sondern auch stets Alternativen aufzeigen. Es soll nicht nur um nackte Zahlen gehen, sondern vor allem um die Menschen, deren Schicksale sich hinter diesen Zahlen verbergen. Es behandelt auch weniger konkrete tagespolitische Fragen und Entscheidungen, sondern analysiert die Strukturen und Strategien, die diesen tagespolitischen Problemen zugrunde liegen.

Trotz – oder gerade wegen? – der Globalisierung und der digitalen Revolution ist unsere Welt nicht einfacher, sondern um vieles komplexer geworden. Politik und Medien preisen täglich die Leistungsfähigkeit Deutschlands, nicht ohne uns im gleichen Atemzug zu ermahnen, den Gürtel doch bitte enger zu schnallen.

Himmelhoch jauchzend, zu Tode betrübt – die Grenzen zwischen Selbstbeweihräucherung und schrillem Alarmismus verschwimmen immer mehr.

Um diese täglichen, widersprüchlichen Informationen auf ihren Wahrheitsgehalt überprüfen zu können, will ich in diesem Buch verschiedene Politikbereiche auf den Prüfstand stellen. Dabei werden vermeintliche Wahrheiten hinterfragt und Alternativen zu angeblichen Alternativlosigkeiten aufgezeigt. In einer besseren Welt würden die Medien diese Aufgabe erfüllen, und ein Buch wie dieses wäre überflüssig. Man muss aber leider konstatieren, dass diese – im wahrsten Sinne des Wortes – aufklärerische Arbeit von den Medien mehr und mehr vernachlässigt wird. Anstatt die herrschende Meinung, den Meinungsmainstream, zu hinterfragen und fair über Alternativen zu berichten, werden Positionen, die nicht im Einklang mit der vorherrschenden Meinung stehen, lieber »links liegengelassen« und ausgeblendet.

Der vorgenommene Stresstest deckt vor allem die Politikbereiche ab, die für das Streben nach Glück maßgeblich sind. Dies ist insbesondere das demokratische System als solches, das nicht nur den Rahmen, sondern auch die Orientierung staatlichen Handelns vorgibt. Schlussendlich liegen alle in diesem Buch behandelten Fragen und Probleme im Entscheidungshorizont der Politik. Ihr kommt daher auch eine ganz entscheidende Rolle bei der Bewertung zu. Das macht die Sache jedoch keinesfalls einfacher. Denn die Entscheidungsprozesse in der Politik verlaufen leider nicht nach dem simplen Schema, dass Politiker sich eigene Gedanken um die Zukunft des Landes machen, sondern es gibt viele Faktoren, die in die politischen Entscheidungsprozesse hineinspielen und sie beeinflussen. An erster Stelle ist da der Lobbyismus zu nennen, der sich in den letzten Jahren zu einer echten Gefährdung des demokratischen Systems entwickelt hat. Eine sehr wichtige Funktion kommt in diesem Kontext auch den Medien zu. Sie sind nicht nur die vierte Gewalt, die den Staat, die Parteien und die Politik überwachen soll, sondern auch ein wichtiger Akteur bei der politischen Willensbildung – nicht nur für den Wähler, sondern mit zunehmender Tendenz auch für die Politiker selbst.

Wenn es um das Streben nach Glück geht, spielen natürlich auch ökonomische Fragen eine wichtige Rolle, da wirtschaftliche Faktoren ganz entscheidend zum subjektiven Glücksempfinden beitragen. Daher werden auch unser Wirtschaftssystem und dessen wirtschaftspolitische und ideologische Leitlinien unter die Lupe genommen. Außerdem sollen das Gesundheitssystem und die Bereiche Rente, Arbeit und Soziales näher beleuchtet werden – sind sie es doch, die für unsere soziale Sicherheit verantwortlich sind.

Natürlich muss ein Stresstest auch auf die Handlungsoptionen eingehen. Aktuell ist Deutschland mit einer Finanzkrise konfrontiert, die nicht nur viele Paradigmen über den Haufen geworfen hat, sondern auch in Form der Eurokrise maßgeblich den Handlungsspielraum für künftige Regierungen bestimmt. Schon heute steht die Politik dieses Landes unter Finanzierungsvorbehalt. Sollte sich die Politik nicht aus den Schlingen der Finanzmärkte befreien und sich selbst in die babylonische Gefangenschaft einer »marktkonformen Demokratie« begeben, könnten sich sämtliche Diskussionen über Detailfragen schon bald erübrigt haben, da nicht mehr wir, die Bürger, sondern die Finanzmärkte über unsere Zukunft entscheiden. So viel sei vorweggenommen – unser Streben nach Glück ist den Analysten der Investmentbanken und Ratingagenturen herzlich egal.

1 Demokratiekrise: Leben wir im besten aller denkbaren Systeme?

Zahlreiche Umfragen der letzten Jahre kommen übereinstimmend zu dem Befund, dass ungefähr die Hälfte der Deutschen mit der Art und Weise, wie die Demokratie in Deutschland funktioniert, wenig oder gar nicht zufrieden ist.[1] Je ärmer die Menschen sind, desto schlechter funktioniert ihrer Meinung nach die Demokratie.[2] Für 73 Prozent der Arbeitslosen, 63 Prozent der Hartz-IV-Haushalte und sechzig Prozent der Haushalte mit einem Nettoeinkommen von unter 700 Euro gilt demnach, dass sie der Demokratie skeptisch gegenüberstehen. Jeder zweite Arbeitslose und Hartz-IV-Empfänger würde die Demokratie nicht verteidigen. Vor allem im Osten hat sie kein besonders gutes Image. Jeder zweite Ostdeutsche spricht einem demokratischen System generell die Fähigkeit ab, Probleme zu lösen. Das sind höchst gefährliche Alarmzeichen.

Nun darf man aber nicht den Fehler machen, Verdruss und Unzufriedenheit über die derzeitige Funktionsweise unserer Demokratie mit einer Ablehnung der Demokratie gleichzusetzen. Dieselben Umfragen kommen nämlich ebenfalls zu dem Ergebnis, dass die ganz überwiegende Mehrheit unserer Bevölkerung ein demokratisches Staatswesen, das Grundgesetz und den Sozialstaat für verteidigenswert hält. Man sollte also eher von einer Politik-, Politiker-, Parteien- oder Systemverdrossenheit sprechen, demokratieverdrossen sind die Deutschen (noch) nicht. Die Unzufriedenheit mit der Demokratie, der Politik, den Politikern und Parteien ist eigentlich nicht weiter verwunderlich, wenn man bedenkt, dass die Politik in zentralen Fragen dauerhaft gegen den Mehrheitswillen der Bevölkerung regiert. Das ist bezogen auf Hartz IV so, die Rente mit 67, die Gesundheitsreformen oder auch auf den Kriegseinsatz in Afghanistan. Man könnte noch eine ganze Reihe weiterer Politikfelder aufzählen, bei denen die Bürger das Gefühl gewonnen haben, dass ihre Meinung bei der Politik, den Parteien und den Regierungen nicht mehr gefragt ist. Schlimmer noch: Ihre Meinung kommt in der öffentlichen Debatte gar nicht mehr vor.

Unser politisches System gehört zu den freiesten, die es je gab. Da die Freiheit des einen aber auch immer die Unfreiheit des anderen ist, sollte man sich darüber im klaren sein, wessen Freiheit der Politik eigentlich am Herzen liegt. »Freiheit hoaßt koa Angst habn, vor neamands«, sang einst der Liedermacher Konstantin Wecker. Angst war aber schon immer ein Element der Politik – der Verängstigte stellt weniger Fragen und lässt sich leichter regieren. Eine solche Politik hat mit der Freiheit aller Bürger also wenig zu tun. Und die Deutschen haben Angst. Sie haben Angst, ihren Job zu verlieren oder in das Heer der zahllosen »working poor« abzugleiten; sie haben Angst davor, im Alter ihren Lebensstandard nicht mehr halten zu können; sie haben Angst, in einer immer schneller werdenden Welt abgehängt zu werden.

Anstatt diese Ängste zu beseitigen, schürt die Politik sie durch den Abbau des Sozialstaats und subtil gestreuten Sozialdarwinismus. Solange unsere Demokratie die Ängste der Menschen nicht wirklich ernstnimmt und Mittel und Wege findet, sie zu beseitigen, wird es ihr auch nicht gelingen, aus den Verängstigten engagierte Demokraten zu machen. Warum sollte man ein politisches System verteidigen, das einen selbst zum Verlierer abstempelt und keine ernstzunehmende Lebensperspektive bietet?

Willkommen in der Parteiendemokratie

Alle Macht geht vom Volke aus, heißt es im Grundgesetz der Bundesrepublik. Aber stimmt das? Geht die Macht in Deutschland wirklich vom Volke aus? Kritische Zeitgenossen werden diese Frage wahrscheinlich verneinen, denn sie beobachten, dass doch die Parteien als Repräsentanten des Volkes immer mehr Macht an sich reißen. Die Macht der Parteien geht inzwischen weit über den politischen Gestaltungsauftrag hinaus, den ihnen das Grundgesetz zubilligt. Das Parteibuch entscheidet, wer einen Posten im höheren Staatsdienst bekommt, die obersten Richter des Landes werden nach Parteibuch und Parteienproporz ernannt, und sogar die Wächter der Demokratie, die öffentlich-rechtlichen Sendeanstalten, mögen zwar staatsfern sein – parteienfern sind sie aber nicht einmal im Ansatz. Die Parteien setzen sich über die Gewaltenteilung hinweg – sie kontrollieren die Exekutive, die Judikative, die Legislative und teilweise sogar die Medien, die von Optimisten immer gern als vierte Gewalt im Staat bezeichnet werden. Ein Staatsgebilde ohne Gewaltentrennung ist allerdings keine Demokratie. Will man das Staatssystem der Bundesrepublik auf einen griffigen Nenner bringen, könnte man daher auch von einer Parteienherrschaft sprechen.

Wie konnte es passieren, dass eine vorbildliche Verfassung, wie es die deutsche ist, durch die Parteien derart ausgehöhlt werden konnte? Die Antwort auf diese Frage wird vielen nicht so sehr gefallen: Das Volk hat den Parteien die Macht auf dem Silbertablett dargeboten.

Die Bürger fühlen sich von den Parteien zwar nicht wirklich repräsentiert, machen allerdings auch keinerlei Anstalten, an diesem Zustand etwas zu ändern. Wenn ihnen alle paar Jahre wieder die einzige Möglichkeit geboten wird, Politik mitzugestalten, versagen sie auf ganzer Linie – entweder, sie nehmen diese Möglichkeit nicht wahr oder sie stimmen mit überwältigender Mehrheit für das politische System, das sie an anderer Stelle kritisieren. So unzufrieden kann das Volk demnach mit der Politik gar nicht sein. Aber vielleicht entspricht die Mehrheit der kritischen Beobachter auch ganz einfach nicht dem repräsentativen Durchschnitt, und es gibt so etwas wie die »schweigende Mehrheit«, die Richard Nixon einst immer dann in den Ring warf, wenn seine wertkonservative Politik von den liberalen Demonstranten auf der Straße kritisiert wurde. Hatte Nixon vielleicht recht? Gibt es auch in Deutschland eine »schweigende Mehrheit«, die gar nicht so unzufrieden mit der Politik ist, wie es kritische Betrachter ausgemacht haben wollen?

Eine Antwort auf diese Frage könnte auch das Orakel der Demoskopen nicht geben. Denn leider verschaffen die Sprüche dieses Orakels keine Klarheit, sondern bieten nur weiteren Diskussions- und Interpretationsspielraum. Zwar ist die überwältigende Mehrheit der Bevölkerung bei einigen Sachfragen, etwa Rente mit 67 oder Krieg in Afghanistan, anderer Meinung als die überwältigende Mehrheit der Parlamentarier, dennoch schlägt sich dieser Dissens nicht im politischen Stimmungsbild nieder. Nur jeder Zehnte der Befragten, die überhaupt wählen würden, erklärt bei Umfragen, seine Stimme auch der einzigen Partei zu geben, die bei den erwähnten Sachfragen mit der Mehrheit des Volkes übereinstimmt. Ähnlich sieht es beim Thema Mindestlohn aus. In diversen Umfragen erklärt die übergroße Mehrheit der Bevölkerung, dass sie einen Mindestlohn für richtig hält, bei der konkreten Wahlentscheidung spielt dieses Thema jedoch offensichtlich nur eine untergeordnete Rolle, zumindest wählt sie nicht die Partei, die sich dafür einsetzt.

Dafür gibt es drei mögliche Erklärungen:

- Die Themen, bei denen die Parteien nicht die Meinung ihrer Wähler vertreten, werden von den Wählern eher als unwichtig betrachtet. Die Wahl einer Partei ist immer die Einigung auf einen kleinsten gemeinsamen Nenner. Wenn man beispielsweise zu 75 Prozent mit dem Parteiprogramm der CDU übereinstimmt, beim Thema Afghanistan allerdings anderer Meinung ist, muss dies kein Hindernis sein, diese Partei trotzdem zu wählen.

- Parteien, mit denen man in bestimmten Bereichen übereinstimmt, scheinen durch andere Positionen oder aber die öffentliche Wahrnehmung unwählbar. So spielt es für die allermeisten Wahlberechtigten gar keine Rolle, welche Position beispielsweise die NPD zu bestimmten Themen hat, da diese Partei für sie ohnehin nicht wählbar ist.

- Der Wähler ordnet sich dem Paternalismus des politischen Systems unter. Ein Kind würde schließlich auch nicht seine Eltern in Frage stellen, wenn sie sich bei der Wahl des nächsten Urlaubsortes nicht an seinen Wünschen orientieren. Um diesen Effekt zu verstärken, benutzt die Politik gern den Trick, gewisse Positionen als alternativlos darzustellen.

Wie systemverdrossen ist das Volk?

Die beliebte These, nach der die Deutschen politikverdrossen seien, lässt sich bereits mit dem Blick in jede x-beliebige Kneipe oder deren virtuelles Pendant, die sozialen Netzwerke im Internet, widerlegen. Es wird gejammert, diskutiert, debattiert und gestritten, dass die Fetzen fliegen. Neu ist jedoch, dass es nur sehr selten vorkommt, dass einer der Diskutanten sich offen auf die Seite einer Partei stellt. Der politische Diskurs ist lebhaft, er findet jedoch heute jenseits der Parteienpolitik statt. Die vielzitierte »Politikverdrossenheit« trifft also nicht den Kern des Problems.

Mit den Politikern, die als Talk-Show-Helden auftreten, haben die wenigsten ihrer Wähler und Nichtwähler irgendetwas gemein. Der Politiker von heute ist kein Idol, er ist kein Visionär und auch kein ehrlicher Makler. Er ist ein PR-Produkt, austauschbar in seiner belanglosen Unverbindlichkeit. Kennt eigentlich noch irgendwer die großen »Leuchttürme« der Politik des vergangenen Jahrzehnts: Ruprecht Polenz, Hubertus Heil, Klaus Uwe Benneter oder Peter Hinze? Wird in fünf Jahren noch irgendwer Ronald Pofalla, Hermann Gröhe, Alexander Dobrindt oder Andrea Nahles kennen? Nein, warum auch? Ein kleiner Tipp an alle Leser, die hier selbst ins Schwimmen kommen: Alle genannten Herren und die Dame waren oder sind Generalsekretäre einer Volkspartei.

Was heute oft als Politik-, Politiker- oder auch als Parteienverdrossenheit beschrieben wird, ist strenggenommen eher eine Systemverdrossenheit Wie weit diese Systemverdrossenheit allerdings geht, ist umstritten. Wäre das Volk wirklich so systemverdrossen, wie manche kritischen Beobachter vermuten, müsste es doch eigentlich aus dem binären Lagerdenken ausbrechen. In den Köpfen der Publizisten lässt sich die deutsche Parteienlandschaft grob in zwei Lager aufteilen – das »bürgerliche« Lager mit den Unionsparteien und der FDP und das »linke« Lager mit der SPD und den Grünen. Diese Definition greift jedoch noch auf das Parteiensystem der Weimarer Republik zurück, in dem die Parteien auch mehr oder weniger klar mit bestimmten sozialen Schichten korrespondierten – das Zentrum (Vorgänger der Unionsparteien) mit dem Bürgertum und die SPD mit der Arbeiterklasse. Obwohl dieses Lagerdenken eigentlich spätestens mit der Entwicklung der beiden großen Parteien zu Volksparteien überwunden sein sollte, finden auch heutzutage noch die größten Wählerwanderungen innerhalb des vemeintlich bürgerlichen und des vermeintlich linken Lagers statt. Wählerwanderungen zwischen den Lagern sind heute häufiger zu beobachten als früher, es kommt jedoch eher selten vor, dass Wähler einer Partei, die nicht so einfach einem der beiden Lager zuzuordnen ist, ihre Stimme geben. Dies könnte sich mit den jüngsten Erfolgsmeldungen der Piratenpartei vielleicht ändern, es ist jedoch noch zu früh, um dazu belastbare Aussagen zu machen.

Da Parteien, die weder in das »bürgerliche« noch in das »linke« Lager passen beziehungsweise von den Wortführern dieser Lager als nicht zugehörig zum entsprechenden Lager bezeichnet werden, nur von einer kleinen Minderheit gewählt werden, scheint es auch mit der Systemverdrossenheit nicht allzu weit her zu sein. Die in diesem Zusammenhang immer wieder genannten Nichtwähler klären diesen Widerspruch ebenfalls nicht auf – bei wichtigen Wahlen, etwa den Bundestagswahlen, ist die Zahl der Nichtwähler heute nicht wesentlich größer als zu den »goldenen Zeiten« der Bundesrepublik, als noch niemand von Systemverdrossenheit sprach. Bei den letzten Bundestagswahlen gaben immerhin sieben von zehn Deutschen ihre Stimme ab, von einer massenhaften Wählerflucht kann da wohl kaum die Rede sein.

Entweder ist das Volk nicht systemverdrossen, oder es sieht ganz einfach keine Alternative und bleibt aus geistiger Bequemlichkeit lieber beim zweigeteilten Lagerdenken. Man kann auch mit dem Wetter fürchterlich unzufrieden sein, ändern kann man es nicht. Während unsere »systemverdrossenen« Vorfahren in vordemokratischen Zeiten ihr Leben dafür gaben, im politischen System gehört zu werden, muss man heute den Hund schon zum Jagen tragen. Von engagierten Oppositionswählern oder begeisterten Nichtwählern kann wirklich nicht die Rede sein.

Sollten hierzulande einmal bewaffnete Rabauken die Bürger vom Betreten der Wahllokale abhalten, würde dies bei den Wahlwilligen wahrscheinlich bestenfalls ein Schulterzucken hervorrufen – hätte ich das vorher gewusst, wäre ich gleich und ohne Umweg in die Eisdiele gegangen. Für eine Demokratie ist dies freilich ein jämmerliches Bild.

Die Deutschen sind zwar latent unzufrieden, rühren aber keinen Finger, um etwas an dieser Unzufriedenheit zu ändern. Sie sind passive Demokraten, die die Politik als Showveranstaltung betrachten. Sie geben ihrem Favoriten die Stimme oder schalten ab und gehen in die innere Emigration – wobei dieser Begriff den Großteil der bildungsfernen Schichten, die lieber Bohlen als Phoenix einschalten und sich ihrer politischen Verantwortung entziehen, sicher nur sehr ungenügend charakterisiert.

Wer hat uns verraten?

Das Parteiensystem eignet sich hervorragend dazu, Unzufriedenheiten zu kanalisieren. Dies funktioniert allerdings nur dann, wenn Regierung und Opposition jeweils ein halbwegs geschlossenes Lager darstellen. Als die Bürger mit der Regierung Helmut Kohls unzufrieden waren, wählten sie das andere, sogenannte linke Lager; als sie mit der Regierung Gerhard Schröders unzufrieden waren, stimmten sie wieder für das sogenannte bürgerliche Lager, so als hätten sie ihr Missfallen mit der Regierung Kohls schon wieder vergessen. Wähler haben ein sehr schlechtes Langzeitgedächtnis und neigen zum binären Denken: Wenn sie mit X unzufrieden sind, müssen sie Y wählen, Alternativen gibt es nicht.

Solange die Wähler sich ein X für ein Y vormachen lassen und noch einen markanten Unterschied zwischen den beiden Lagern sehen, funktioniert dieses Unterscheidungsprinzip. Die einstigen inhaltlichen Positionen der großen Parteien verschwinden jedoch zusehends. Die SPD ist nicht sozialdemokratisch, die CDU nicht christlich, die CSU nicht sozial, die FDP kämpft mehr für die Freiheit des Marktes als die des Wählers, und die Grünen streifen sich den olivgrünen Stahlhelm über. Macht und Machterhalt werden zum Selbstzweck. Mehr und mehr erinnern die Parteien an Produkte, denen die Marketingabteilung ein Image verpasst hat.

Dieser Eindruck wird bestärkt, wenn man die modernen Vokabeln politischer Kommunikation betrachtet. Da wird von einem Markenkern, von Image, Außenwirkung, Zielgruppen oder auch Alleinstellungsmerkmalen gesprochen. Politik wird nicht mehr von Politikern, sondern von PR-Profis formuliert. Für die SPD erfüllt diese Aufgabe beispielsweise die Werbeagentur BUTTER[3] – wir wissen ja, wer heute hip sein will, muss sich entweder ausschließlich in Klein- oder in Großbuchstaben schreiben. BUTTER verkauft morgens Schnaps, mittags Handyverträge und nachmittags die Politik der SPD. Wen wundert es da, dass ein Sigmar Gabriel eher als angeschickerter Handyverkäufer denn als ernstzunehmender Politiker wahrgenommen wird?

Betrachtet man die großen Parteien – CDU/CSU, SPD, FDP, Bündnis 90/Die Grünen –, so hat man das Gefühl, vor vier Gläsern mit aromatisiertem und gefärbtem Zuckerwasser zu stehen, die sich zwar in Geschmack und Konsistenz ähneln, aber durch geschickte Imagekampagnen unterschiedliche Zielgruppen ansprechen sollen. Da haben wir die klassische schwarze koffeinhaltige Brause, die vor allem auf dem Land und von älteren Käuferschichten bevorzugt wird, die rote Limonade mit Süßstoff und ständig wechselnder Werbebotschaft, die sowohl dem Banker als auch dem Arbeitslosen schmecken soll, die grüne Bionade für die

Mover und Shaker mit Energiesparlampe und Bausparvertrag vom Prenzlauer Berg und den gelben Energy-Drink im gehobenen Preissegment für überarbeitete oder gelangweilte Leistungsträger. Welches Glas hätten Sie denn gerne?

Geradezu ein Großmeister des politischen Marketings ist die SPD. 1998 warb die Schröder-Partei im Wahlkampf für mehr soziale Gerechtigkeit, eine gerechtere Verteilung der Vermögen und eine verantwortungsvolle Außenpolitik. Diese Versprechen kamen beim Wähler an. Es wäre jedoch eine maßlose Untertreibung, wenn man sagen würde, die SPD hätte ihre Versprechen nicht eingehalten. Sie hat vielmehr exakt das Gegenteil dessen, was sie versprochen hat, umgesetzt. Statt sozialer Gerechtigkeit gab es Hartz IV und die Rente mit 67. Statt einer gerechteren Verteilung der Vermögen gab es historisch einmalige Steuersenkungen der für Besserverdienende, eine Verschärfung des Lohndumpings und den Ausbau des Niedriglohnsektors. Statt einer verantwortungsvollen Außenpolitik schickten SPD und Grüne zum ersten Mal seit Ende des Zweiten Weltkriegs wieder deutsche Soldaten in einen Krieg, dessen Begründung auf dem Reißbrett der PR-Strategen entworfen wurde. In den drei Legislaturperioden, in denen die SPD mal als Senior-, mal als Juniorpartner die Geschicke des Landes mitbestimmt hat, protegierte sie die Versicherungsbranche, indem sie sie mit der Riester-Rente auf Kosten des Steuerzahlers subventionierte. Sie deregulierte die Finanzmärkte in einer Geschwindigkeit, bei der einem schon vor Eintritt der Finanzkrise nur noch angst und bange werden konnte. Wie schlecht muss die Bilanz einer Partei sein, dass für viele Wähler im Jahre 2009 sogar die FDP eine echte Alternative darstellte?

Doch der Wähler ist bekanntlich vergesslich. Fool me once, shame on you, fool me twice, shame on me! Wer zweimal auf denselben Trick hereinfällt, ist selber schuld. Es ist sogar sehr wahrscheinlich, dass der Wähler auch ein weiteres Mal auf den Trick hereinfällt, den die SPD in den letzten Jahren auf den Oppositionsbänken ausbaldowert hat. Kaum nahm sie auf den harten Bänken der Opposition Platz, schrie sie Zeter und Mordio, und selbst in ihren Reihen wird immer öfter gegen Niedriglohn, Rente mit 67, Steuersenkungen und die Deregulierung der Finanzmärkte polemisiert. Das ist ein Alleinstellungsmerkmal der SPD – keine andere Partei kann wie ein Rohrspatz über die Regierungsarbeit des letzten Jahrzehnts schimpfen, ohne sich selbst damit zu meinen.

Von einer inhaltlichen Aufarbeitung der elf Regierungsjahre sind die Sozialdemokraten jedoch trotz aller Verbalakrobatik sehr weit entfernt. »Man habe es nicht vermocht, die Menschen mitzunehmen«, räumt der SPD-Politiker Joachim Poß in gestelzter Politrhetorik ein. Die Agendapolitik als PR-Problem, so einfach kann man es sich machen. Von einer programmatischen Abkehr von der Agenda 2010 ist weniger die Rede. Schaut man sich das Parteiprogramm an, stellen lediglich die Forderung nach der Wiedereinführung der Vermögenssteuer und die Forderung nach einem Mindestlohn eine – wenn auch wenig glaubwürdige – inhaltliche Novelle dar. Ansonsten konzentrierte man sich darauf, öffentlich Geschlossenheit zu demonstrieren und sich verbal neu aufzustellen.

Aber wie glaubhaft kann diese Neuordnung überhaupt sein?

Der neue starke Mann der Partei ist der ehemalige Goslarer Berufsschullehrer Sigmar Gabriel, der ein guter Redner ist und es immer wieder schafft, die Parteibasis für sich einzunehmen. Das letzte verbliebene Schwergewicht der Partei ist ein brillanter Verkäufer. Er könnte nicht nur einem Eskimo einen Kühlschrank verkaufen, die Basis traut ihm offensichtlich auch zu, die Wähler davon überzeugen zu können, dass die alte SPD eine neue SPD ist. Sigmar Gabriel verkörpert die hohe Kunst des Opportunismus in der Politik wie kaum ein anderer. Als sein guter Freund Gerhard Schröder zusammen mit dem Briten Tony Blair 1999 in dem Schröder-Blair-Papier[4] die Sozialdemokratie durch eine neoliberale Ausrichtung ad absurdum führte, gehörte Gabriel zu den bedingungslosen Unterstützern dieser Politik. Gabriels Begeisterung für die »neue Mitte« zeugt von seiner enormen Fähigkeit, politische Positionen zu wechseln – in den frühen Jahren seiner politischen Karriere war Gabriel noch ein überzeugter Parteilinker.

Höhere Weihen konnten ihm in der SPD allerdings nur im Schröder-Lager zuteil werden. Und Gabriels Opportunismus zahlte sich aus – ohne die Protektion des Kanzlers wäre Gabriel weder Fraktionsvorsitzender der niedersächsischen SPD noch 1999 Amtsnachfolger des zurückgetretenen niedersächsischen Ministerpräsidenten Gerhard Glogowski geworden. Plötzlich war Sigmar Gabriel wer, und seitdem hat er es sich nicht nur auf den Sesseln der politischen Talk-Shows, sondern auch an den Trögen der Macht bequem gemacht.

Gabriel ist ein politischer Hans Dampf in allen Gassen. Er ist Mitglied des konservativen Seeheimer Kreises der SPD und des agendapolitischen Netzwerks Berlin[5]. Da wundert man sich, dass Gabriel nicht zusätzlich auch noch Mitglied der »Parlamentarischen Linken« ist, dann würde er alle drei politischen Strömungen innerhalb der SPD in seiner Person vereinen. Das Hauptproblem des Opportunisten dürfte indes sein, dass kaum ein politisch interessierter Beobachter ihm seine verbale Wenderhetorik abnimmt.

Warum sollte ausgerechnet der Agendaarchitekt Gabriel nun für eine sozial gerechte Politik stehen? Warum sollte ein Politiker, der jahrelang das Mantra der freien Märkte nachgebetet hat, nun diese Märkte zum Wohle der Allgemeinheit regulieren wollen?

Der Mann an Gabriels Seite ist Frank Walter Steinmeier, seines Zeichens Fraktions- und damit Oppositionsführer. Auch Steinmeier ist ein Ziehkind Schröders. Steinmeier gilt sogar als Koautor und Architekt der Agenda 2010, von der er sich auch später nie distanziert hat. Kann so ein Mann für einen glaubhaften Politikwechsel stehen? Da sogar die Genossen weder Gabriel noch Steinmeier über den Weg trauen, hat der derzeit von den Medien protegierte ehemalige Finanzminister Peer Steinbrück realistische Chancen, für die Partei 2013 als Kanzlerkandidat in den Ring geschickt zu werden. Steinbrück ist jedoch ebenfalls ein Agendapolitiker und vertritt darüber hinaus marktliberale Vorstellungen, die man in der Sozialdemokratie schlechterdings nicht für möglich gehalten hätte. Doch Inhalte spielen bei der SPD schon lange keine Rolle mehr.

Wenn SPD-Spitzenpolitiker gesellschaftliche Missstände anprangern, dann sagen sie, dass dieses und jenes »von den Menschen als ungerecht empfunden« würde. SPD-Spitzenpolitiker hüten sich davor, Ross und Reiter beim Namen zu nennen und einen Missstand tatsächlich als ungerecht zu bezeichnen. Daraus ließe sich schließlich ein konkreter Handlungsbedarf ableiten. Konkret Stellung beziehen und Politik so gestalten, dass Ungerechtigkeiten abgeschafft werden, will die SPD aber nicht – dies könnte ja schließlich ihre Koalitionsfähigkeit einschränken. Die SPD scheut die konkrete inhaltliche Positionierung wie der Teufel das Weihwasser.

Die Kernfrage heißt daher: »Kann man der SPD noch über den Weg trauen?« Die Antwort lautet dezidiert: »Nein, das kann man nicht!« Würde die SPD ihre in letzter Zeit mit Verve vorgetragene, aber inhaltslose Antiagenda ernst meinen, so müsste sie diese Reformen auch mit politischen Konstellationen, sprich möglichen Bündnispartnern, verknüpfen. Mit der CDU lassen sich diese Ziele nämlich nicht umsetzen, und es ist auch fraglich, ob die immer konservativer werdenden Grünen überhaupt ein Interesse an einer sozialdemokratisch ausgerichteten Politik haben. Jede Koalitionsoption mit der Linkspartei schließt die SPD jedoch kategorisch aus.

Willkommen in der Bionade-Republik

Kaum eine andere Partei profitiert dermaßen von ihrem Image und vom Zeitgeist wie die Grünen. Nach dreißig Jahren sind die Grünen auf ihrem Marsch durch die Institutionen an einem Etappenziel angekommen. In Baden-Württemberg stellen sie mit Winfried Kretschmann den ersten Ministerpräsidenten ihrer Parteigeschichte und haben beste Chancen, 2013 zusammen mit der SPD auch wieder im Bund an die Macht zu kommen. Für den jüngsten Popularitätsboom in den Umfragen haben die Leitartikler der Republik ihre ganz eigene, recht eigenwillige Interpretation. Die Grünen seien nun eine Volkspartei, und das Wahlergebnis in Baden-Württemberg markiere eine Niederlage des Konservatismus und einen Sieg linker Politik. Diese Analysen mögen interessant sein, bei näherer Betrachtung erweisen sie sich jedoch allesamt als falsch.

Die Grünen profitieren so sehr wie keine andere Partei vom demographischen Wandel. Seit Jahrzehnten können sie bei Neu- und Jungwählern überproportional punkten. Die Parteitreue der jungen Wähler ist erstaunlich ausgeprägt. Wer einmal grün wählt, bleibt der Partei meistens treu. »Wer in seiner Jugend nicht links denkt, hat kein Herz, und wer im Alter immer noch links denkt, hat keinen Verstand« – so lautet ein verbreiteter Aphorismus, nach dem man den Grünen gleichzeitig Herz und Verstand zubilligen könnte. Die Geschichte der Grünen ist charakteristisch für eine ganze Generation des Bürgertums. In Totalopposition zum alten Bürgertum ihrer Eltern versuchten die Jungen frischen Wind in eine verkrustete Gesellschaft zu bringen und nahmen sich vor, den Marsch durch die Institutionen anzutreten, um die Gesellschaft zu verändern. Die Marschierenden sind angekommen, nur hat die Gesellschaft *sie* verändert.

Sozioökonomisch hat die Wählerschaft der ehemaligen Ökopartei sich um 180 Grad gedreht. In den Achtzigern wurden die Grünen überdurchschnittlich häufig vom untersten Einkommensfünftel gewählt. Heute wählen die beiden obersten Einkommensfünftel überdurchschnittlich häufig die Grünen – das oberste Einkommensfünftel zählt dabei am stärksten zur neuen Stammwählerschaft. In den Achtzigern wählte jeder vierte wahlberechtigte Auszubildende beziehungsweise Student die Grünen, während damals nur jeder zwanzigste Beamte und Selbstständige sein Kreuz bei den Grünen machte. Heute wählt jeder fünfte Beamte oder Selbstständige grün. Die »linken« Studenten der Achtziger sind heute ökonomisch gut situierte Angestellte, Selbstständige oder Beamte und haben ganz andere Sorgen als die Probleme von damals. Ging man früher gegen den NATO-Doppelbeschluss und für eine klassenlose Gesellschaft auf die Straße, kämpft man heute für verkehrsberuhigte Zonen in gehobenen Stadtvierteln und die steuerliche Förderung von Solarzellen auf den schicken Einfamilienhäusern. Dieser Gesinnungswandel drückt sich auch in den politischen Positionen und den Themengewichtungen der Wählerschaft aus. Atomausstieg und Solarförderung liegen den Grünen-Wählern näher als Mindestlohn und Verteilungsgerechtigkeit.

Die als Rebellen Gestarteten kamen als besitzstandswahrende Mittelschichtler an und stehen dabei stellvertretend für einen großen Teil ihrer Generation, die längst Frieden mit ihrer Elterngeneration geschlossen hat. Die »neue Bürgerlichkeit« hat die Kinder des Bürgertums mit ihren Eltern versöhnt, oder wie es der verstoßene Exgrüne Oswald Metzger, der inzwischen bei der CDU gelandet ist, einst formulierte: »Die Grünen nähern sich habituell ihren Herkunftsfamilien an.«

Folgt man der Annahme, dass Parteien zuallererst immer die Interessen der eigenen Wählerschaft vertreten, verwundert es auch nicht, dass grüne Politik eben keine »linke« Politik ist, deren oberstes Ziel immer Gerechtigkeit und Chancengleichheit sein muss. Die Zahnarztfrau hat nun einmal kein gesteigertes Interesse daran, dass ihre Kinder auf einer Gesamtschule gemeinsam mit Kindern aus »bildungsfernen Schichten« lernen. Die Grünen kokettieren vielmehr mit einem »linken« Image, das bei näherer Betrachtung jedoch nicht haltbar ist.

»Alle Parteien machen ihren Wählern was vor, aber es gibt keine Partei, die eine so grandiose Differenz zwischen ihrem Image und ihrer Realität hat«,[6] so die Exgrüne Jutta Ditfurth, die auch die Position vertritt, dass Grünen-Wähler von ihrer Partei getäuscht werden wollen. Dabei stellt sich jedoch die Frage, ob diese Form der Selbsttäuschung nicht bereits ein Charakteristikum des »neuen Bürgertums« ist. Die Zahnarztfrau, die ihre Kinder mit einem SUV (Sport Utility Vehicle), auf dessen Heck ein

Atomkraft?-Nein-Danke-Aufkleber prangt, in die Privatschule fährt und für die Multikulti zuvörderst der Einkauf von Biogemüse beim türkischen Lebensmittelhändler ist, mag der Prototyp dieses postmaterialistischen Selbstbetrugs sein. Probleme mit ihrer Klientel könnten die Grünen nur dann bekommen, wenn dieser Selbstbetrug allzu offensichtlich wird.

Stuttgart 21 – ein postdemokratisches Lehrstück

Das politische System der Bundesrepublik Deutschland ist im besten Sinne des Wortes selbsterhaltend. Selbst wenn die Bürger einmal wirklich systemverdrossen sein sollten, bietet es genügend Ventile, an denen sie die Unzufriedenheit ablassen können.

Fest steht: Die Macht geht nicht vom Volk, sondern von den Parteien aus. Daran wird sich erst dann etwas ändern, wenn die Bürger wirklich unzufrieden sind. Wir Deutschen sind aber sehr genügsam. Der Liedermacher Konstantin Wecker hat uns in seinem Lied »Empört euch!« als »Volk in Duldungsstarre, grenzenlos belastbar« beschrieben – dem ist nichts hinzuzufügen. Wenn man uns ein wie auch immer geartetes System vor die Nase setzt, werden wir uns auch damit abfinden. Es darf nur niemand auf die Idee kommen, uns unsere Autos, unsere Vorgärten und unseren Dieter Bohlen wegzunehmen. Aber so dumm wird schon kein Politiker sein.

Um den braven Michel aus der Duldungsstarre zu erwecken, bedarf es schon eines speziellen und vor allem sehr konkreten Ereignisses. Im Südwesten der Republik war das Immobilienprojekt Stuttgart 21 zweifelsohne ein solches Schlüsselerlebnis für zahlreiche Bürger. Dabei war es weniger das Projekt als solches, das es vermochte, die Gemüter der ansonsten eher als brav und bieder geltenden Schwaben zu erhitzen. Die Wut, von der später die Großdemonstrationen getragen wurden, war vielmehr Produkt der abgehobenen Arroganz der Politiker, die es nicht für nötig gehalten hatten, die Bürger ausreichend in die Entscheidungsprozesse einzubinden.

Bemerkenswert ist in diesem Zusammenhang vor allem, dass die S-21-Proteste wohl mit die erste politische Massenbewegung im Lande waren, deren primäre Informationsquelle das Internet war. Von den Medien wurden die Widersprüche des Projekts jahrelang konsequent verschwiegen, doch die sozialen Netzwerke und Blogs konnten erstmals in Verbindung mit den zahlreichen Bürgerinitiativen eine weitestgehend autarke Gegenöffentlichkeit aufbauen. Wer sich über Stuttgart 21 informieren will, liest weder den *Spiegel* noch die *Stuttgarter Zeitung*, sondern die *NachDenk-Seiten* oder einen der zahlreichen projektbezogenen Blogs wie beispielsweise »Bei Abriss Aufstand«.

So sehr Stuttgart 21 somit als Beispiel dafür gelten kann, dass man es mit viel Engagement und vergleichsweise einfachen Mitteln doch schaffen kann, Einfluss auf politische Prozesse zu nehmen, so sehr ist Stuttgart 21 jedoch auch ein Beispiel dafür, dass sämtliches Engagement schlussendlich doch im Sande verläuft, wenn sich erst einmal die politische Klasse der Sache annimmt. Dabei stellt das Schlichtungsverfahren in der Art und Weise, wie es dem politischen Establishment gelungen ist, die Projektgegner einzulullen, wohl eines der erfolgreichsten Schurkenstücke der jüngeren Geschichte dar.

Den Befürwortern von Stuttgart 21 ging es beim Schlichtungsverfahren vor allem um eine moralische Legitimation, ein »S 21 mit menschlichem Antlitz«. Es war von vornherein klar, dass weder Stadt, Land, Bund noch Bahn vom milliardenschweren Projekt abrücken würden. Nach dem anhaltenden Widerstand und vor allem dem »schwarzen Donnerstag« am 30. September 2010, an dem die Behörden im Stuttgarter Schlosspark Kinder und Rentner zusammenknüppeln ließen, geriet das Projekt jedoch in eine Schieflage. Da der Widerstand im Oktober 2010 eine kritische Masse erreicht hatte, mussten die Projektbefürworter eine Charmeoffensive starten. Selbst wenn die Befürworter im gesamten Schlichtungsverfahren auf sachlicher Ebene in keinem Punkt überzeugen konnten, so lullten sie die Öffentlichkeit doch sehr erfolgreich mit einem technisch-administrativen Kleinklein ein.

Wer die Schlichtungsrunden aufmerksam verfolgte, konnte den Argumenten der Befürworter zwar nichts abgewinnen; die Crux ist jedoch, dass kaum jemand so viel Leidensfähigkeit mitbrachte, sich stundenlange, oft staubtrockene Expertenstatements anzuschauen, und bei den meisten Zuschauern wohl als Erkenntnis das Zwischenfazit des S-21-Gegners Peter Conradi hängenblieb: »Sie sagen das, wir sagen das, die Zahlen stehen im Raum, gehen wir zum nächsten Tagesordnungspunkt.«

Die Befürworter konnten somit bei der Schlichtung nur gewinnen. Warum aber nahmen die Gegner an einem Schlichtungsverfahren teil, das keinesfalls ergebnisoffen geführt wurde? Den Vertretern der Projektgegner ging es vor allem darum, den Widerstand zu kanalisieren und ihn damit politisch kontrollierbar zu machen. Vor allem die Grünen hatten kein Interesse an einem wilden Widerstand. Ein wilder Widerstand entzieht sich der politischen Kontrolle, er lässt sich nicht zum Gegenstand eines politischen Kuhhandels machen.

Die Streitigkeiten um Stuttgart 21 haben ganz maßgeblich dazu beigetragen, dass es in Baden-Württemberg zu einem Regierungswechsel mit dem ersten grünen Ministerpräsidenten kommen konnte. Ohne ein vorheriges Zurückrudern bei Stuttgart 21 wäre dieser Sieg jedoch nicht zustandegekommen, da ein Zurückrudern ohne kommunizierbaren Grund den Wählern nur schwer zu vermitteln gewesen wäre. Was liegt da näher, als selbst konstruktiv an einem Hintertürchen mitzuarbeiten? Der Schlichterspruch Heiner Geißlers war dann auch – wie von allen Seiten beabsichtigt – eine erstklassige Steilvorlage für die Grünen, um nach dem Wahlsieg den Projektgegnern ohne allzu große Verrenkungen in den Rücken zu fallen.

So kam es, wie es kommen musste. Der Widerstand gegen Stuttgart 21 hat über die sechswöchigen Schlichtungsverhandlungen seinen Drive verloren und konnte ihn danach auch nie wiedergewinnen. Die Grünen konnten den Widerstand der Bürger gegen Stuttgart 21 nutzen, um im Ländle an die Macht zu kommen, und ließen die Wutbürger danach fallen wie eine heiße

Kartoffel. Um den Anschein demokratischen Anstands aufrecht-zuerhalten, veranstaltete die grün-rote Landesregierung noch eine Volksbefragung, die aufgrund des unrealistisch hohen Quorums von vornherein zum Scheitern verurteilt war. Stuttgart 21 wird wohl als Lehrstück postdemokratischer Politik in die deutsche Geschichte eingehen.

Deutschland ist zweifelsohne ein demokratisches Land. Eine Demokratie ohne Demokraten kann jedoch nicht funktionieren, und damit sind nicht nur die Repräsentanten des Systems, sondern auch die Bürger gemeint. Wenn die Bürger »ihre Politiker« nicht kritisch begleiten und ihnen bei Bedarf auch mal auf die Finger klopfen, werden diese die gewonnenen Freiheiten ausnutzen. Die Bürger sind jedoch beileibe nicht der einzige Akteur im Kampf um die Köpfe und Herzen der Politiker.

Der britische Politikwissenschaftler Colin Crouch hat den Begriff »Postdemokratie« geprägt. Er beschreibt damit die formale Fortexistenz demokratischer Institutionen, hinter deren Fassade aber eine weitreichende Selbstaufgabe der Politik stattgefunden hat.

Wo ist die Alternative?

Aus passiven Demokraten aktive zu machen ist natürlich nicht einfach – vor allem dann, wenn weder die Parteien noch die Medien ein Interesse daran haben, aus dem Volk »echte« Demokraten zu machen. Idealisten appellieren daher an den politischen Gestaltungswillen der Unzufriedenen – und rufen zur »Graswurzel-Revolution« auf, welch putziger Begriff. Da könnte man einem treuen Hund auch einen Dosenöffner geben, mit dem er sich von seinem Herrchen befreien kann. Selbst wenn die Möglichkeiten gegeben wären, die Parteienherrschaft durch aktive Bürgerpartizipation zu unterminieren, so würde dies doch zuallererst einen gestalterischen Willen und vor allem eine Idee voraussetzen, was überhaupt umgestaltet werden soll.

Der gestalterische Wille ist – zumindest in der Masse – nicht vorhanden. Was allerdings noch schwerer wiegt: Es ist nicht einmal eine konstruktive Idee vorhanden, die auch nur halbwegs konsensfähig wäre. Auch wenn viele Bürger gegen die Parteienherrschaft sein sollten, so ist es keinesfalls klar, für welche Alternative sie denn sind. Klare Präferenzen gibt es da nicht, bestenfalls ein indifferentes Rauschen.

Dabei wäre es eigentlich nicht sonderlich schwer, etwas zu ändern. Das politische System ist unglaublich stabil, da es unglaublich anpassungsfähig ist. Das Volk will einen Mindestlohn? Nun gut, wir wollen das zwar nicht, da schweigen wir das Thema lieber tot – der Wähler wird das schon wieder vergessen, er ist ja bekanntlich nicht nachtragend, und sein Langzeitgedächtnis gleicht einem Schweizer Käse. Sollte sich das Thema nicht totschweigen lassen, dann setzen wir uns halt an die Spitze und tun so, als hätten wir nie etwas anderes gewollt, wie es uns momentan die CDU vormacht. Der Wähler wird uns belohnen.

Die Stärke des Systems liegt im grenzenlosen Opportunismus seiner Repräsentanten. Nicht politische Inhalte, sondern der gemeinsame Wille zur Macht ist das Band, das die Parteifreunde zusammenschweißt. Sobald die Option auf die Macht und die besten Plätze an den Futtertrögen des öffentlichen Versorgungssystems schwindet, schmeißen selbst eingefahrene Ideologen ihre Ideale über Bord und werden zu Wendehälsen. Anders lässt sich die 180-Grad-Wende der Unionsparteien beim Thema Atomausstieg nicht erklären. Natürlich kann und darf es nicht zu jedem Thema ein eigenes Fukushima geben, um die blökende Berliner Politikerherde auf die richtige Weide zu treiben.

Um sich Politiker so heranzuzüchten, wie man es will, muss man Themen besetzen und selbst Agenden setzen – die Politik hat keine Wahl, als dieser Art bürgerlicher Partizipation hinterherzurennen. Ohne die Medien ist es allerdings schwer, Themen zu besetzen, und alternative Publikationsformen wie die *NachDenkSeiten* oder andere kritische Weblogs haben noch nicht die genügende Reichweite. Die Medien sind so gesehen die Schäferhunde, die es vermögen, die Herde in die gewünschte Richtung zu treiben. Mit Demokratie hat dies nur sehr wenig zu tun, und wenn man sich den desolaten Zustand der deutschen Medienlandschaft anschaut, gibt es nur schwerlich Grund zum Optimismus.

Die Achillesferse der Parteienherrschaft sind die Parteien selbst. Warum sollte man eine neue Partei gründen, wenn man eine alte Partei übernehmen kann? Wer mit der Politik der SPD nicht einverstanden ist, soll doch in diese Partei eintreten und dort Alternativen propagieren. Sollte eine kritische Masse von Systemverdrossenen die Parteien entern, geraten nicht nur die Positionen, sondern auch das Personaltableau gerät durcheinander. Die Parteien selbst sind nämlich sehr wohl demokratisch aufgebaut. Gerade Parteien, deren Macht in keinem Verhältnis zu ihrer Mitgliederzahl steht, wären denkbare Objekte für eine feindliche Übernahme. Würden tausend Systemverdrossene bei den saarländischen Grünen oder der dortigen FDP eintreten, stünden zwei Landesverbände der großen Parteien bereits unter der Herrschaft des Volkes. Damit wäre das grundlegende Problem aber nicht geklärt – was will das Volk, was wollen die Systemverdrossenen? Die gekaperten Landesverbände stünden da wie unser Hund mit dem Dosenöffner – was nun?

2 Zwischen Mediendemokratie und Mediokratie

Bild, BamS und Glotze – mehr brauche er nicht zum Regieren, sagte Gerhard Schröder zu Beginn seiner Amtszeit. Wer Schröders Hang zum Größenwahn kennt, wird ihm diese Aussage durchaus abnehmen. Kein anderer Spitzenpolitiker der jüngeren Geschichte kokettierte so sehr mit seiner Medienwirksamkeit. Schröder ist jedoch nicht der erste Politiker, der seine Rolle fundamental falsch beurteilte. Dachte er zu Beginn seiner Amtszeit noch, er könne mit den Medien spielen, musste er sich schon bald eingestehen, dass er nicht der Spieler, sondern der Spielball in einem Spiel war, dessen Regeln nicht von der Politik, sondern von den Medien selbst aufgestellt werden.

Nachdem Schröder die – sozialdemokratische Politik eigentlich konterkarierenden – neoliberalen Reformen umgesetzt hatte, die ihm und der Öffentlichkeit zuvor von den Leitmedien[1] vorgebetet wurden und die in der SPD während seiner zweiten Amtszeit auf Widerstand stießen, hieß es: »Der Mohr hat seine Schuldigkeit getan, der Mohr kann gehen.« *Bild, BamS* und Glotze entdeckten plötzlich ihre Liebe zu Angela Merkel, der enttäuschte Kanzler gab sich bockig und verhängte schon vor dem Wahlkampf 2005 einen einseitigen Interviewboykott gegenüber den Springer-Zeitungen.

Bis heute unvergessen ist sein »suboptimaler« Auftritt in der Elefantenrunde am Abend der verlorenen Bundestagswahl im September 2005. Welche Ironie des Schicksals: Der »Medienkanzler«, der die Medien nie so recht verstanden hat, wurde von den Medien gestürzt. Lange währte der Groll Schröders jedoch nicht. Bereits ein Jahr nach seiner Wahlniederlage durften *Bild* und der *Spiegel* exklusiv Vorababdrucke aus seiner Biographie veröffentlichen, was für die Auflage sicher nicht von Nachteil war.

Anders als in Diktaturen, in denen die jeweiligen Machthaber sich der Medien bedienen, haben wir es hierzulande eher mit einer Mediendemokratie zu tun, in der die Medien immer häufiger selbst von der Politik Gebrauch machen, um ihre Interessen durchzusetzen. Die Medien sind heutzutage nicht nur Kommunikationskanäle, auf die die politischen Akteure zur Verbreitung ihrer Botschaften angewiesen sind, sondern sie sind selbst auch Akteure, welche die Meinungsbildung – und damit politische Handlungsspielräume – maßgeblich bestimmen. Wer über die veröffentlichte Meinung verfügt, verfügt über die öffentliche Meinung, und die öffentliche Meinung bestimmt die Politik. Der Politik- und Medienwissenschaftler Thomas Meyer spricht in diesem Zusammenhang sogar von einer »Mediokratie«, einer Medienherrschaft, die klassische Prozesse der Demokratie unterminiert hat.[2]

Der bloße Umstand, dass die Medien über Politik nicht nur informieren und sie kommentieren, sondern sie auch aktiv gestalten, ist keinesfalls neu und auch nicht anrüchig. Jeder Beitrag, der über die neutrale Berichterstattung, wie sie idealerweise im Nachrichtenteil zu finden ist, hinausgeht, ist immer auch ein politisches Statement. Medien können nicht objektiv sein. Aber das verlangt ja auch niemand. Um ihre Funktion als Instrument zur demokratischen Willensbildung zu gewährleisten, sollten sie jedoch unabhängig sein und ein möglichst großes Meinungsspektrum abbilden. Die real existierende Medienlandschaft erfüllt jedoch diese zwei Voraussetzungen nicht mehr. Ein Paradebeispiel für den Niedergang der Medien stellt das ehemalige Flaggschiff des unabhängigen Journalismus, der *Spiegel*, dar.

Vom Sturmgeschütz der Demokratie zu Angela Merkels Spritzpistole

Neben dem *Spiegel*-Gründer Rudolf Augstein hat wohl niemand die Geschicke dieses Blattes derart intensiv geprägt wie Stefan Aust, der das Blatt von 1998 bis 2008 als Chefredakteur autokratisch leitete. Wie es so weit kommen konnte, dass ein einzelner Mensch aus einem kritischen Nachrichtenmagazin ein neoliberales Kampfblatt machen kann, beschreibt der ehemalige *Spiegel*-Redakteur Oliver Gehrs in seinem Buch *Der Spiegel-Komplex*.[3]

Schon zu seinen »wilden Zeiten« während der Studentenbewegung der 68er Jahre passte sich Aust mehr schlecht als recht dem aktuellen Zeitgeist an. Seine journalistischen Sporen verdiente er sich beim Erotikblatt *St. Pauli Nachrichten* – zusammen übrigens mit dem späteren *Spiegel*-Autor und Rechtspopulisten Henryk M. Broder. Bei seinen damaligen Mitstreitern war Aust wegen seines verdächtig bürgerlichen Äußeren nur als »die linke Bügelfalte« bekannt. Über die Zwischenstation NDR kam Aust 1988 zum *Spiegel*, wo er im Auftrag Augsteins die Konzerntochter *Spiegel*-TV aufbauen sollte. Austs Gebräu aus Sex, Crime und Politik war kommerziell sehr erfolgreich, weshalb er von Augstein zehn Jahre später gegen den heftigen Widerstand der Redaktion zum Chef des Verlagsflaggschiffs ernannt wurde. Es ist strittig, ob Aust je »links« war. Für Oliver Gehrs waren es vielmehr die Auseinandersetzung und die »Action«, die den jungen Aust in seiner frühen Schaffensphase an der politischen Linken faszinierten. Aust sei demnach eher ein »Anti-Intellektueller«, den nicht die politische Debatte, sondern der Lärm reizt.

Von seiner vermeintlich »linken« Vergangenheit hatte die »Bügelfalte« sich jedoch zum Zeitpunkt der Machtübernahme beim *Spiegel* ohnehin längst verabschiedet. Der Sohn eines Landwirts residierte mittlerweile samt Familie im noblen Hamburg-Blankenese und widmete sich in seiner Freizeit der Zucht von edlen Reitpferden auf seinem Zweitanwesen im Hamburger Speckgürtel. Trat er früher noch gegen die Atompolitik, den Sozialabbau und die Springer-Presse ein, machte er sich als *Spiegel*-Chef zum Erfüllungsgehilfen der Energiekonzerne und neoliberalen Abrissbirnen des Sozialstaats im Parlament und kopierte die Methoden des Springer-Konzerns, so dass der *Spiegel* von seinen Kritikern bereits hämisch als »*Bild* am Montag« bezeichnet wurde.

Es gibt wohl keine Anekdote, die Austs Charakter so gut beschreibt wie die »Windmühlen-Affäre«. Die Windenergie war Aust stets ein Dorn im Auge, stören Windkrafträder doch den wunderbaren Ausblick, den die wohlhabenden Bürger beim Ausritt so gern genießen. Befreundete Pferdezüchter sind im Mai 2003 in einem Brief an Aust herangetreten,[4] um ihn für dieses Problem zu sensibilisieren. Damit traten sie bei Aust offene Türen ein, bedrohten geplante Windparks doch zu diesem Zeitpunkt auch die Idylle rund um seinen eigenen Pferdehof.

Da kam es Aust überhaupt nicht gelegen, dass sein Mitarbeiter Harald Schumann, der schon vor Austs Amtsantritt in verschiedenen leitenden Positionen für den *Spiegel* tätig war, einen von ihm verfassten Artikel ins Blatt bringen wollte, der die Windenergie durchaus positiv bewertete. Aust lehnte den Druck des Artikels nicht nur ab, sondern verhöhnte Schumann öffentlich mit dem Vorwurf, er habe »Mist« geschrieben,[5] und gab seinerseits einen hanebüchenen Gegenartikel mit dem Titel »Der Windmühlenwahn« in Auftrag,[6] der sich wie ein Pamphlet der Atomlobby gegen die Windenergie las und von Aust sogar als Titelstory platziert wurde. Schumann verließ daraufhin den *Spiegel* und veröffentlichte seinen Artikel über die Windkraft online bei der *Netzeitung*, um der Branche zu beweisen, dass er keinen »Mist« geschrieben hatte. Aust störte dies nicht sonderlich, polemisierte er doch fröhlich weiter gegen alles, was nicht in sein Weltbild passt. Ist der Ruf erst ruiniert, schreibt es sich ganz ungeniert ...

Selbst die auf den Skandal folgende Palastrevolution im *Spiegel* saß Aust aus. Den Wunsch seiner Mitarbeiter, den Chef auf einer Gesellschafterversammlung zu befragen, lehnte er mit dem abstrusen Verweis ab, dies widerspreche allen Geboten der journalistischen Unabhängigkeit. Aust wollte also mit seinen Mitarbeitern, denen immerhin auf Bestreben Rudolf Augsteins über die Mitarbeiter KG 50,5 Prozent des Verlags gehören, nicht über redaktionelle Inhalte oder gar die politische Ausrichtung »seines« Blattes debattieren. Das führte dazu, dass viele couragierte Mitarbeiter in der Ära Aust das Blatt verließen, während opportunistische Mitläufer und neoliberale Überzeugungstäter unter Aust Karriere machten.

War der *Spiegel* in seinen besten Zeiten ein linksliberales Blatt, das nach allen Seiten kritisch war, entwickelte er sich in der Ägide Aust zu einem neoliberalen Kampfblatt. Oliver Gehrs bezeichnete den Kurswechsel in einem Interview mit Deutschlandradio Kultur als »[Wegrücken] von den Minderheiten [und den] sozial Schwächeren auf die Seite der Wirtschaftskapitäne«.[7] Als grobe Arbeitsmaxime gilt demnach, dass man lieber nichts Schlechtes über Menschen schreibt, die mehr verdienen als Aust oder sogar über ein eigenes Flugzeug verfügen. Zahllose Artikel des *Spiegel* belegen diesen Vorwurf. Der *Spiegel* polemisiert, »wie der Sozialstaat zur Selbstbedienung einlädt«,[8] philosophiert über die »Melkkuh Sozialstaat« und zitiert dabei kritiklos aus einer Broschüre des Sozialministeriums, in der es heißt, »Biologen verwenden für Organismen, die zeitweise auf Kosten anderer leben, die Bezeichnung Parasiten«. Noch nie hat der *Spiegel* diesen harten Ausdruck für Investmentbanker und Spekulanten gewählt. Das Nachrichtenmagazin hetzt gegen Muslime, phantasiert von einer »stillen Islamisierung Deutschlands«[9] und spielt damit Rechtspopulisten wie Thilo Sarrazin in die Hände, von dessen Bestseller der *Spiegel* natürlich – zusammen mit der *Bild* – die exklusiven Vorabdruckrechte erwarb. Die Zeiten, in denen der *Spiegel* Minderheiten gegen dumpfe Ressentiments verteidigt hat, sind schon lange vorbei.

In unzähligen Titelstorys, zum Beispiel »Die blockierte Republik«,[10] »Radikalkur gegen Arbeitslosigkeit«,[11] »Wie (un)sozial darf/muss die SPD sein«,[12] »REFORMEN«,[13] »Die Stunde der Wahrheit im Land der Lügen«[14] oder »Die veruntreute Zukunft«,[15] trommelte der *Spiegel* für neoliberale Reformen und gab die Blaupause für die Agenda 2010 vor. Als der Reformeifer der rot-grünen Regierung

langsam erlosch, schwenkte der *Spiegel* um, läutete in einem Leitartikel den »langen Abschied von Rot-Grün«[16] ein und schrieb Angela Merkel ins Amt. Als die schwarz-gelbe Regierung dann doch
nicht so erpicht auf unpopuläre neoliberale Reformen war, strafte
der *Spiegel* schließlich auch seine einstige Wunschkoalition ab, titelte »Aufhören!«[17] und machte aus der Kanzlerin »Angela Mut-
los«[18]. Im Jahre 2011 setzte man beim *Spiegel* auf die Grünen (»Neue
Volkspartei«[19]) und Peer Steinbrück (»Er kann es«[20]), den man in
Zusammenarbeit mit der *Zeit* als reformfreudigen SPD-Kanzlerkan-
didaten auserkoren hat. Es bleibt abzuwarten, ob die SPD-Parteiba-
sis gegen so viel mediale Einflussnahme widerstehen kann.

Der *Spiegel* berichtet nicht nur über Politik, er macht Politik.
Selbst wenn die eifrigsten Mitläufer und Überzeugungstäter (bei-
spielsweise Gabor Steingart, Henryk M. Broder, Claus C. Malzahn) nach der Demission Austs im Jahre 2009 das Blatt mehr
oder weniger freiwillig verließen und zur Konkurrenz wechselten
(Steingart wurde Chefredakteur des *Handelsblatts*, Broder und
Malzahn schreiben mittlerweile für die *Welt*), konnte der *Spiegel*
sich in den letzten zwei Jahren nicht von der Ära Aust erholen.
Für Franziska Augstein, Tochter des *Spiegel*-Gründers Rudolf
Augstein, ist der *Spiegel* nur noch ein geschwätziges Blatt unter
vielen.

Der *Spiegel* steht mit seiner neoliberalen Agenda jedoch nicht
allein dar, er ist vielmehr nur die Spitze eines gigantischen Eisbergs, der die Republik erdrückt. Mit Ausnahme der kleinen *taz*
vertreten sämtliche überregionalen Tageszeitungen mit einer
nennenswerten Auflage einen wirtschafts- und finanzpolitischen
Kurs, der sich am ehesten als marktliberal (siehe auch Kapitel 4)
bezeichnen ließe. Selbst die in anderen Bereichen eher linkslibe-
rale *Süddeutsche Zeitung* vertritt unter der Regie des Marktfunda-
mentalisten Marc Beise in ihrem Wirtschaftsteil Positionen, bei
denen das Attribut »arbeitgeberfreundlich« eine glatte Verharm-
losung wäre. Progressive Positionen sucht man in den sogenannten Qualitätszeitungen vergebens, und wenn man sie dennoch
findet, dann nicht im Wirtschaftsteil. In der konservativen *Frank-*

furter Allgemeinen Zeitung (FAZ) findet Kritik beispielsweise lediglich im Feuilleton statt. FAZ-Mitherausgeber Frank Schirrmacher ist einer der wenigen deutschen Großjournalisten, die aus den Fehlern der Vergangenheit gelernt haben und sich von Neo- und Marktliberalismus losgesagt haben. Sein bemerkenswerter Artikel »Ich beginne zu glauben, dass die Linke recht hat«[21] stellte den Auftakt für eine ganze Serie von kritischen Artikeln dar, die im Herbst 2011 im FAZ-Feuilleton erschienen sind.

Die Liste der hausgemachten Probleme und Fehler der Tagespresse ist lang. Nahezu alle größeren Zeitungen klagen über eine rückläufige Auflage und sinkende Werbeeinnahmen. Das Internet mit seiner »Kostenlosmentalität« sei schuld an diesem Phänomen, so hört man. Doch diese Erklärung greift zu kurz. Warum soll ein potentieller Leser sehr viel Geld ausgeben und eine Zeitung abonnieren, die zu fünfzig Prozent aus Werbung, zu 45 Prozent aus Agenturmeldungen, die man überall lesen kann, und zu fünf Prozent aus Kommentaren besteht, die langweilig sind und doch nur dem konservativen und neoliberalen Dogma folgen? Anstatt umzudenken und sich auf die originären Aufgaben des Journalismus zurückzubesinnen, verstärken die Zeitungen den Trend abermals, indem sie aus Kostengründen Mitarbeiter entlassen, sich mit anderen Zeitungen redaktionell zusammenschließen und schlussendlich noch mehr Agenturmeldungen abdrucken.

Anstatt investigativ zu arbeiten und die vorherrschenden Positionen zu hinterfragen, werden lieber günstige PR-Artikel übernommen. Der unabhängige Journalist, so es ihn überhaupt noch gibt, ist nur noch ein Störfaktor im Getriebe der Medienkonzerne. Wer sich intensiver mit der fortschreitenden Vermischung von PR und redaktioneller Berichterstattung beschäftigen will, dem seien an dieser Stelle die Bücher *Am besten nichts Neues: Medien, Macht und Meinungsmache* von Tom Schimmeck[22] und *Meinungsmache. Wie Wirtschaft, Politik und Medien uns das Denken abgewöhnen wollen* von Albrecht Müller[23] ans Herz gelegt.

Ratschläge vom Wirtschaftsklempner

Im Mittelalter tingelten Scharlatane von Hof zu Hof und sagten die Zukunft aus Tierinnereien voraus. Heute tingeln »Wirtschaftsexperten« durch die Talk-Shows und Gazetten. Es vergeht kaum ein Tag, an dem Ökonomen wie Hans-Werner Sinn oder Michael Hüther nicht in einer Tageszeitung oder einer Fernsehsendung ihr Statement zur Lage der Nation abgeben dürfen. Den Lesern und Zuschauern werden diese Herren dann von den Redaktionen als »Experten« vorgestellt. Die *Bild* nennt Hans-Werner Sinn in der Überschrift auch gern »Deutschlands klügsten Wirtschaftsprofessor«,[24] und Michael Hüther darf als Ökonom sogar Gastartikel für den *Spiegel* verfassen.[25] Sinn und Hüther sind Popökonomen, die es verstehen, ihre Botschaften so klar zu formulieren, dass sie auch vom Boulevard verstanden werden. Dagegen ist freilich wenig einzuwenden. Sinn und Hüther sind jedoch – ebenso wie viele ihrer Kollegen – nur auf den ersten Blick neutral.

Hans-Werner Sinn gehört zu der Gruppe von Ökonomen, die man am ehesten mit dem Attribut »marktradikal« bezeichnen könnte. Sinn ist kein Freund von staatlichen Eingriffen in das Marktgeschehen und überzeugt davon, dass es für die Allgemeinheit am besten ist, wenn man den Märkten möglichst viel Freiraum lässt. Auch wenn Sinn sich schon in den Neunzigern öffentlich zu wirtschaftspolitischen Fragen äußerte, wurde er erst nach der Veröffentlichung seines Buches *Ist Deutschland noch zu retten?* im Jahre 2003 zum gern gesehenen Interviewpartner und Talk-Show-Gast. Sinn gab dem Neoliberalismus ein Gesicht, er forderte einen umfassenden Abbau des Sozialstaats, die Liberalisierung des Arbeitsmarktes, und er war damit einer der Stichwortgeber der Agendapolitik. Obgleich seinem ifo-Institut von wissenschaftlichen Gremien immer wieder gravierende Qualitätsschwächen attestiert wurden,[26] schaffte es Sinn, sein Institut zu einem Mitglied der Leibniz-Gesellschaft zu machen und sich damit eine Zweidrittel-Finanzierung durch die öffentliche Hand zu sichern. Präsident der Leibniz-Gesellschaft war zu jener Zeit niemand anderes als Hans-Olaf Henkel, der zuvor als Vorsitzender des Bundesverbands der Deutschen Industrie (BDI) Cheflobbyist der deutschen Industrielobby war. Mit dem Popularitätszuwachs des neoliberalen Überzeugungstäters Hans-Werner Sinn schaffte es auch sein ökonomisches Projekt, der ifo-Geschäftsklimaindex, in die Medien. Jede Veröffentlichung dieses Index schafft es auf unerklärliche Weise sogar bis in die Tagesschau. Doch welcher Zuschauer weiß schon, was es zu bedeuten hat, wenn Jens Riewa oder Marc Bator mit ernster Miene berichten, dass die Märkte mit Erleichterung aufgenommen hätten, dass der ifo-Geschäftsklimaindex trotz gegenteiliger Erwartungen nun schon zum dritten Mal in Folge gestiegen sei? Bei der Erhebung dieses Index fragt das ifo-Institut Entscheider in ausgewählten Unternehmen nach ihrer Erwartung, wie sich ihr Geschäftsklima in den nächsten sechs Monaten entwickeln wird. Die gesammelten Rohdaten werden dann vom ifo-Institut nach einem intransparenten Algorithmus »bereinigt« und am Monatsende veröffentlicht.

Dabei ist jedoch zu beobachten, dass der Index in der Regel nur die gesamtwirtschaftliche Situation leicht zeitverzögert wiedergibt und keinesfalls als Indikator für zukünftige Entwicklungen verstanden werden kann. So musste das ifo-Institut im Krisenwinter 2008/2009 allmonatlich die schlechtesten Indexwerte veröffentlichen,[27] die es je »gemessen« hatte. Diese Daten korrelierten erstaunlich gut mit der gesamtwirtschaftlichen Entwicklung – auch das Statistische Bundesamt meldete für diesen Zeitraum einen Einbruch des Bruttoinlandsprodukts.[28] Im zweiten Quartal 2009 wuchs die Wirtschaft jedoch bereits wieder, obgleich sie laut ifo-Geschäftsklimaindex doch eigentlich schrumpfen sollte, da der Index ja die Entwicklung der nächsten zwei Monate prognostizieren soll. Wie durch ein Wunder schnellte der Index daraufhin ab dem Sommer 2009 in die Höhe. Ob die Unternehmen oder die ifo-Forscher für diese Anpassung an die realwirtschaftlichen Zahlen verantwortlich sind, lässt sich jedoch aufgrund der mangelnden Transparenz nicht sagen. Wenn ein Tagesschau-Sprecher daher mit wichtigem Gesicht sagt, dass die Märkte erleichtert auf einen steigenden ifo-Geschäftsklimaindex reagiert hätten, heißt dies strenggenommen, dass die Spökenkieker am Frankfurter Börsenparkett in ihrer Glaskugel andere Zahlen gesehen haben als die Spökenkieker im Münchner ifo-Institut, die ihrerseits die Rohdaten der Spökenkieker in den Unternehmen aufbereitet haben. Gehört eine solche Meldung in die wichtigste Nachrichtensendung des Landes?

Handelt es sich bei Hans-Werner Sinn um ein staatlich alimentiertes Sprachrohr des Neoliberalismus, gehört Michael Hüther eher in die Kategorie »Mietmäuler«. Hüther ist Direktor des Instituts der deutschen Wirtschaft (IW), das nicht nur so heißt, sondern in der Tat ein Institut ist, das ausschließlich von den Wirtschaftsverbänden finanziert wird. Im Vorstand und im Präsidium des IW sind die Bundesvereinigung der Deutschen Arbeitgeberverbände (BDA), der Bundesverband der Deutschen Industrie (BDI), der Verband der Automobilindustrie (VDA), der Verband der Chemischen Industrie (VCI), die Metallarbeitgeber sowie Vertreter von Unternehmen der Schwer- und Montanindustrie vertreten. Wes' Brot ich ess', des' Lied ich sing. Es ist natürlich vollkommen klar, dass die Arbeitgeberverbände sich nicht dem Allgemeininteresse verpflichtet fühlen, sondern ihre ureigenen Interessen verfolgen. Das ist ja nicht ehrenrührig, auch die Gewerkschaften haben mit dem Institut für Makroökonomie und Konjunkturforschung (IMK) ein – wenn auch wesentlich schlechter finanziertes – eigenes Wirtschaftsinstitut. Ärgerlich wird es jedoch, wenn die Medien nicht ihrer Verantwortung gerecht werden und den nachweisbaren Wirtschaftssprecher Michael Hüther als vermeintlich neutralen Experten vorstellen. Würde Hüther in Interviews und Talk-Shows als Interessenvertreter der Wirtschaft präsentiert, könnten die Leser und Zuschauer sich zumindest ein Bild davon machen, warum er beispielsweise den Mindestlohn verabscheut wie der Teufel das Weihwasser und den Arbeitnehmern fortwährend zum Lohnverzicht rät. Niemand verlangt, dass die Medien ausschließlich die Interessen des normalen Gebührenzahlers oder Abonnenten vertreten sollen. Ein Mindestmaß an Neutralität und Transparenz bei der Vorstellung der Interviewpartner und Zitatlieferanten sollte jedoch keine allzu überzogene Forderung sein – und wenn es nur das in Printmedien noch häufiger anzutreffende Attribut »arbeitgebernah« ist.

Folgt man den Massenmedien, scheint es in Deutschland ohnehin nur rund ein Dutzend präsentable Ökonomen mit Reputation zu geben. Es interessiert die Redaktionen dabei offenbar nicht, wer deren angeblich unabhängige Forschungsinstitute finanziert, woher die Hauptauftraggeber kommen oder wer mit welcher wirtschaftspolitischen Ausrichtung in den Beiräten dieser Institute sitzt. In den Medien wartet man auch vergebens auf den Hinweis, dass das Institut für Arbeitsmarkt- und Berufsforschung eine Abteilung der Bundesagentur für Arbeit ist und schon deshalb dem politisch vorgegebenen Auftrag der Bundesagentur nicht in die Parade fahren kann.

Niemand macht transparent, dass das »Institut zur Zukunft der Arbeit« weitgehend von der Deutschen Post AG alimentiert wird und dessen Chef Klaus Zimmermann gerne in Anzeigen für die INSM posiert. In kaum einer Talk-Show fehlt ein »Botschafter« der »Initiative Neue Soziale Marktwirtschaft« (INSM). Hans-Olaf Henkel, Arnulf Baring, Oswald Metzger, und wie die »Botschafter« dieser arbeitgeberfinanzierten PR-Organisation auch heißen mögen, werden fast nie als wirtschaftsliberale Polit-Lobbyisten, sondern meist als »Experten« präsentiert.

Wenn man sich den Hintergrund der vermeintlichen Experten anschaut, braucht man sich auch nicht zu wundern, warum neoliberale Thesen bei Teilen der Bevölkerung immer noch den Ruf genießen, wissenschaftlich abgesichert zu sein. Wer soll es den Menschen verdenken, dass sie auf die übermächtige Propagandamaschinerie hereingefallen sind?

Wenn man Lieschen Müller fragt, ob Mindestlöhne ökonomisch sinnvoll sind, braucht man sich erst gar nicht zu wundern, wenn man eine wiedergekäute Weisheit der »Wirtschaftsexperten« aus den Medien zur Antwort bekommt. Dass Mindestlöhne von vielen internationalen Koryphäen der Volkswirtschaft für sinnvoll gehalten werden und selbst in Deutschland viele Ökonomen völlig anders argumentieren als einige wenige öffentlichkeitswirksame Kollegen, wird Lieschen Müller wohl nie erfahren. Das ist vor allem den Medien zuzuschreiben, die alternativen Ansichten zu wenig Raum geben. Ein Blick über den Atlantik zeigt, dass es auch anders geht. Wer amerikanische Qualitätszeitungen verfolgt, bekommt ein ganz anderes Bild von gesamtwirtschaftlichen Fragen und Zusammenhängen. Dort spielen die Prediger der neoliberalen Angebotspolitik schon seit langem nicht mehr eine derart exklusive Rolle. Stattdessen wird die Debatte von Ökonomen wie Paul Krugman, George Akerlof oder Joseph Stiglitz mitbestimmt, anerkannte Koryphäen, die das Allgemeinwohl als Ziel wirtschaftlichen Handelns ansehen. Allesamt übrigens Nobelpreisträger.

Das systemische Versagen der Medien

»Der tagesaktuelle deutsche Wirtschaftsjournalismus stand dem globalen Finanzmarkt gegenüber wie ein ergrauter Stadtarchivar dem ersten Computer, mit einer Mischung aus Ignoranz und Bewunderung, ohne Wissen, wie er funktioniert, ohne Ahnung von den folgenreichen Zusammenhängen, die sich aufbauen; im Zweifel schloss man sich der vorherrschenden Meinung an. Die weltweite Krise des Finanzmarktes, die globale Krise der großen Spekulation, löste auch eine Krise des Wirtschaftsjournalismus aus«, so fassen die Autoren Hans-Jürgen Arlt und Wolfgang Storz die Versäumnisse der Medien in einer umfänglichen Studie zusammen.[29] Es will schon etwas heißen, wenn ein Publizist und ein ehemaliger Chefredakteur das eigene Nest derart beschmutzen.

Arlt und Storz haben im Namen der gewerkschaftsnahen Otto-Brenner-Stiftung die wirtschaftsjournalistische Arbeit der wichtigsten Leitmedien, darunter ARD-Aktuell, Deutsche Presseagentur (dpa) und fünf überregionale Tageszeitungen von 1999, also dem Jahr des Rücktritts von Oskar Lafontaine als Finanzminister, bis zur offenen Krise 2009 gründlich ausgewertet. Das Ergebnis ist niederschmetternd:

- Die untersuchten Qualitätsmedien haben bis 2005 die Mindesterwartungen an journalistische Arbeit (etwa die Erläuterung von Zusammenhängen oder die Unabhängigkeit der Informationen) nicht erfüllt.
- Erst die globale Krise hat den Wirtschaftsjournalismus zur Beschäftigung mit der Finanzentwicklung gezwungen.
- Die wichtigste Nachrichtenagentur hat sich in der Finanzpolitik nur als offizielles Sprachrohr der Finanzwirtschaft verstanden.
- Das journalistische Verhalten von ARD-Aktuell gegenüber der regierenden Politik kann nur als devot bezeichnet werden. Es gibt dort jede Menge Börsennachrichten, aber so gut wie keine Vermittlung von volkswirtschaftlichen Zusammenhängen.

Zu einem vergleichbar vernichtenden Ergebnis kommt ein Monitoring der Schweizer Medienwissenschaftler Kurt Imhof und Mario Schranz. »Lemminge statt Wachhunde«[30] titelte die *Schweizer Wochenzeitung* am 1. April 2010. Die Spezies der Wirtschaftsjournalisten sei »mehrheitlich konditioniert im Paradigma der unfehlbaren Selektions- und Entdeckungsfunktion des Marktes«.

Natürlich wäre es nicht sonderlich hilfreich, nun jedem Wirtschaftsjournalisten pauschal den Vorwurf des Versagens zu machen. Man muss auch berücksichtigen, dass der Zeitdruck und der Personalabbau innerhalb der Branche dazu geführt haben, dass viele Journalisten gar nicht mehr die Möglichkeit haben, ihre eigene Berichterstattung kritisch zu hinterfragen und Recherchen anzustellen, die der Stoßrichtung des Blattes zuwiderlaufen. Nicht die Kollegen selbst, sondern die Ressortleitungen haben versagt. Jahrelang war jede Kritik an den Finanzmärkten und der neoliberalen Vorstellung von den selbstregulierenden Marktmechanismen schlicht und einfach nicht erwünscht. Statt

Achtsamkeit und kritische Distanz erleben wir bei vielen Journalisten Nähe und Kooperation mit Wirtschaft und Politik. Vor allem in den Chefredaktionen ist allzu oft eine beängstigende Verbrüderung mit der politischen und wirtschaftlichen Macht festzustellen. In den hehren Idealen der Branche ist der Journalismus der unbestechliche Wachhund der Gesellschaft. In der Praxis ähnelt dieser Wachhund jedoch leider eher einem Schoßhund, der sich bereitwillig von jedem kraulen lässt, der ihm eine leckere Wurst hinschmeißt.

Manch ein Journalist fühlt sich dabei schon gebauchpinselt, wenn er den Vorstandsvorsitzenden eines Großunternehmens in dessen Privatjet begleiten darf und bei Schampus und edlem Fingerfood auf gleicher Augenhöhe über die Probleme des Standorts Deutschland aufgeklärt wird. Was ist dagegen schon ein Treffen mit einem Leiharbeiter des Großunternehmens bei Currywurst und Pommes frites?

Der kritische Journalismus weicht immer häufiger dem Gefälligkeitsjournalismus, statt ausgewogener Analyse wird immer häufiger einfach nur noch nachgeplappert. Der Leitartikler plappert das nach, was ihm sein »Freund« aus Politik und Wirtschaft gesteckt hat, die kleinen Journalisten plappern unreflektiert das nach, was ihnen der große Leitartikler vorgeplappert hat, und alle plappern das nach, was ihnen die Nachrichtenagenturen vorplappern, die ihrerseits nachplappern, was ihnen von den Vertretern der mächtigen Verbände vorgeplappert wird. Kritische Stimmen gehen entweder in diesem ganzen Geplapper unter oder werden erst gar nicht publiziert.

Vor allem in den sogenannten Qualitätsmedien war und ist es für freie wie festangestellte Journalisten oft gar nicht möglich, kritische Beiträge ins Blatt zu bringen. Man kann sich vorstellen, wie groß die Not in den Chefredaktionen der Republik war, als sie auf einmal von der Finanzkrise überrascht wurden und sich ihre Vorstellungen von freien und selbstregulierenden Märkten quasi über Nacht in nichts auflösten. Da mussten nun die gleichen Journalisten, die gestern noch die Unfehlbarkeit der Märkte als Naturgesetz ansahen, kritische Kommentare zu den Finanzmärkten verfassen. Die Schockstarre währte jedoch nur kurz. Nachdem man in den Redaktionen feststellte, dass die Welt nach den Turbulenzen auf den Finanzmärkten doch nicht unterging, riss man sich schnell am Riemen und bastelte eifrig an einer eigenen Dolchstoßlegende. Marktliberale Claqueure wie der ehemalige *Spiegel*-Mann und jetzige *Handelsblatt*-Chef Gabor Steingart sind mittlerweile davon überzeugt, dass die Finanzkrise nicht wegen einer zu geringen Regulierung, sondern wegen einer zu großen Einmischung des Staates in die freien Märkte über uns hereingebrochen sei. Mit dieser reichlich verschrobenen Sichtweise ist Steingart keinesfalls allein – menschlich mag es ja auch verständlich sein, dass man seine Lebenslüge mit abstrusen Ausflüchten aufrechterhalten will, mit kritischem Journalismus hat dies jedoch so gar nichts gemein.

Journalismus berichtet jedoch nicht nur über Politik, er macht auch Politik, indem er die öffentliche Meinung mitbestimmt. Ohne das andauernde ideologische Trommelfeuer der überzeugten oder aber interessengesteuerten »Wirtschaftsexperten« hätte es den klaren Sieg des Neoliberalismus womöglich nie gegeben. Ohne das Totalversagen der Medien, die dieses Trommelfeuer willfährig weiterverbreitet und verstärkt haben, hätten es die Interessengruppen wesentlich schwerer gehabt, ihre ideologische Borniertheit als »alternativlos« darzustellen und den Parteien somit eine Steilvorlage zu geben. Es ist müßig, darüber zu diskutieren, ob der Wirtschaftsjournalismus nun ein Getriebener oder ein Antreiber des neoliberalen Zeitgeists war. Da die Verantwortlichen sich bis heute aus der Verantwortung stehlen und sich als immun gegen interne und externe Kritik erweisen, spielen solche Unterscheidungen ohnehin keine Rolle.

Hätten die Wirtschaftsjournalisten sich nicht vereinnahmen lassen, wäre dem Land womöglich der radikale Abbau des Sozialstaats und das Lohndumping des letzten Jahrzehnts erspart geblieben. In unseren Nachbarländern konnten die Neoliberalen jedenfalls nicht in diesem Umfang ihr Unwesen treiben, und dies lässt sich sicherlich nicht nur auf eine unterschiedliche Mentalität zurückführen.

Da die Wirtschaftsjournalisten jedoch kaum ein Wort über ihre Defizite in der Vergangenheit verlieren, sind innere Einkehr und Besserung nicht zu erwarten. Im Gegenteil, es scheint vielmehr so, als ob die kurze Phase der Selbstkritik, die sich mit dem Zusammenbruch von Lehman Brothers in der Zunft ausgebreitet hatte, nur ein kurzes Strohfeuer der Erkenntnis war. Wenn man sich heute die Artikel der Wirtschaftsressorts ansieht, erkennt man beileibe nicht, dass die Journalisten aus ihren Fehlern gelernt hätten. Vor drei Jahren, als sich die stets propagierte Effizienz der Finanzmärkte im Zuge des Lehman-Zusammenbruchs als grandioser Denkfehler erwies, standen sie wie das Kaninchen vor der Schlange. Heute steht man wie ein Kaninchen vor der Schlange, wenn es um die Turbulenzen bei den Euro-Staatsanleihen geht, und plappert immer noch reflexartig die Versatzstücke der marktliberalen Agenda nach. Die Branche hat nicht nur versäumt, aus ihren Fehlern zu lernen, sie macht im alten Stil weiter.

Machtkartell Bertelsmann

Maßgeblich verantwortlich für das systemische Versagen der Medien sind drei Frauen, die von Wolfgang Lieb sehr treffend als das »Triumfeminat« beschrieben wurden.[31] Wenn sich die beiden Verlagserbinnen Friede Springer und Liz Mohn mit ihrer Duzfreundin Angela Merkel treffen, wird große Politik gemacht. Neben den bisher bekannten »Old Boys' Networks« der Industriekapitäne, die die Spitzen der Politik bei »Wein, Weib und Gesang« beackern, ist ein neues Netzwerk entstanden, bestehend aus drei älteren Damen, die beim Kaffeekränzchen zwischen Linzer Torte und einem Gläschen Eierlikör die neoliberale Umgestaltung der Gesellschaft planen. Friede Springers Verlag bestimmt mit *Bild/BamS* und all ihren Spin-offs, der *Welt/WamS*, dem *Hamburger Abendblatt*, der *Berliner Morgenpost* und der *B. Z.* vor allem den

Boulevard und ist mit diversen Beteiligungen an privaten Radiostationen auch im Äther präsent. Liz Mohn kontrolliert mit dem Bertelsmann-Konzern sogar eines der größten Medienunternehmen der Welt.

Als der Bertelsmann-Konzern im Jahr 2010 sein 175-jähriges Bestehen feierte, erinnerten die Feierlichkeiten eher an einen Staatsakt als an ein Firmenjubiläum – eine überaus freundliche Laudatio von Angela Merkel, tausend Prominente aus Wirtschaft, Gesellschaft und Politik, darunter das Who is Who der deutschen und internationalen politischen Elite wie beispielsweise EU-Kommissionspräsident José Manuel Barroso. Keine Frage, Bertelsmann ist nicht nur ein Weltkonzern, sondern auch ein politisches Unternehmen.

Viele Bürger auf der Straße verbinden mit dem Namen Bertelsmann jedoch meist nur den gleichnamigen Buchclub – Club Bertelsmann –, der mit seinen Filialen in den meisten deutschen Städten präsent ist. Im großen Bertelsmann-Reich ist der Buchclub jedoch nur ein kleines, relativ unbedeutendes Rädchen. Das größte Rad im Bertelsmann-Getriebe ist die hundertprozentige Konzerntochter Arvato. Arvato gehört zu den weltweit größten Outsourcing-Dienstleistern und ist mit 270 Tochterunternehmen und mehr als 67000 Mitarbeitern weltweit vertreten. Das Leistungsspektrum von Arvato zielt jedoch nicht nur auf die Privatwirtschaft, sondern auch auf die öffentliche Verwaltung. Wann immer eine Behörde schlanker wird und Verwaltungstätigkeiten an private Dienstleister ausgliedert, ist die Wahrscheinlichkeit groß, dass Arvato die passende Lösung in seinem Angebotsportfolio hat.

Wie weit das Leistungsspektrum von Arvato geht, zeigt die Arbeit des Unternehmens in der Grafschaft East Riding in Yorkshire, England.[32] In Großbritannien folgte man schon früh dem Ruf nach einem schlankeren Staat und ging dabei auf regionaler Ebene sogar so weit, dass man öffentliche Kernbereiche wie beispielsweise die Zuteilung von Sozialhilfe, Sozialwohnungen und Studiengeldern sowie das Inkasso der Steuereinnahmen an den privaten Dienstleister Arvato UK ausgliederte. Auch im Chesterfield Borough Council und im benachbarten Derby City Council ist Arvato präsent. Bertelsmann ist – egal wie gut oder schlecht Arvato in East Riding arbeitet – der Gewinner einer solchen Privatisierung. Die Gewinne sprudeln, ein Zurück ist für die Kommunen nur unter hohem Investitionsbedarf möglich.

Im Heimatland des Bertelsmann-Konzerns konnte Arvato bislang noch nicht so recht Fuß fassen. Das ist auch kaum verwunderlich, scheiterte doch bereits das Pilotprojekt »Würzburg integriert!« mit Ach und Krach. Als Arvato im Jahre 2008 den Bürgerservice übernahm, wollte man die Dienstleistungen effizienter, gewinnbringender und bürgerfreundlicher gestalten. Daraus wurde jedoch nichts. Das Projekt wurde im Frühjahr 2011 eingestellt, Arvato konnte keines der versprochenen Ziele realisieren. Es ist jedoch davon auszugehen, dass sich der Weltkonzern von diesen Rückschlägen auf dem Heimatmarkt nicht entmutigen lässt. Immerhin beziffert man in Gütersloh den deutschen Markt für öffentliche Dienstleistungen auf zwanzig Milliarden Euro.[33] Um diesen Markt zu erschließen, ist jedoch noch einiges an Überzeugungsarbeit zu leisten. Wie praktisch, dass Bertelsmann auch zu den größten Medienkonzernen der Welt gehört.

Über die RTL-Group (Bertelsmann-Beteiligung 91 Prozent) und das Verlagshaus Gruner + Jahr (74,9 Prozent) zählt der Bertelsmann-Konzern zu den größten und wichtigsten Meinungsmachern des Landes. Das Konglomerat kontrolliert die deutschen Fernsehsender RTL, RTL II, Vox, Super-RTL und n-tv, diverse private Radiosender sowie die *Financial Times Deutschland* und die Zeitschriften *Stern, Gala, Brigitte, Capital, Börse Online* und viele mehr. Darüber hinaus ist Gruner + Jahr auch noch mit einer Sperrminorität von 25,5 Prozent am *Spiegel*-Verlag beteiligt, der neben dem *Spiegel* und *Spiegel-Online* auch das *Manager Magazin* publiziert. Die klassische Verlagsarbeit ist heute in der Verlagsgruppe Random House zusammengefasst – der größte Publikumsverlag der Welt ist eine hundertprozentige Tochter der Bertelsmann AG. 2010 konnte Random House über die zur Gruppe gehörende Deutsche Verlags-Anstalt (DVA) mit dem Buch von

Thilo Sarrazin (*Deutschland schafft sich ab*) einen Millionenge-
winn erzielen.

Um Erbschaftssteuern zu sparen, gründete Reinhard Mohn bereits im Jahre 1977 die Bertelsmann Stiftung. Heute besitzt die
Bertelsmann Stiftung auf dem Papier 77,4 Prozent der Bertelsmann AG – konservativ geschätzt, entspricht dies einem Volumen
von rund acht Milliarden Euro. Der Rest der Bertelsmann AG gehört der Familie Mohn, für die nach dem Tod von Reinhard Mohn
dessen Witwe und Merkel-Duzfreundin Liz Mohn und die Mohn-
Tochter Brigitte die Geschäfte führen. Die Familie Mohn hat jedoch auch in der Bertelsmann Stiftung das Sagen und kontrolliert
damit die Bertelsmann AG zu hundert Prozent.

Durch das Doppelstiftungskonstrukt hat die Familie Mohn
nicht nur Erbschafts- beziehungsweise Schenkungssteuer gespart – die Gewinne und Dividenden, die alljährlich ausgeschüt-
tet werden, müssen dank Stiftungsstatus ebenfalls nicht versteuert werden. Dies ist eine Lücke im deutschen Stiftungsrecht,
durch die Bertelsmann bereits Milliarden gespart hat – Milliarden, die eigentlich dem deutschen Staat und somit dem deutschen Volk zustehen würden. In einer transparenten Demokratie
hätte man ein solches Steuerschlupfloch schon längst geschlossen, doch Bertelsmann ist in Deutschland »unberührbar«, wie es
die ehemalige Grünen-Politikerin Antje Vollmer in einem Interview mit der *taz* ausdrückte.[34]

Um von der Steuer befreit zu werden, muss eine Stiftung nach
deutschem Stiftungsrecht gemeinnützig sein und somit den Interessen der Allgemeinheit dienen. Schaut man sich das Betätigungsfeld der Bertelsmann Stiftung an, fragt man sich unweigerlich, was an der Stiftung, die sich laut Selbstdarstellung als eine
Politikberatung versteht, die den »Grundsätzen des Unterneh-
mertums und der Leistungsgerechtigkeit« und dem Leitbild »so
wenig Staat wie möglich« folgt, nun eigentlich gemeinnützig sein
soll. Eine Stiftung, die einen schlanken Staat propagiert und
gleichzeitig ein Unternehmen besitzt, das einer der Marktführer
auf dem Gebiet des Outsourcings von Verwaltungstätigkeiten ist,

kann selbst mit sehr viel Phantasie nicht als gemeinnützig gelten. Der Paderborner Soziologieprofessor Arno Klönne beschreibt diesen offensichtlichen Widerspruch mit den passenden Worten: »Die Stiftung weckt einen öffentlichen Bedarf, den der Bertelsmann-Konzern dann anschließend befriedigt.«[35]

Die Bertelsmann Stiftung ist ein Staat im Staate. Sie fordert von öffentlichen Behörden ein Höchstmaß an Transparenz, ist aber selbst so intransparent wie nur irgend möglich. Sie fordert mehr Wettbewerb, vergibt ihre Finanzmittel aber nur für eigene Projekte und schließt somit jeglichen Wettbewerb um die eigenen Stiftungsgelder aus. Anspruch und Wirklichkeit driften bei der Bertelsmann Stiftung weit auseinander.

Das Lieblingswerkzeug der Bertelsmänner sind dabei Rankings – verglichen wird so gut wie alles, angefangen bei Grundschulen über die Kommunen und Universitäten bis hin zu ganzen Volkswirtschaften. Bertelsmann erhebt Daten und erstellt daraus Bestenlisten. Die Parameter für Erfolg auf diesen Listen sind dabei denkbar einfach: je weniger Staat, je weniger Verwaltung, je schlanker, je privater, desto besser. Trotz ihrer offensichtlichen ideologischen Färbung finden die Rankings aus dem Hause Bertelsmann mit erstaunlicher Regelmäßigkeit ihren Weg in Medien und Politik.

Wer im Wettbewerb um mehr Neoliberalismus nicht mitmachen kann oder will, steht im Lichte der Öffentlichkeit als »Reformverweigerer« oder »Modernisierungsverlierer« da. Die Bertelsmann Stiftung war einer der Ideengeber für Gerhard Schröders Agenda 2010, sie wird in den Parteizentralen von Union und FDP ebenso gern gesehen wie bei der SPD und den Grünen. Egal was der Bürger wählt, die Männer und Frauen aus Gütersloh sitzen bereits als Berater neben der neuen Regierung.

Bertelsmann und die Bertelsmann Stiftung sind – im wahrsten Sinne des Wortes – postdemokratisch. Die Interessen der Familie Mohn sind nicht deckungsgleich mit den Interessen des Volkes. Wie kann man die Macht ohne Mandat beschneiden und Volkssouveränität herstellen? In einer repräsentativen Demokratie ist das natürlich nicht einfach. Wie soll Lieschen Müller eine Gefahr für die Demokratie erkennen, wenn sie noch nicht einmal die Gefährder kennt?

Trotz der einflussreichen und die Demokratie bedrohenden Stellung der Meinungsmacher aus Gütersloh findet kein öffentlicher Diskurs über die damit verbundenen Gefahren statt. Keine größere Zeitung, kein größeres Magazin und kein quotenstarkes TV-Format wagt sich an dieses heiße Thema heran – eine Medienkrake legt sich nicht mit der anderen an.

Die Meinungsmacht der Campagneros

Eine besondere Gattung des Journalisten stellt der sogenannte Hauptstadtjournalist dar. Er ist das oberste Glied in der Kette einer selbstgefälligen Branche, kein Beobachter, sondern ein Gestalter. Hauptstadtjournalisten besuchen keine Pressekonferenzen, deren Ergebnisse ohnehin jede Redaktion über den dpa-Ticker lesen kann. Hauptstadtjournalisten treffen sich lieber in den echten Zentren der Macht mit echten »Entscheidungsträgern«: Politikern, Lobbyisten und anderen Hauptstadtjournalisten. Zwischen Café Einstein und Hackeschem Markt hat sich im Berliner Stadtteil Mitte über die Jahre hinweg ein eitles und selbstgerechtes Völkchen entwickelt, das schon lange die Bodenhaftung verloren hat. Politik wird in der Hauptstadt und nicht in der Provinz gemacht, und wer dazugehören will, muss sich zumindest den Regeln der neuen Schreiberelite unterwerfen. Wer das nicht tut, sollte lieber gleich seine Koffer packen.

Ein solcher Verweigerer war in den Augen der Hauptstadtjournaille der ehemalige SPD-Vorsitzende Kurt Beck. Der joviale und bisweilen plumpe Pfälzer stand für all die Dinge, die in der Berliner Republik als anachronistische Provinzialität gelten. Beck trägt keine maßgeschneiderten Anzüge von Brioni, sondern kauft sich zweimal im Jahr seine schlecht sitzenden Pfälzer Anzüge im Bekleidungshaus Michel in Landau. Er lässt sich die Haare nicht wie

Angela Merkel vom Metropolenschwätzer und Sabine-Christian-sen-Freund Udo Walz designen, sondern Becks Frau Roswitha, eine gelernte Friseurin, schneidet seine Meckifrisur im Keller des eigenen Hauses. Wenn Beck in seinem seltsamen Englisch parliert, wirkt selbst Helmut Kohl wie ein weltgewandter Kosmopolit. Für die aufgeschäumten Journalisten in den Szenetreffs von Berlin-Mitte, in denen sogar die Kellnerinnen »Medienschaffende« sind, wirkte dies wie ein schlechter Witz. Wer dann auch noch einen rationaleren Kurs gegenüber der Linkspartei propagiert, die von den Hauptstadtjournalisten als Schreckgespenst der Berliner Republik gesehen wird, hat bereits verloren, bevor er in den Ring steigt.

Die erfolgte mediale Demontage Becks war fulminant und ohnegleichen. Eine breite Mehrheit von *Bild* über den *Spiegel* bis hin zur *Frankfurter Rundschau* stellte Kurt Beck plötzlich als eine Art politischen Zombie dar, der die Zeichen der Zeit nicht erkannt hat und der den Wählern nicht zu vermitteln ist. Ein Mann, der lieber auf dem Dürkheimer Wurstmarkt als in der Programmkommission im fernen Berlin weilt und dem der Dachdeckermeister im heimischen Steinfeld näher ist als die Hauptstadtjournaille, kann in der Berliner Medienrepublik keine führende Rolle spielen. Nicht das Volk und nicht die Parteibasis, sondern die Medien machen die Politik.

Um die Lufthoheit über den Stammtischen der Republik zu erlangen, ist bei den Meinungsmachern geschlossenes Auftreten unerlässlich. Hat sich erst einmal eine geschlossene Medienfront gebildet, ist es für die Vertreter alternativer Positionen nahezu unmöglich, sich im öffentlichen Diskurs zu behaupten beziehungsweise überhaupt Gehör zu finden. Der Kampagnenjournalismus[36] zielt jedoch oft auch ganz direkt auf die politischen Entscheidungsträger, die zwar anderer Meinung sind, aber weder das Rückgrat noch das Durchhaltevermögen haben, innerhalb ihrer Reihen als »Außenseiter« zu gelten. Ohne massive Schützenhilfe nahezu sämtlicher Medien wäre es beispielsweise dem neoliberalen Flügel der SPD wohl nie gelungen, eine ehemals sozialdemokratische Partei auf »Agendakurs« zu bringen. Der ehemalige Leiter des *Spiegel*-Hauptstadtbüros und seit April 2010 Chefredakteur des *Handelsblatts*, Gabor Steingart, der als Personifizierung des eitlen Hauptstadtjournalisten gelten darf, sonderte einst den bemerkenswerten Satz ab: »Journalismus braucht zuweilen Wirtstiere. Wir haben für Schröders Agenda mitgestritten.«[37] Freilich vergisst »seine Lässigkeit Sir Steingart«[38] hier zu erwähnen, dass der *Spiegel* die Agenda durch massive Kampagnen aktiv gestützt hat und in diesem Sinne eher das Wirtstier war, an dem sich die SPD parasitär ausgerichtet hat.

Die wohl langlebigste und erschreckendste Kampagne der deutschen Medienlandschaft ist die fortwährende Dämonisierung der politischen Linken. Sei es der – kaum noch vorhandene – linke Flügel der SPD, seien es die – ebenfalls selten gewordenen – Fundis bei den Grünen oder die Linkspartei: Alles, was links der »neuen Mitte« ist, wird von den Medien kategorisch bekämpft. Wenn beispielsweise von der Linkspartei die Rede ist, fallen stets die Begriffe »DDR«, »Mauertote« und »Stasi«.

Sicher, die Linkspartei ist mit ihrer PDS-Vergangenheit auch Nachfolgepartei der SED, aber was haben die aktuellen Politiker der Linkspartei mit der SED zu tun? Haben CDU und FDP etwa nicht mit ihren Schwesterparteien aus der DDR fusioniert, die damals fröhlich die Blockflöten im Kammerkonzert des real existierenden Sozialismus gegeben haben? Anders als in der Linkspartei haben ehemals überzeugte Stützen des DDR-Systems in der CDU sehr wohl Karriere gemacht. Der ehemalige thüringische Ministerpräsident Dieter Althaus rief beispielsweise noch im Herbst 1989 – wenige Tage vor dem Mauerfall – als stellvertretender Schulleiter dazu auf, die »marxistisch-leninistische Weltanschauung der Jugendlichen in der DDR zu stärken«. Für seine »hervorragenden Leistungen bei der kommunistischen Erziehung« wurde er als einziger Lehrer im Bezirk Erfurt damals mit dem Thälmann-Orden in Gold ausgezeichnet. Wäre Althaus nicht Mitglied der CDU, sondern der Linkspartei, hätte er das mediale Sperrfeuer wohl kaum überlebt.

Bei ihren Kampagnen gegen die Linkspartei können sich die Medien jedoch in steter Regelmäßigkeit auf Informanten aus den Reihen der Partei verlassen. Die Heckenschützen in den Reihen der Linken verrichten ihre Arbeit mit großem Erfolg. Ist die NPD von verdeckten Mitarbeitern des Verfassungsschutzes infiltriert, so scheint es, als sei die Linkspartei mit verdeckten Mitarbeitern des *Spiegel* durchsetzt. Nur selten geht es bei der Berichterstattung über die Linkspartei um politische Inhalte. Die Medien interessiert nicht, was Sahra Wagenknecht zu Eurobonds oder Außenhandelsüberschüssen zu sagen hat, sondern mit wem sie ihre Zeit privat verbringt und, vor allem, gegen welchen Politiker der Linkspartei sie vielleicht ein paar druckreife Zitate in die Mikrophone diktieren kann.

Linke-Politiker, die »nur« ihre Arbeit machen und sich nicht zu parteiinternen Streitereien äußern, kommen in der überregionalen Presse fast überhaupt nicht vor. Oder wann haben Sie in Ihrer Tageszeitung zum letzten Mal etwas über Axel Troost gelesen? Troost ist promovierter Volkswirt, seit 1981 Geschäftsführer der überparteilichen Arbeitsgruppe Alternative Wirtschaftspolitik und finanzpolitischer Sprecher der Linksfraktion im Bundestag. Fast täglich gibt Troost Pressemeldungen heraus, die sich in ihrer Analyse wohltuend vom Meinungsmainstream abheben. Fast nie schafft es eine dieser Pressemeldungen in die Medien. Im gesamten *Spiegel*-Archiv, das auch die zahlreichen Artikel des Onlineablegers *Spiegel*-Online umfasst, taucht Axel Troost ganze fünfzehnmal auf – fast jeder dieser fünfzehn Artikel hat eine negative Konnotation wie beispielsweise »Mit Marx und Murks«. Was für ein Unterschied zu seinem Kollegen Frank Schäffler, der finanzpolitischer Sprecher der FDP-Fraktion ist, und es mit seinen halbgaren Dummheiten immer wieder in die Medien schafft – allein im letzten Jahr zitierte der *Spiegel* Schäffler mehr als sechzigmal. Schäffler wird als »Experte« in Talk-Shows eingeladen und konnte dank der Medien eine gewisse Berühmtheit erlangen. Axel Troost kennen wahrscheinlich noch nicht einmal die verantwortlichen Redakteure bei Günther Jauch oder Anne Will.

Porsche-Klaus und die Selektivität der Medien

Wenn es um Politiker der Linkspartei geht, legen die Hauptstadt-journalisten immer wieder absurde Maßstäbe an. Ein Paradebei-spiel für diese Bigotterie stellt wohl die »Porsche-Klaus-Kampa-gne« von *Spiegel, Süddeutsche Zeitung, Bild* und zahlreichen Mitläuferpublikationen dar. Wir erinnern uns: Im Sommer 2010 fand ein »investigativer Journalist« der *Bild* heraus, dass Klaus Ernst, seines Zeichens Parteivorsitzender der Linkspartei, doch tatsächlich mehr Geld verdient als ein Redaktionsassistent im Springer-Verlag. Und außerdem fährt er in seiner Freizeit auch noch einen Porsche. Ei der Daus! Wasser predigen und Wein sau-fen, so etwas geht aber nun wirklich nicht. Dabei wissen wir gut-gläubigen Medienkonsumenten doch, dass so ein linker Kommu-nist in der Platte wohnen, seine privaten Reisen mit dem Sozialticket des öffentlichen Personennahverkehrs unternehmen und seinen Urlaub – wenn überhaupt! – auf einem Campingplatz in der Nähe von Bitterfeld verbringen muss. Wer gegen Armut an-kämpft, muss selbst arm sein – alles andere sprengt schließlich unser kleinbürgerliches Weltbild.

Um ihren Lesern vorzuführen, wie reich »Porsche-Klaus« ist, addierte man bei der *Bild* in einer Nacht- und Nebelaktion sämtli-che Aufwandspauschalen und Zuschüsse auf sein Bruttogehalt und kam auf ein sagenhaftes Einkommen von 17 050 Euro pro Monat. Diese Rechnung würde natürlich jedem Milchmädchen zur Ehre gereichen. Die Kostenpauschalen sind schließlich kein Bestandteil des Einkommens, sondern ein Zuschuss für Auslagen, die einem Abgeordneten entstehen. Dazu gehören beispielsweise die Büromiete im Wahlkreis oder die Kosten für notwendige Mit-arbeiter. Bleiben 13 081 Euro brutto, was bei Steuerklasse eins und schlechtem Steuerberater rund 7 000 Euro netto sind. Für dieses Gehalt würde nicht nur so mancher Chefarzt, sondern auch fast jeder Hauptstadtjournalist noch nicht einmal aufstehen.

Aber wer sagt eigentlich, dass ein »Linker« arm sein und allen weltlichen Vergnügungen abschwören muss? Ist die Linkspartei etwa ein Bettelorden? Darf man nur dann linke Positionen vertreten, wenn man sich in Sack und Asche hüllt? Wann darf man eigentlich neoliberale Positionen vertreten? Muss ein FDP-Abgeordneter mindestens 100 000 Euro pro Jahr bei seinen Nebentätigkeiten verdienen, um glaubwürdig zu sein? Karl Marx war Angehöriger des Bildungsbürgertums, Friedrich Engels, Ferdinand Lassalle, Lenin und Che Guevara waren sogar waschechte Großbürger. Wer käme auf die Idee, ihnen ihre »linke Gesinnung« qua Klassenzugehörigkeit postum abzusprechen?

Es scheint jedoch bei der bürgerlichen Presse eine Art Beißreflex gegen »linke« Politiker zu geben, die den Annehmlichkeiten eines ordentlichen Einkommens nicht abgeneigt sind. Was musste sich Oskar Lafontaine schon alles anhören, weil er in einem stattlichen Haus lebt. Sogar Deutschbanker Ackermann entblödete sich einst nicht, Lafontaines Wohnstätte öffentlichkeitswirksam zu instrumentalisieren, als er in einem *Spiegel*-Interview zum besten gab, dass der Linken-Politiker »wesentlich prunkvoller« als er selbst leben würde.[39] Und wer kann sich nicht mehr an die künstliche Empörung erinnern, die zelebriert wurde, als herauskam, dass Sahra Wagenknecht in einem Restaurant Hummer aß? Hummer! Unglaublich! Dürfen linke Politiker etwa nur Steckrüben essen?

»Porsche-Klaus« kommentierte die Vorwürfe damals mit dem lakonischen Satz: »Es gehört zur historischen Wahrheit, dass der Porsche dem Trabant überlegen ist.« Wer könnte diese Aussage bestreiten?

Warum liest man in den Medien nur sehr selten etwas über Guido Westerwelles Einkommen? Bevor er Außenminister wurde, ließ er sich als Partei- und Fraktionschef seine Diäten von der Partei verdoppeln. Das ist natürlich weder anrüchig noch unanständig. Anrüchig und unanständig sind jedoch Westerwelles Nebeneinkünfte. Als »Redner« hielt er in der letzten Legislaturperiode (Oktober 2005 bis Oktober 2009) ganze 35 Vorträge bei Banken, Versicherungen und Unternehmen, die mit mehr als 7 000 Euro pro Vortrag vergütet wurden. Wie hoch Westerwelles Nebeneinkünfte aus der freien Wirtschaft sind, wissen nur er selbst und sein Steuerberater. Vielleicht war es nur das rechnerische Minimum von 270 000 Euro, die sich aus den angegebenen Nebenverdienststufen (siehe Kapitel 3 über Lobbyismus) ergeben würden, vielleicht war es aber auch deutlich mehr als eine Million. Aber das interessiert die freie Presse nicht, schließlich fährt Guido ein kunterbuntes Guidomobil und keinen Porsche – und »links« ist er auch nicht.

Welchen Wagen Peer Steinbrück fährt, ist dem Autor dieses Buches leider nicht bekannt. Fest steht jedoch, dass der SPD-Politiker sich alleine mit seinen Nebeneinkünften jeden Monat einen neuen Porsche leisten könnte. In seiner Amtszeit als Finanzminister pumpte Peer Steinbrück mehr als 500 Milliarden Euro Steuergelder in das deutsche Finanzsystem – wie viel davon irgendwann wieder zurückgezahlt wird, darüber kann man nur spekulieren. Die Formalien stehen im Kleingedruckten, und das ist – natürlich – nicht öffentlich einsehbar. Wessen Interessen hat Steinbrück vertreten? Die des Volkes, dem er als Staatsdiener verpflichtet war? Oder doch die der Finanzinstitute, die er als Fachminister eigentlich überwachen sollte? Kaum wurde Steinbrück vom Wähler aus dem Amt entfernt, ließ er sich fürstlich von den Profiteuren seiner großzügigen »Rettungspakete« und »Subventionen« honorieren. Heute ist Steinbrück Nebeneinkommensmillionär. Hätte die Infamie der politischen Klasse ein Gesicht, so wäre es das von Steinbrück.

Allein im Jahre 2010 hielt er ganze 29 Vorträge bei Privatveranstaltungen, die er sich großzügigst bezahlen ließ. Teilweise überschnitten sich dabei sogar die Termine zwischen Haupt- und Nebentätigkeit, wobei nicht wirklich klar ist, welchen Beruf Peer Steinbrück nun haupt- und nebenamtlich ausübte. Als der Bundestag in diesem Jahr den Haushalt debattierte, referierte Steinbrück in Mannheim auf der »Leitmesse für Finanzprofis«.[40] Die Sponsoren dieser Messe waren das Who is Who der deutschen Finanzwirtschaft, und es ist davon auszugehen, dass Peer Steinbrück für seine Rede in Mannheim mehr Geld bekam, als er vom Staat für die Wahrnehmung seines Bundestagsmandats in einem ganzen Monat bekommt. Wenn man sich an den Branchenangaben orientiert, kann man davon ausgehen, dass Peer Steinbrück zwischen 15 000 und 25 000 Euro für eine Rede bekommt. Nimmt man einen Mittelwert von 20 000 Euro als Basis, verdient Peer Steinbrück im Jahr rund 580 000 Euro als Redner. Zusammen mit rund 70 000 Euro[41], die Steinbrück von der Krupp-Stiftung bekommt, weil er für sie im Aufsichtsrat des Stahlkonzerns Thyssen-Krupp sitzt (der ebenfalls in seiner Amtszeit üppige Subventionen aus der Staatskasse bekam), und den Honoraren für seine Bücher, die Brancheninsider auf rund 250 000 Euro schätzen, kann sich Steinbrück damit als Nebeneinkommensmillionär bezeichnen.

Doch wer zahlt dem ehemaligen Finanzminister solch stolze Summen? Und vor allem wofür? Steinbrücks Kundenliste ist durchaus beeindruckend: Deutsche Bank, BNP Paribas, KPMG, Union Investment und diverse Interessenverbände, die natürlich kein Interesse an einer sozialen Politik haben, sondern die Interessen der Märkte und des Finanzkapitals vertreten. Er wird also von denjenigen bezahlt, deren Wünsche er auf Kosten der Staatskasse nur allzu bereitwillig erfüllt hat. Das hat nichts mehr mit einem »G'schmäckle« zu tun. Es ist vielmehr so, als ob ein ehemaliger Innenminister, der die Ermittlungen gegen die organisierte Kriminalität eingestellt hat, nach seiner Amtszeit gut dotierte Vorträge bei der Mafia hält, in denen er Tipps für kreative Geschäftsmodelle zur Geldwäsche gibt und sich von den Kapos feiern lässt. Das ist nicht nur Betrug am Wähler, sondern auch Betrug am Staat, vertritt ein Minister doch die Interessen des obersten Souveräns. Und dieser Souverän ist, auch wenn das heutzutage kaum jemand mehr glaubt, immer noch das Volk – so will es das Grundgesetz.

Während der Porsche des Linken-Vorsitzenden Klaus Ernst den Medien ein Sommerlochtheater wert war, ziert man sich kollektiv, die wirklich heißen Eisen anzufassen. Nicht die Presse, sondern das Blog Abgeordnetenwatch[42] hat die Nebeneinkünfte von Peer Steinbrück aufgedeckt. Die klassischen Medien ignorierten

diese Erkenntnisse in einem Kartell des Schweigens. Statt Steinbrück zu kritisieren, wird er von den Medien kollektiv zum Kanzlerkandidaten der SPD hochgeschrieben. Von seinen anrüchigen
Nebeneinkünften ist in den jüngeren Elogen von *Spiegel* und *Zeit*
erst gar nicht die Rede.

Was ist Klaus Ernst schon gegen Peer Steinbrück? Und hier geht
es ausnahmsweise nicht um die Höhe der Einkünfte, sondern um
die Verbindung zwischen Macht und Politik, zwischen Interessengruppen und Politikern. Peer Steinbrück ist korrupt – wenn auch
nicht aus strafrechtlicher, so doch aus moralischer Perspektive.
Denn ein Politiker, der sich von den Interessengruppen fürstlich
bezahlen lässt, denen er in seiner aktiven Zeit wohlgesonnen war
und die er mit Steuergeldern überhäuft hat, ist wahrlich kein
leuchtendes Beispiel für moralische Integrität.

Öffentlich-rechtliche Klofrauen

>»Diese Politfiguren dürfen dann in den öffentlich-rechtlichen
>Bedürfnisanstalten bei den Klofrauen Christiansen und Illner
>ihre Sprechblasen entleeren. Und wenn bei der intellektuellen
>Notdurft noch was nachtröpfelt, dann können sie sich bei
>Beckmann und Kerner an der emotionalen Pissrinne unter das
>Volk mischen.«
>*Georg Schramm*

Die großen Talk-Shows der öffentlich-rechtlichen Sendeanstalten
kommen nur sehr selten über höfliche Belanglosigkeiten und ar-
tig vorgelesene Steilvorlagen für die Politik hinaus. Sie zeichnen
sich seit jeher durch ihre bedingungslose Kritiklosigkeit an den
Mächtigen aus, und ihre kärtchenhaltenden Impresarios gefallen
sich offenbar gut in der Rolle des netten Grüßaugusts. Diese Form
von Pseudojournalismus ist ein optimales Umfeld für Meinungsmache jeglicher Couleur. Die Zeiten eines Günter Gaus sind wohl
ein für alle Mal vorbei. Die öffentlich-rechtlichen Chefplaner

trauen es ihren Zuschauern anscheinend einfach nicht mehr zu, ein kritisches Programm zu goutieren.

Nicht nur der meilenweit verfehlte journalistische Anspruch, sondern vor allem die personelle Zusammensetzung dieser Veranstaltungen muss jedem aufgeklärten Menschen ein Greuel sein. Wenn es um wirtschaftliche Fragen geht, folgen Redaktionen meistens einem simplen, aber überaus effektiven Verteilungsschema: Eingeladen werden ein moderater kritischer Geist, ein moderater Vertreter der neoliberalen Schule und ein neoliberaler Extremist – garniert wird das Ganze meist durch ein oder zwei Promis aus dem kulturellen Bereich, die dafür sorgen sollen, dass das Gespräch nicht allzu anspruchsvoll wird. In der Sendung werden dann der moderate kritische Geist und der neoliberale Extremist aufeinandergehetzt, so dass der moderate Neoliberale sich als vermeintlich schlichtende und neutrale Instanz in Szene setzen kann. Die Rolle des neoliberalen Kettenhundes wird dabei gern an Personen wie Hans-Werner Sinn, Arnulf Baring oder Hans-Olaf Henkel vergeben – Henkel und Baring stehen mit neun beziehungsweise acht Auftritten auf Platz zwei und drei der inoffiziellen Liste der meisteingeladenen Talk-Show-Gäste des Jahres 2010[43] und mussten sich nur dem greisen S-21-Schlichter Heiner Geißler geschlagen geben, der zwölf Auftritte absolvierte. Wie kommt ein Redakteur eigentlich auf die Idee, ausgerechnet Baring und Henkel in eine Talk-Show einzuladen? Ist es die Quotentauglichkeit der beiden verhärmten alten Männer? Ist es deren – zum Teil extrem – rechte Position? Man weiß so wenig.

Der triste Mangel an Abwechslung bei der Gästeauswahl in den großen Abend-Talk-Shows setzt sich beim Presseclub fort, dessen Vorgänger die Urmutter aller deutschen Talk-Shows war, der »Internationale Frühschoppen« mit sechs Journalisten aus fünf Ländern. Wer kann sich eigentlich noch an die »gute alte Zeit« erinnern, als sich bei Gastgeber Werner Höfer in einem dichten Nebel aus Zigarettenqualm streitbare Denker bei einem Schoppen Wein die Köpfe heißredeten? Heute herrscht in Fernsehdiskussionen ein strenges Rauchverbot, das nur für den unberührbaren Altkanzler Helmut Schmidt aufgehoben wird, und statt Wein nippen unsere großkopferten Hauptstadtjournalisten lieber an einem Glas stillen Mineralwassers. Aufgrund des sinkenden Promillegehaltes der Getränke ist die Umbenennung des »Frühschoppen« durch die ARD in »Presseclub« insofern auch nur konsequent. Die Diskussionen sind dabei so fad wie die Getränke. Wer die Presselandschaft nicht kennt, könnte aufgrund der handverlesenen Selektion des Presseclubs glatt denken, es gäbe nur rund ein Dutzend Journalisten in Deutschland, die allesamt neoliberale Ansichten vertreten. Ganz selten wagt man einmal die Palastrevolution und lädt auch einen der letzten kritischen Vertreter dieser Zunft wie beispielsweise die *taz*-Redakteurin Ulrike Herrmann ein – dass man diese »bunten« Alibigäste dann nicht zu Wort kommen lässt, versteht sich schon fast von selbst.

Spätestens als bekannt wurde, dass Günther Jauch künftig den Premiumsendeplatz hinter dem Tatort mit seinem eigenen »Polit-Talk« ausfüllen darf, war bereits klar, dass er es binnen kürzester Zeit schaffen würde, der angeschlagenen Branche den intellektuellen Fangschuss zu geben. Jauch kassiert für jede Minute (!) seiner PR-Veranstaltung in der ARD vom Gebührenzahler stattliche 4 487 Euro. Mit kritischem Journalismus lässt sich freilich nicht so viel Geld verdienen. Sendungen wie »Günther Jauch« passen eigentlich eher in zentralasiatische Despotien.

Das alles wäre eigentlich nicht weiter tragisch und für das Dahinsiechen des kritischen Journalismus nur eine Fußnote. Die Talk-Shows der Öffentlich-Rechtlichen erfreuen sich jedoch paradoxerweise durchaus einer gewissen Beliebtheit. Zwischen vier und fünf Millionen Zuschauer schalten ihre Geräte ein, wenn Günther Jauch am Sonntagabend den kärtchenhaltenden Impresario bei seiner Journalismus-Simulation gibt. Das sind Zahlen, mit denen sich ansonsten nur noch der Branchenprimus der gedruckten Verdummungsmaschinerie, die *Bild-Zeitung*, messen kann. Selbst jeder mehr oder weniger kluge Leitartikel der sogenannten Qualitätszeitungen kommt nicht einmal im Ansatz auf eine solche Reichweite. Alternative Medien und Blogs spielen

quantitativ eh in einer anderen Liga – wenn Günther Jauch die
»Champions League« der Meinungsmache ist, spielen selbst
reichweitenstarke Blogs wie die *NachDenkSeiten* nur in der Be-
zirksliga. Qualitativ ergibt sich freilich ein umgekehrtes Bild.

Retten die Blogger die Demokratie? The good, the bad and the ugly[44]

Es existiert keine stichhaltige und belastbare Kartierung der deutschen Bloglandschaft. Laut einer Allensbacher Computer- und
Technikanalyse sollen zwar 8,4 Prozent der deutschen Internet-
nutzer ein eigenes Blog führen, wie viele davon überhaupt aktiv
geführt und als »politisch« betrachtet werden können, lässt sich
jedoch ohne zuverlässiges Zahlenmaterial nicht sagen. Empirisch
könnte man die Zahl der Weblogs in Deutschland, die sich auch
mit politischen Themen abseits von Netzpolitik beschäftigen,
vielleicht auf wenige Tausend schätzen. Selbstverständlich ist
diese politische Blogosphäre jedoch sehr heterogen. Neben einer
Phalanx von Blogs, die man anhand der klassischen Gesäßtopo-
graphie als »links der Mitte« einordnen könnte, gibt es auch zahlreiche Blogs aus dem nationalkonservativen bis rechtsextremen
und dem libertären Spektrum. Sehr großer Beliebtheit erfreuen
sich auch Blogs, die man am ehesten als »verschwörungstheore-
tisch« bezeichnen könnte und deren politische Linie oft erstaunlich indifferent ist. Einzig im engeren Umfeld der Volksparteien
gibt es erstaunlicherweise fast gar keine Blogs, die nicht von den
Jugendorganisationen der Parteien selbst betrieben werden.

Wenn man unterstellt, dass Blogger vor allem die Lücken, die
der mediale Mainstream entstehen lässt, füllen wollen, kann
diese Verteilung nicht überraschen. Würden die klassischen Medien ihrer Aufgabe ordentlich nachkommen, gäbe es auch weniger Gründe, beispielsweise die *NachDenkSeiten* zu lesen. Da die
klassischen Medien in ihrer Rolle als vierte Gewalt jedoch ekla-
tant versagen, sind Blogs wahrscheinlich die einzige Möglichkeit,

sich ohne eine große Kapitaldecke oder Organisationsstruktur publizistisch gegen die Allmacht der Parteien, Verbände, Denkfabriken und der monopolartigen Medienunternehmen zu wehren. Genau diese Begründung wird jedoch auch von politischen Extremisten und »bunten Vögeln« angeführt, weshalb man die Blogosphäre auch nicht als monolithischen Block gegen den Mainstream verstehen darf. Nicht alle Blogger wollen die Demokratie retten, und die Blogger, die die Demokratie retten wollen, sind oft in Detailfragen grundverschiedener Meinung.

In Deutschland verstehen sich daher die meisten politischen Blogger eher als Aufklärer in eigener Sache und als Korrektiv zur Gatekeeper-Funktion der klassischen Medien. Diese Aufgabe können Blogger ohne weiteres erfüllen, und wegen dieser Aufgabe werden sie auch von immer mehr Menschen gelesen. Die rund sieben Millionen Seitenaufrufe pro Monat, die beispielsweise die NachDenkSeiten verzeichnen können, sind ein Ausrufezeichen, auch wenn diese Zahl natürlich nur einem Bruchteil der Leserreichweite der Mainstreammedien entspricht. Dieses krasse Missverhältnis ist jedoch für Blogger kein Grund, den Kopf hängen zu lassen, sondern im Gegenteil eher ein Ansporn. Das größte Wachstumspotential der Blogs ist freilich dem Umstand geschuldet, dass die Massenmedien kontinuierlich versagen. Sollten sie das Ruder nicht herumreißen, wird die quantitative und wohl auch qualitative Bedeutung der Blogs unweigerlich weiter zunehmen, zumal die Blogs im »linksliberalen« Spektrum in vielen politischen Punkten mit der Mehrheitsmeinung größere Schnittmengen haben als die neoliberal und parteiennah geprägte Berichterstattung der Massenmedien.

Auf jeden klugen Artikel in den Blogs kommen aber auch mindestens hundert weniger kluge Artikel in den Massenmedien, und die meinungsbildende Propaganda auf den Stühlen von Günther Jauch und Anne Will hat eine ungleich höhere Reichweite. Es ist eher die Rolle Davids gegen Goliath oder die Arbeit eines Sisyphus, der den Felsbrocken jeden Tag aufs neue den steilen Berg hinaufrollen muss. Auch wenn das Potential zweifelsohne vorhanden ist, wird es den politischen Blogs in der momentanen

Struktur sehr schwerfallen, dieses signifikant auszuweiten. Die Heterogenität der Blogosphäre steht dabei einer wünschenswerten stärkeren Vernetzung – oder gar einer Kampagnenfähigkeit – im Wege. Heute können Blogs vorhandene Protestbewegungen begleiten, fokussieren und bestenfalls verstärken. Um selbst ein aktives Agenda-Setting zu betreiben oder gar Protestbewegungen anzustoßen, fehlt den deutschen Blogs jedoch (noch) die nötige Reichweite und Professionalität.

Gern werden deutsche Politblogs von Gegnern wie Befürwortern mit ihren amerikanischen Pendants verglichen. Die Gegner von Blogs verweisen auf Erfolg und Professionalität amerikanischer Blogs und attestieren den deutschen Blogs eine vergleichsweise chaotische und amateurhafte Struktur. Die Befürworter von Blogs verweisen stattdessen lieber auf das Potential und die Kampagnenfähigkeit der Blogs jenseits des Atlantiks. Beide Argumentationen laufen jedoch ins Leere, da sich der Vergleich schon allein aus Gründen der unterschiedlichen medialen und politischen Systeme verbietet. Oder könnte sich hierzulande irgendwer ernsthaft vorstellen, dass die sozialen Netzwerke eine aktive Kampagne für den vermeintlichen Kanzlerkandidaten Peer Steinbrück anstoßen? Steinbrück ist nicht Obama, und die *NachDenk-Seiten* sind nicht die *Huffington Post*. Diese verfügt über ein Budget von mehreren Millionen Dollar und beschäftigt mehr hochqualifizierte Vollzeitmitarbeiter als viele deutsche Verlagshäuser. Ein Vergleich mit deutschen Blogs, die sich meist ausschließlich über Spenden finanzieren und ehrenamtlich oder im Nebenerwerb betrieben werden, verbietet sich daher. Hätte die deutsche Blogszene vergleichbare finanzielle und personelle Möglichkeiten, sähe die Welt auch hierzulande anders aus.

Es wäre gegenüber den Lesern auch vermessen, den Einfluss von Blogs rein quantitativ bewerten zu wollen. Wenn es um Aufklärungsarbeit geht, zählt ein durchschnittlicher Blogleser ungleich mehr als der passive Konsument einer Polit-Talk-Show. Blogleser sind oft selbst Multiplikatoren, die die Arbeit der Blogger in der Offline-Welt fortsetzen. Wie aus dem Feedback vieler

Leser klarwird, nutzen sie die gewonnenen Informationen nicht nur zur eigenen Meinungsbildung, sondern auch im privaten oder beruflichen Umfeld zur Argumentation gegen vorhandene Mainstreammeinungen. Blogs sind in diesem Kontext ein ausgesprochen interaktives Medium. Die Autoren greifen auf Hinweise und Erfahrungen ihrer Leser zurück, während diese ihrerseits oft die Hinweise und Analysen der Autoren rezipieren. Die Bindung zwischen Leser und Autor ist wohl bei keinem Medium so groß wie bei den Blogs. Wenn Blogs ihre Wirkmächtigkeit ausbauen wollen, so ist dies daher nur zusammen mit den Lesern möglich.

Ob die deutschen Politblogger ihre Relevanz mittel- bis langfristig erhöhen können, ist jedoch ungewiss und an verschiedene Faktoren gekoppelt:

- Kann eine stärkere Vernetzung innerhalb der Blogosphäre möglich und zielführend sein?
- Ist es möglich, die personellen und finanziellen Ressourcen zu verbessern?
- Gelingt es den Blogs, sich vor Abmahnungen und politischer wie wirtschaftlicher Einflussnahme zu schützen?
- Reicht die Verbreitung über soziale Netzwerke (online wie offline) aus, um die Leserschaft signifikant zu erhöhen?

Wenn sich all diese Fragen bejahen lassen, steht den Medien womöglich ein Strukturwandel bevor, bei dem die Blogs das Monopol der Medienkonzerne aufbrechen könnten. Bis dahin ist es jedoch noch ein weiter Weg. Aber sogar der längste Marsch beginnt mit dem ersten Schritt.

Gefahren für die digitalen Bürgermedien

Bei aller zurückhaltenden Euphorie für die alternativen Medien lässt sich jedoch nicht verleugnen, dass dieses zarte Pflänzchen der Meinungsfreiheit keinen Artenschutz genießt und gleich mehreren elementaren Gefahren ausgesetzt ist. Das deutsche

Rechtssystem ist ein System, in dem es einen kleinen, aber feinen Unterschied zwischen »recht haben« und »recht bekommen« gibt. Hierzulande kann nur derjenige recht bekommen, der sich dies auch leisten kann. Eine einfache Unterlassungserklärung mit einer vierstelligen Kostennote reicht bei den meisten kleineren Blogs bereits aus, um sie mundtot zu machen.

Die Stärke der Blogs ist gleichzeitig ihre Schwäche. Wer seine Seite in der Freizeit oder im Nebenerwerb betreibt, kann es sich gar nicht leisten, teure Anwälte zu bezahlen oder vor Gericht zu gehen, um sein Recht zu erstreiten. Wenn die Kanonen nur groß genug sind, hat der Spatz keine Chance, ihnen zu entkommen. In Deutschland bestimmt der Streitwert auch die Anwaltskosten der verklagten Partei. Welcher Blogger könnte sich beispielsweise die Anwaltskosten leisten, wenn es um einen Streitwert von 16,25 Millionen Euro geht? Auf diese Summe verklagte August von Finck, dessen Name nicht nur im Umfeld der Großspender der FDP,[45] sondern auch im Umfeld von Razzien gegen Steuerhinterzieher auftauchte, [46] jüngst das *Handelsblatt*. Die Rechtsschutz- und Betriebshaftpflichtversicherung des *Handelsblatts* wird die Prozesskosten und die etwaigen Strafen sicherlich übernehmen, weshalb sich die Zeitung auch kampfeslustig geben kann. Kein Blogger kann sich jedoch Versicherungen leisten, die derartige Kosten auch nur im Ansatz absichern.

Eine weitere Gefahr für die Meinungsfreiheit stellt auch die technische Infrastruktur dar, die für ein Blog benötigt wird. Wie schnell ein Blog dauerhaft im Datennirwana verschwinden kann, konnte man im Sommer 2010 beobachten. Damals zog der Server-Hosting-Gigant BurstNet in einer Nacht- und Nebelaktion bei 70 000 Blogs den Stecker. Die betroffenen Blogs waren Kunden der Plattform Blogetery, die kostenlose WordPress-Blogs anbietet. Grund für den »digitalen Massenmord« war eine Anfrage des FBI – die Geheimdienstler wollten von BurstNet die Kontaktdaten der Blogetery-Betreiber in Erfahrung bringen, da offenbar eines der 70 000 gehosteten Blogs »islamistische Propaganda« verbreitete. Anstatt die Betreiber von Blogetery zu kontaktieren, griff man bei BurstNet zur Ultima Ratio – man nahm die Server der Blogplattform nicht nur vom Netz, sondern löschte sie bis aufs letzte Bit. So verloren 69 999 komplett unschuldige Blogger über Nacht nicht nur ihr Blog, sondern auch gleich ihre kompletten Daten. Der Fall Blogetery zeigt, dass die größte Gefährdung digitaler Inhalte nicht etwa paranoide Behörden, sondern übereifrige und bisweilen inkompetente Internetdienstleister sind. Bereits im Fall des iranischen Dissidenten Hossein Derakshan war es ein übereifriger Internetdienstleister, der auf die bloße Beschwerde eines US-Think-Tanks hin gleich das gesamte Blog des Journalisten löschte. Sowohl im Fall Blogetery wie im Fall Derakshan hat nie ein Gericht darüber entschieden, ob die mutmaßlich gesetzeswidrigen Inhalte auch wirklich justiziabel sind. Was nutzen uns also die besten Gesetze, wenn sie in der Praxis nicht zur Geltung kommen, weil Internetdienstleister sich als die Herren des Netzes aufspielen?

3 Lobbyismus: Doch man sieht nur die im Lichte, die im Dunkeln sieht man nicht

Gelten die Medien als vierte Gewalt im Staate, so wird der Lobbyismus mittlerweile von vielen Fachleuten als fünfte Gewalt bezeichnet.[1] Nach Schätzungen von LobbyControl tummeln sich allein in Berlin rund 5000 hauptberufliche Lobbyisten[2] – im gerade einmal vier Quadratkilometer großen »EU-Viertel« von Brüssel sind es sogar 15000.[3] Wann immer über politische Themen diskutiert wird und wann immer Gesetze und Verordnungen geschrieben werden, sitzen Lobbyisten mit am Tisch. Manchmal schreiben sie die Gesetze und Verordnungen sogar selbst und lassen sie nur noch von den gewählten Vertretern des Volkes abnicken.

Der Begriff »Lobbyismus« ist eindeutig negativ konnotiert. Kein Lobbyist nennt sich selbst Lobbyist – je nach Prägung bevorzugen Lobbyisten lieber die Berufsbezeichnung Politikberater, Kommunikationsberater, Verbandsvertreter oder, modern und englisch, Public-Affairs- beziehungsweise Public-Relations-Consultant. Achten Sie einmal darauf, wer Ihnen bei den Talk-Shows so alles als »Politikberater« präsentiert wird – Sie werden staunen.

Lobbyismus findet ansonsten jedoch unter Ausschluss der Öffentlichkeit statt. Zwar gibt es eine durch den Bundestag geführte »Lobbyliste«[4], die immerhin 2125 Interessengruppen (Stand 18. November 2011) aufführt, jedoch ansonsten keine besondere Funktion erfüllt. Transparenz scheint der größte Feind des Lobbyismus zu sein. Erstaunlich, dass gerade die Freunde des Neoliberalismus, die sich ansonsten bei jeder Gelegenheit die Forderung nach mehr Transparenz auf ihre Fahnen schreiben, nicht die geringsten Anstalten machen, auch von den Lobbyisten mehr Transparenz zu fordern. Kann es sein, dass die neoliberalen Freunde im Dickicht der Lobby in der Überzahl sind und daher der Intransparenz etwas abgewinnen können?

Lobbyisten zielen mit ihren Aktivitäten sowohl auf die Legislative (Bundestag) als auch auf die Exekutive (Bundesregierung). Von besonderem Interesse sind bei der Legislative die Parlamentarier, die in bestimmten Fachbereichen und Ausschüssen tätig sind, und solche, die einen maßgeblichen Einfluss auf ihre Fraktion haben. Eine Großbank hat beispielsweise relativ wenig davon, einen Hinterbänkler auf ihre Seite zu bekommen, der lediglich im Kulturausschuss sitzt und sich bei wichtigen Abstimmungen ohnehin an die Vorgaben der Fraktion hält. Der Hauptgewinn für jeden Lobbyisten sind daher auch die »Leithammel« der Fraktionen und die Fachpolitiker, die den Fraktionen Empfehlungen geben.

Beim »sanften« Lobbyismus werden diese Entscheidungsträger und Multiplikatoren mit selektiven Informationen gefüttert. Daran ist zunächst nichts Verwerfliches. Es ist verständlich, dass beispielsweise die gewerkschaftsnahe Hans-Böckler-Stiftung andere Daten zum Arbeitsmarkt aufgreift als das arbeitgebernahe Institut der deutschen Wirtschaft und die aufbereiteten Daten auch anders bewertet. Das Filtern und Bewerten dieser Informationen gehört schließlich zur parlamentarischen Arbeit, und einem seriös arbeitenden Abgeordneten ist es durchaus zuzumuten, die zur Verfügung gestellten Informationen anhand anderer Quellen auf ihre Bedeutung zu prüfen – wobei es freilich wahrscheinlich ist, dass diese »anderen Quellen« von anderen Lobbyisten und Lobbyorganisationen stammen.

Problematischer sind da schon die Aktivitäten von Lobbyisten, die auf die Exekutive abzielen. Hier wird oft direkt Einfluss auf die Gesetzesvorlagen und andere administrative und exekutive Vorgänge der Fachministerien genommen und dabei die parlamentarische Kontrolle ausgehebelt. Lobbyisten, die auf die Exekutive einwirken, bedienen sich meist verdeckter Formen des Lobbyismus und setzen auf verschiedenen Ebenen an. Diese reichen von informellen Gesprächen unter vier Augen mit einem subalternen Mitarbeiter einer Behörde, der Einfluss auf seine Vorgesetzten ausüben soll, bis zu Kungeleien an oberster Stelle. Früher nannte man so etwas »Hinterzimmerpolitik«, heute spricht man lieber verklärend von »Kamingesprächen«.

Bei einem dieser Kamingespräche im Jahr 2001 konnten beispielsweise die Cheflobbyistin der Pharmaindustrie und der amerikanische Botschafter, der sich für die Interessen des US-Pharmakonzerns Pfizer eingesetzt hat, den damaligen Bundeskanzler Gerhard Schröder davon überzeugen, dass das jüngst verabschiedete Gesetz seiner Gesundheitsministerin Ulla Schmidt, das den Kassen einen Preisnachlass in Höhe von vier Prozent auf patentgeschützte Medikamente einräumt, keine so gute Sache sei. [5] Schröder sah das ein, und Schmidt musste ihr eigenes Gesetz kurze Zeit später wieder kassieren. Der Preis für den Lobbyerfolg war eine Einmalzahlung in Höhe von 200 Millionen Euro, die die Pharmakonzerne an den Staat überwiesen, der im Gegenzug zwei Jahre auf Preisregulierungen verzichtete.[6] Experten schätzen, dass die Rücknahme des Gesetzes die öffentlichen Kassen jedoch jährlich rund 500 Millionen Euro kostet. Für den Steuerzahler war dies wohl eines der teuersten »Kamingespräche« der Geschichte.

Eine kleine Anekdote am Rande: Als Cheflobbyistin der Pharmaindustrie – sie war von 1997 bis 2011 Hauptgeschäftsführerin des Verbands forschender Arzneimittelhersteller – saß dem Kanzler bei besagtem »Kamingespräch« eine alte Bekannte gegenüber: Cornelia Yzer. Sie war vor ihrer Lobbytätigkeit acht Jahre für die CDU im Bundestag und fünf Jahre als parlamentarische Staatssekretärin unter den Ministern Merkel und Rüttgers tätig. Für ihr kurzes Intermezzo in der Politik darf sich Yzer bereits jetzt auf Pensionsansprüche in Höhe von 4500 Euro pro Monat freuen. Der Staatsrechtler Herbert von Arnim merkt dazu zu Recht an: »Mit Mitte dreißig hat Frau Yzer bereits Ansprüche auf eine Altersrente, für die drei Normalverdiener ein ganzes Leben brauchen.«[7]

Das Phänomen Lobbyismus ist nicht neu. Früher nannte man dies »Interessenvertretung«, und eine Politik ohne Beteiligung von Interessengruppen ist weder denkbar noch wünschenswert. Die politische Interessenvertretung abseits der Parteien genießt über die Versammlungs- und Vereinigungsfreiheit in Deutschland zudem den Schutz durch das Grundgesetz. Es käme wohl auch niemand auf die Idee, Bürgerinitiativen, Umweltschutzverbände oder gar Gewerkschaften ihr Recht auf politische Einflussnahme streitig zu machen. Selbst die lobbykritische Initiative LobbyControl ist strenggenommen eine Lobbyorganisation, versucht sie doch, nicht nur die Öffentlichkeit zu informieren, sondern auch Einfluss auf Abgeordnete auszuüben, damit die Politik den Lobbyismus strenger reguliert. Der hier gesponnene Argumentationsfaden ist freilich dünn und wird immer wieder genau so von den Lobbyisten selbst gesponnen. Betrachtet man es rein formal, ist der Lobbyismus Teil einer partizipatorischen Demokratie und hilft den verschiedenen gesellschaftlichen Gruppierungen bei der demokratisch legitimierten Wahrnehmung ihrer Interessen. Wobei es vollkommen normal ist, dass es Konflikte zwischen den einzelnen Interessen gibt, die – ebenfalls ganz demokratisch – dazu führen, dass die Politik Informationen von allen Konfliktparteien bekommt und sich dadurch ein möglichst objektives Bild machen kann.

Nach diesem idealtypischen Bild kann man sich die Politik als Richter vorstellen, der abwechselnd den Vertretern und Zeugen der Verteidigung und der Anklage zuhört und sich am Ende des Prozesses eine faktenbasierte, neutrale und objektive Meinung bildet, die dann seine Entscheidungsgrundlage ist. Dieses reichlich naive Ideal hat mit der Realität jedoch so gar nichts gemein. In der Realität hat unser Richter einen zeitlich befristeten Job und weiß, dass ihm die Anklageseite später einen erstklassig dotierten Posten zuschanzen kann. In der Realität hat die Verteidigung auch bestenfalls einen schlecht bezahlten Pflichtverteidiger, während die Anklage nicht nur über ein Heer von hochqualifizierten Anwälten, sondern zudem über einen unerschöpflichen Pool aus gutdotierten Gutachtern verfügt, die im Sinne der Anklage jedes nur denkbare Gutachten erstellen würden. Kann sich der Richter in diesem Fall überhaupt ein neutrales oder gar objektives Urteil bilden? Wohl kaum.

Greenpeace ist eine Lobbyorganisation, die in Deutschland immerhin 206 Mitarbeiter beschäftigt und sich ausschließlich über Mitgliedsbeiträge und Spenden finanziert.[8] Der Verband der Chemischen Industrie (VCI) ist ebenfalls eine Lobbyorganisation und vertritt rund 1600 Unternehmen, die 2010 einen Umsatz von mehr als 170 Milliarden Euro erzielen konnten.[9] Von einer Waffengleichheit kann hier nur schwerlich die Rede sein.

Der Naturschutzbund Deutschland e. V. (NABU) finanziert seine zahlreichen Projekte mit einem Budget von 24,1 Millionen Euro,[10] die zum größten Teil aus Mitgliedsbeiträgen stammen. Der Verband der deutschen Automobilindustrie (VDA) vertritt rund 600 Unternehmen, die 2010 einen Umsatz von mehr als 316 Milliarden Euro erzielen konnten.[11] Klar, dass nicht der NABU, sondern der VDA dem ehemaligen CDU-Bundesverkehrsminister Matthias Wissmann eine fürstlich dotierte Lobbyistenstelle anbieten konnte. Wissmann ist seit Juni 2007 Präsident des VDA. Rein formal sind sowohl NABU als auch VDA aber Lobbyorganisationen.

Die Atomkraftgegner von Robin Wood müssen mit jährlichen Spendengeldern von etwas mehr als einer Million Euro auskommen. Das Deutsche Atomforum, dessen Mitglieder und Finanzen geheimer als der Bauplan von Atombomben sind, vertritt unter anderem die vier deutschen Betreiber von Atomkraftwerken,[12] die zusammen 2011 auf einen jährlichen Umsatz von mehr als 176 Milliarden Euro kamen und fast 27 Milliarden Euro Gewinn erzielen konnten. Paradoxerweise sind beide Interessengruppen als gemeinnützige Vereine, die dem Allgemeinwohl dienen, anerkannt und können dadurch Steuervorteile geltend machen.

Diese Liste ließe sich mühelos fortsetzen. Wenn man bedenkt, dass die deutschen Unternehmen pro Jahr einen Gesamtumsatz von rund fünf Billionen Euro vorweisen können, und wenn man einmal konservativ schätzt, dass sie zwei Promille ihres Umsatzes an Verbände und andere Interessenvertretungen abführen, so stehen der unternehmensfinanzierten Lobbyarbeit jedes Jahr zehn Milliarden Euro zur Verfügung. Gegen diese groteske Übermacht des Geldes sind Organisationen, die sich dem Allgemeinwohl verpflichtet fühlen und dabei die Gegenposition zu den Industrielobbys einnehmen, faktisch machtlos.

Besonders dramatisch ist die Schieflage dort, wo bestimmte soziale und gesellschaftliche Bereiche nicht über Interessengruppen erfasst werden. So gibt es beispielsweise keinen einzigen Verband mit ernstzunehmenden personellen oder materiellen Mitteln, der die Interessen der mehr als fünf Millionen Erwerbslosen wahrnimmt.[13] Wen wundert es da, dass die milliardenschweren und personell bestens ausgestatteten Wirtschaftsverbände mühelos die argumentative Lufthoheit in den Köpfen der Parlamentarier verteidigen können? Selbst eigentlich recht finanzstarke Gruppen wie beispielsweise die Rentner haben keine nennenswerten Interessenvertretungen, die aktive Lobbyarbeit betreiben könnten. Je heterogener und schlechter organisiert eine Gruppe ist, desto geringer ist die Wahrscheinlichkeit, dass sie im Lobbydschungel adäquat vertreten wird.

Etikettenschwindel mit Schuldenuhr

Besonders perfide ist die Praxis bestimmter Lobbygruppen, Begriffe zu kidnappen und im Sinne ihrer eigenen Ideologie zu zweckentfremden und ad absurdum zu führen. Ein heißer Kandidat für die Kategorie Etikettenschwindel ist zweifelsohne der Bund der Steuerzahler. Gemeinhin genießt er das Image des Schutzpatrons aller Steuerzahler und wird in der öffentlichen Diskussion demzufolge auch häufig mit dem Bundesrechnungshof verwechselt. Der distanzierte sich im Jahr 2010 explizit vom Lobbyverein und konnte es sich auch nicht verkneifen, massive Kritik an der Methodik und dem wissenschaftlichen Anspruch des Bundes der Steuerzahler zu erheben.[14]

Das in jedem Herbst erscheinende »Schwarzbuch« des Bundes der Steuerzahler klagt vermeintliche Fälle von öffentlicher Verschwendung an und wird jedes Jahr erneut von der gesamten Bandbreite der Medien zitiert. Auch der »Steuerzahlergedenktag«, der Tag also, ab dem ein spitzensteuersatzzahlender Single mit schlechtem Steuerberater im laufenden Jahr nicht mehr »nur« für den Fiskus arbeiten muss, schafft es regelmäßig in die Medien. Karl Heinz Däke, der Präsident des Bundes der Steuerzahler (BdSt), wird gern von den Redaktionen der großen Talk-Shows eingeladen und den Zuschauern als neutraler, ja kritischer Experte vorgestellt. Auch in den großen Tageszeitungen ist Däke als Interviewpartner omnipräsent.

Noch bekannter als Däke ist jedoch die berühmt-berüchtigte »Schuldenuhr«, die an der noblen Berliner Zentrale des Verbands in einem Villenviertel in Berlin-Steglitz angebracht ist. Wann immer die Tagesschau eine Visualisierung für die Staatsverschuldung braucht, erscheint im Hintergrund des Sprechers die Schuldenuhr des BdSt. Sie wurde zum Symbol für eine angeblich immer weiter um sich greifende Verschuldung, der Einhalt geboten werden müsse. Im Spätherbst 2011 zeigte die Schuldenuhr eine Staatsverschuldung von mehr als 2025 Milliarden Euro an und informierte den braven Steuerzahler, dass der Zuwachs 1556 Euro pro Sekunde betragen und die daraus resultierende Pro-Kopf-Verschuldung 24791 Euro ausmachen würde. Das ist zweifelsohne beeindruckend. Es ist jedoch auch zweifelsohne manipulativ, da die Fokussierung auf die Schulden natürlich ausblendet, dass Schulden auf der anderen Seite auch immer Forderungen sind. Man könnte also ebenso gut sagen, dass die Forderungen des Volkes an den Staat jede Sekunde um 1556 Euro steigen und »wir« daher immer reicher würden. Natürlich ist diese Verdrehung genauso unsinnig wie die Interpretation des Bundes der Steuerzahler.

Da man Schulden nicht von Forderungen trennen kann, lohnt sich daher auch der Blick auf die »Reichtumsuhr«[15], die von der Initiative »Vermögenssteuerjetzt!« ins Netz gestellt wurde. Sie zeigt das Nettoprivatvermögen (Vermögen minus Schulden) der Deutschen, das momentan bei rund 7400 Milliarden Euro liegt und pro Sekunde um 6440 Euro steigt. »Wir« werden also nicht pro Sekunde um 1556 Euro ärmer, wie es uns der Bund der Steuerzahler suggerieren will, sondern 6 440 Euro reicher. Diese Zahl beeindruckt zunächst einmal nicht sonderlich. Rechnet man dies jedoch hoch, kommt man auf die stolze Summe von 553 Millionen Euro pro Tag. Teilt man die 7 400 Milliarden Euro Nettoprivatvermögen auf die rund vierzig Millionen deutschen Haushalte auf, kommt man auf die Summe von 185 000 Euro. Jeder Haushalt in diesem Lande besitzt also im statistischen Durchschnitt 185 000 Euro. Der Teich war im Durchschnitt einen Meter tief, und trotzdem ersoff die Kuh, lautet ein russisches Sprichwort. Fast jeder Bürger weiß, dass sein eigenes Nettoprivatvermögen niedriger als der Durchschnitt ist. Daher führt die Reichtumsuhr auch das Nettoprivatvermögen des reichsten Zehntels (4 600 Milliarden Euro beziehungsweise 62 Prozent des Gesamtnettoprivatvermögens) und des ärmsten Zehntels (minus 13 Milliarden Euro) der Bevölkerung auf. Vergleich man diese Zahlen mit der Schuldenuhr des Bundes der Steuerzahler, bekommt man zumindest eine Idee, wie und von wem die Staatsschulden wohl am besten getilgt werden könnten. Daran hat der Bund der Steuerzahler jedoch wohlweislich kein Interesse, weshalb er es bei seiner Schuldenuhr belässt.

Durch seine durchaus erfolgreiche Medienarbeit hat es der Bund der Steuerzahler geschafft, in der Öffentlichkeit als vermeintlich neutraler und seriöser finanzpolitischer Akteur wahrgenommen zu werden. So schafft er es auch, seinen neoliberalen und unsozialen Politikvorstellungen, die letztlich vor allem auf eine Senkung des (Spitzen-)Steuersatzes und eine Reduktion der Staatsausgaben hinauslaufen, einen glaubwürdigen Anstrich zu verpassen. Grund genug, sich einmal näher anzuschauen, wer eigentlich hinter dem Bund der Steuerzahler (BdSt) steht.[16]

Der BdSt wurde 1949 als Steuerzahlerbund von Karl Bräuer gegründet. Bräuer war nicht nur Ökonom, sondern auch strammer Nazi (NSDAP-Mitglied, Untersturmführer der SS und Schulungsleiter für Rasse- und Siedlungsfragen) und wurde im Zuge der Entnazifizierung 1946 von seiner Universität zwangsemeritiert und aus allen Ämtern entlassen. Für den BdSt spielt die Nazivergangenheit seines Gründungsvaters und langjährigen Vorsitzenden offenbar keine Rolle. Das »Forschungsinstitut« des Verbands trägt ebenso den Namen Bräuers wie der vom BdSt jährlich verliehene »Medienpreis«, der mit 10 000 Euro dotiert ist und in steter Regelmäßigkeit an neoliberale Hardliner wie beispielsweise Bernd Raffelhüschen geht.

Das politische Programm des BdSt lässt sich am besten mit dem Begriff Hardcore-Neoliberalismus beschreiben. Man will am liebsten das komplette Sozialsystem privatisieren, an jeder Ecke Staatsausgaben kürzen und damit zu einer Staatsausgabenquote von gut dreißig Prozent kommen – einen so geringen Wert weist kein entwickeltes Industrieland auf. Wenn der BdSt Zahlen oder Studien veröffentlicht, ist höchste Vorsicht geboten. Bereits mehrfach haben Medien und Ökonomen dem BdSt massive Manipulationen nachgewiesen.

Von mehr Personal in der Steuerfahndung hält der Steuerzahlerbund freilich nichts, was angesichts der Mitgliederzusammensetzung erklärlich ist. Sechzig Prozent der Mitglieder sind Unternehmen oder gewerbliche Mittelständler, fünfzehn Prozent sind Freiberufler. Die restlichen Mitglieder des Steuerzahlerbundes sind überwiegend leitende Angestellte. Der Bund der Steuerzahler vertritt nicht die Interessen »der Steuerzahler«, sondern die Interessen einiger weniger Steuerzahler, die aufgrund ihres hohen Einkommens auch höhere Steuern zahlen müssen. Wer sollte sich auch sonst dazu hinreißen lassen, für 96 Euro Jahresbeitrag Mitglied in einem Verein zu werden, dessen einzige Interessen ein schlanker Staat und niedrige Steuersätze sind? Das kriegt man bei der FDP billiger. Dafür bekommen die Mitglieder des BdSt jedoch auch eine monatliche Mitgliederzeitschrift mit »zahlreichen Steuertipps«[17] – na, wenn das nichts ist.

Selbst unter rein egoistischen Interessen wäre es für die Masse der Steuerzahler durchaus von Vorteil, wenn die schmale Schicht der Einkommensmillionäre wesentlich höher besteuert würde. Die Interessen der Mehrheit der Steuerzahler sind dem Bund der Steuerzahler jedoch ganz offensichtlich egal. Der Bund der Steuerzahler ist eine Tarnorganisation, die knallharte, neoliberale Öffentlichkeits- und Lobbyarbeit im Interesse von mittelständischen Unternehmen und Besserverdienenden betreibt. Leider ist diese Erkenntnis noch nicht bis in die Redaktionsstuben der Republik vorgedrungen. Anders lässt es sich nicht erklären, dass der BdSt immer noch regelmäßig als neutrale Institution geführt wird und Leser beziehungsweise Zuschauer weder über die Ziele noch über die Mitgliederstruktur dieser Lobbyorganisation aufgeklärt werden.

Der Lobbyist als Diener zweier Herren

Während der Bund der Steuerzahler hauptsächlich im Lichte der Öffentlichkeit arbeitet und die Politik vor allem über manipulative Statistiken und Berechnungen in die Irre führt, greifen andere Lobbyorganisationen gerne zu verdeckten Taktiken. Dabei sind sie – allein schon wegen der mangelhaften Gesetzgebung – so erfolgreich, dass sie weitestgehend im dunkeln operieren und ihre Aktivitäten nur durch Mittel des investigativen Journalismus ans Licht gebracht werden können. Leider steht aber auch der investigative Journalismus wegen seiner vergleichsweise hohen Kosten vielerorts unter Finanzierungsvorbehalt, so dass davon auszugehen ist, dass die bislang publik gewordenen Fälle von verdecktem Lobbyismus nur die Spitze des Eisbergs sind.

Einen besonders dreisten Fall von verdecktem Lobbyismus deckte das WDR-Magazin Monitor im Oktober 2006 auf. Im Rahmen des Regierungsprogramms »Moderner Staat – Moderne Verwaltung« verabschiedete die Bundesregierung im Jahr 2004 ein Personalaustauschprogramm mit dem Namen »Seitenwechsel« (sic!). Damit griff man Vorschläge auf, die zusammen vom Bundesministerium des Inneren und der Deutschen Bank zuvor ausgearbeitet wurden. Eine Anfrage der Linksfraktion im Bundestag ergab im Juni 2011, dass das 2004 verabschiedete Gesetz Verfahren legalisierte, die bereits Jahre zuvor zur Anwendung gekommen waren und die sich vor der Gesetzesverabschiedung bestenfalls im gesetzlichen Graubereich abgespielt hatten.[18]

Ziel des Programms »Seitenwechsel« war es, Mitarbeitern von Verbänden und Unternehmen einen besseren Einblick in die Arbeitsweise der Ministerien zu geben, indem man sie im Rahmen eines »befristeten Arbeitsverhältnisses« in den Berliner Ministerien echte Behördenluft schnuppern ließ. Im Austausch sollten Beamte der Ministerien lernen, wie phantastisch effizient es doch in der freien Wirtschaft zugeht. Dass darauf nur rund ein Dutzend Beamte Lust hatte, mag verständlich sein. Auf den ersten Blick weniger verständlich ist das große Interesse der Unternehmen und Verbände, die das Angebot in weit mehr als hundert Fällen nutzten – die genauen Zahlen sind immer noch unter Verschluss.

Offiziell sollte es beim »Seitenwechsel« darum gehen, in der Bundesverwaltung einen »langfristigen Wissenstransfer und einen Mentalitätswechsel« herbeizuführen. Das klingt modern und ungeheuer effizient, doch es ist schlicht Unfug. Das eigentliche Ziel von »Seitenwechsel« war vielmehr, Lobbyisten den Umweg durch die Lobby zu ersparen und sie direkt in den Zentren der Macht zu positionieren. Anders ist es nicht zu erklären, dass man seitens des Gesetzgebers auf sämtliche nötigen Vorsichtsmaßnahmen und Beschränkungen verzichtete und die Daten des Programms trotz mehrfacher Anfragen der Opposition im Bundestag nur widerwillig und lückenhaft herausrückt. Die Rechercheergebnisse von Monitor sind jedoch aussagekräftig genug, um »Seitenwechsel« als die bislang wohl unverschämteste verdeckte Lobbyaktion der letzten Jahre zu bezeichnen.

Gemäß Artikel 33 des Grundgesetzes unterliegen Staatsdiener einem Treueverhältnis gegenüber ihrem Dienstherrn. Wem gegenüber ist jedoch ein Leihbeamter verpflichtet, der eigentlich bei einem Verband oder einem privaten Unternehmen tätig ist, von diesem auch weiterhin voll bezahlt wird und der zeitweise bei einem Bundesministerium beschäftigt ist? Man fühlt sich hierbei spontan an Carlo Goldonis Lustspiel »Der Diener zweier Herren« erinnert – doch bedenkt man die Auswirkungen, wird das Lustspiel schnell zur Groteske. Wenn man auch noch bedenkt, dass die Leihbeamten nicht in subalternen Positionen, sondern teilweise als Referatsleiter beschäftigt waren und aktiv an Gesetzen mitschrieben, die den Geschäftsbereich ihrer eigentlichen Arbeitgeber betrafen, wird daraus sogar eine Tragödie gigantischen Ausmaßes.

So waren im letzten Jahrzehnt beispielsweise im Bundesfinanzministerium Mitarbeiter des Bundesverbandes Investment und Asset Management (BVI), der Deutschen Börse AG, der Deutschen Bank, der Dresdner Bank, der Deutschen Zentral-Genossenschaftsbank (DZ Bank), der HSH Nordbank und vieler anderer Finanzunternehmen beschäftigt. Die Leihbeamtin des BVI wurde im Ministerium beispielsweise im Jahre 2003 als hauseigene Juristin bei der Formulierung des Gesetzentwurfes zur Abschaffung der Zwischensteuer bei Investmentfonds und Einführung von Privatanlagemöglichkeiten in Hedge-Fonds (Investmentmodernisierungsgesetz) eingesetzt. Nun muss man wissen, dass der BVI die zentrale Interessenvertretung der Investmentbranche in Deutschland ist und die Mitgliedsunternehmen ein verständliches Interesse an steuerlichen Vorteilen für Investmentfonds und der Zulassung von Hedge-Fonds hatten. Das Gesetz kostet die öffentliche Hand und spart somit den Finanzinstituten 635 Millionen Euro pro Jahr.[19] Wenn in diesem Fall kein Interessenkonflikt vorliegt, was soll dann bitteschön überhaupt noch ein Interessenkonflikt sein?

Ähnlich dreist ging es im letzten Jahrzehnt auch im Bundesministerium für Wirtschaft und Technologie zu. Dort arbeiteten zeitgleich Mitarbeiter der Chemiekonzerne BASF und LANXESS und des Dachverbands der chemischen Industrie (VCI) an Entwürfen zu »technischen und ökonomischen Fragen der Chemikaliensicherheit« und zur »Fortentwicklung internationaler Abkommen zum Handel und zur Verwendung von Chemikalien«. Neben diesen Herren waren zu jener Zeit auch noch Mitarbeiter von Bayer, dem Bundesverband der deutschen Gas- und Wasserwirtschaft, der Commerzbank, DaimlerChrysler, der Deutschen Bank, der Deutschen Telekom, der Dresdner Bank, der European Federation of Energy Traders (der Mann hat, Sie ahnen es, an der (De-)Regulierung des Strom- und Gasnetzes mitgearbeitet), der Hypo Vereinsbank, IBM, der ING BHF Bank, diversen Landesbanken, Morgan Stanley, PricewaterhouseCoopers, Thyssengas, dem Verband Deutscher Maschinen- und Anlagenbau, dem Verband forschender Arzneimittelhersteller und vieler anderer Unternehmen und Verbände tätig – und dies sind nur die bekannten Fälle.[20] Hoch her ging es in jenen Jahren auch im Gesundheitsministerium, das ohnehin eine magische Anziehungskraft auf Lobbyisten ausübt. Dort stellten Krankenkassen Referatsleiter, die an der Gesundheitsreform mitarbeiteten, und »selbstverständlich« waren auch die Pharmakonzerne, die Kassenärztliche Bundesvereinigung, die Apothekerlobby und sogar die Bertelsmann Stiftung personell im Ministerium vertreten. Ein Vertreter des Verbands der Ersatzkassen durfte sogar seine Zeit als Referatsleiter im Bereich »Heil- und Hilfsmittel, Fahrtkosten« verbringen und am Entwurf des Versorgungsgesetzes mitarbeiten – der Mann verließ diesen Posten erst am 30. September 2011.

Es gibt kein Ministerium einschließlich des Bundeskanzleramts, in dem nicht Leihbeamten aus privaten Unternehmen und Verbänden in verantwortungsvoller Funktion tätig waren. Nicht die Checks & Balances des politischen Systems, sondern das Magazin Monitor brachte diesen Skandal im Herbst 2006 ans Tageslicht. Ohne die Recherchen von Kim Otto und Sascha Adamek, die den Vorgang auch in ihrem Buch Der gekaufte Staat[21] anschaulich beschreiben, wäre diese Praxis wohl auch heute noch gang und gäbe. Nachdem die Vorkommnisse in Teilen öffentlich gemacht wurden, musste die Politik natürlich reagieren. Im Juni 2008 wurde die Verwaltungsrichtlinie für externe Mitarbeiter erlassen, die unter anderem bestimmt, dass Leihbeamte nicht in Bereichen eingesetzt werden dürfen, die mit ihrem bisherigen Arbeitsbereich in Konflikt stehen, und dass sie nicht an Verwaltungsakten und Gesetzesentwürfen mitarbeiten dürfen. Ein Schlupfloch ließ man den Lobbyisten jedoch: Diese Regelungen gelten nicht für befristet eingestellte Angestellte, die übergangsweise regulär vom Staat bezahlt werden. Wer also seinen Job bei der Lobby »pro forma« ruhen lässt und regulär in einem befristeten Arbeitsvertrag in einem Ministerium tätig ist, darf auch heute noch Gesetzestexte ausarbeiten.

Die schärfere Regulierung durch die erlassene Verwaltungsrichtlinie hat den Unternehmen und Verbänden jedoch offensichtlich den Spaß am »Seitenwechsel« gründlich verdorben. Sowohl die Zahl der Leihbeamten als auch die Qualität der Verstöße gingen laut Aussagen von LobbyControl seitdem drastisch zurück – wobei jedoch immer noch keine Transparenz geschaffen wurde, mit der man diesen Rückgang zweifelsfrei belegen könnte.

Wie man die verschärften Richtlinien elegant umgehen kann, bewies niemand anderes als Karl-Theodor zu Guttenberg. Der ehemalige Doktor und Wirtschaftsminister ließ sich 2009 den Gesetzesentwurf seines Hauses zur »Zwangsverwaltung maroder Banken« (HRE-Gesetz) gleich ganz von der – in Bankenkreisen bestens vernetzten – Wirtschaftskanzlei Linklaters schreiben und legte den Linklaters-Entwurf dann auch eins zu eins als Gesetzesvorlage vor. Dreistigkeit siegt? Nicht ganz, das Bundesjustizministerium, das ebenfalls am Gesetzesentwurf mitarbeiten sollte, ließ den Baron auflaufen und machte den Vorfall publik. Zu Guttenbergs Erklärung für die dreiste Vergabe war, dass er nun einmal in seinem eigenen Ministerium nicht auf genügend Sachverstand für die komplexe Materie zurückgreifen konnte und sich daher externer Hilfe bedienen musste.

Fragt sich, was dreister ist: die Vergabe eines Gesetzentwurfs an Vertreter der Branche, die mit diesem Gesetz reguliert werden soll, oder die Erklärung? Es mag durchaus sein, dass bei den Feinheiten der Finanzmarktregulierung weder im Wirtschafts- noch im Finanzministerium genügend Sachverstand vorhanden ist. Dies ließe sich aber mühelos durch gängige Praktiken, beispielsweise eine öffentliche Anhörung von externen Sachverständigen, aus der Welt räumen. Wenn ein Fachbereich wie der der Finanzmarktprodukte so komplex ist, dass ihn noch nicht einmal der Gesetzgeber selbst versteht, ist ohnehin Not am Mann. Es kann nicht

sein, dass man aus mangelndem Sachverstand heraus die Finanzbranche zur Formulierung von Gesetzen einsetzt, mit denen sie
selbst reguliert werden soll. Vor allem: Wie sollen die zuständi-
gen Behörden ein Gesetz anwenden, das sie nach Aussage ihres
obersten Dienstherren überhaupt nicht verstehen? Die Antwort
auf diese Frage mag ernüchternd sein: In den Finanzaufsichtsbe-
hörden wie der Bundesanstalt für Finanzdienstleistungsaufsicht
(BaFin) sitzen selbst ehemalige, aktuelle und künftige Mitarbeiter der Finanzbranche in leitenden Funktionen. Die Banken
schreiben also nicht nur die Gesetze, mit denen sie überwacht
werden sollen – sie wenden sie indirekt auch selbst an.

Der Drehtüreffekt

Neben der Einflussnahme auf Entscheidungsprozesse geht es den
Lobbyorganisationen, die Leihbeamte in die Ministerien entsen-
den, freilich auch um die Bildung persönlicher Bekanntschaften
und Netzwerke. Ein solch »intimer Einblick« in die Zentren der
Macht ist unerlässlich, wenn man erfolgreich Einfluss auf die politische Gestaltung nehmen will. Welcher Beamte hat in bestimmten Fachbereichen eigentlich das Sagen, wer gibt die Meinung
vor, wer ist nur ein mitblökendes Schaf, wer ist offen für Gratifi-
kationen und Vorteilsnahme, wer will sich in den nächsten Jahren beruflich umorientieren? Dies sind die Fragen, die für Lobbyisten eine entscheidende Bedeutung haben. Ziel der Lobbyarbeit
ist es hier, die Hebel mit maximaler Wirkung einzusetzen, um den
gewünschten Effekt zu erzielen. Die Mittel, derer sich die Lobbyorganisationen dabei bedienen, bewegen sich nur allzu oft im ju-
ristischen Graubereich.

Wenn beispielsweise ein politischer Beamter kurz nach seiner
Amtszeit direkt zu einem Unternehmen in einem Bereich wech-
selt, für den er zuvor in seiner politischen Funktion zuständig
war, so ist dies gleich aus mehreren Gründen hochproblematisch.
Der Seitenwechsler nimmt nicht nur seine persönlichen Kontakte

mit, er verfügt vielmehr auch über entscheidendes Insiderwissen aus dem politischen Apparat. Unternehmen und Verbände, die sich einen solchen Seitenwechsler leisten können, erhalten somit einen privilegierten Zugang zur Politik, den sie oft in ihrem Sinne nutzen können. Dies geschieht nicht nur zum Nachteil der Konkurrenz, sondern auch sehr oft zum Nachteil der Allgemeinheit, da hierbei Partikularinteressen gestärkt werden.

Die Praxis stellt zudem eine Wettbewerbsverzerrung zugunsten der finanzstarken Akteure dar. Die Seitenwechsler handeln fast nie aus ideologischen oder gar altruistischen Gründen; ihnen geht es vielmehr um den schnöden Mammon. Wer kann sich einen ehemaligen Staatssekretär leisten, der nun nach Jahren der – nicht eben schlechten – Besoldungsstufe B 11 noch einmal finanziell so richtig durchstarten will? Robin Wood oder das Deutsche Atomforum? Die Sparkasse Oer-Erkenschwick oder die Deutsche Bank?

Letztere gönnt sich mit Caio Koch-Weser (SPD) seit Januar 2006 sogar einen ehemaligen Staatssekretär aus dem Finanzministerium, der zudem in dieser Funktion Vorsitzender des Verwaltungsrats der BaFin war, als »Vice Chairman« und »Non Executive«.[22] Übersetzt heißt dies, dass Koch-Weser sehr viel Geld fürs Nichtstun bekommt – Experten schätzen, dass sich sein Gehalt im siebenstelligen Bereich bewegt. Von einer solch königlichen Apanage können die meisten treuen und verantwortungsvollen Staatsdiener natürlich nur träumen.

Hier muss jedoch die Frage gestattet sein, wofür die Deutsche Bank Koch-Weser eigentlich bezahlt. Rein formal ist diese Form der Korruption sogar legal. Niemand kann einem Unternehmen vorschreiben, wie viel Geld es an welche Personen zahlt. Justiziabel wäre ein solcher Vorgang erst, wenn man Koch-Weser beweisen könnte, dass er während seiner Amtszeit den Treueid gebrochen und nicht im Interesse des deutschen Volkes, sondern der Deutschen Bank gehandelt hat. Beweisen lässt sich so etwas freilich nicht. Nicht alles, was recht ist, ist jedoch auch rechtens. Vorgänge wie der Seitenwechsel Koch-Wesers zur Deutschen Bank sind nicht nur in den Augen vieler Bürger falsch und unlauter. Was fehlt, sind die Gesetze, um diese falschen und unlauteren Vorgänge auch justiziabel zu machen und Nachahmungstäter abzuschrecken.

Caio Koch-Weser ist beileibe kein Einzelfall. Mit Helmut Bauer gönnt sich die Deutsche Bank noch einen zweiten ehemaligen Spitzenbeamten aus der Finanzaufsicht. Bauer war bis 2007 oberster Bankenaufseher der BaFin und zuvor auch leitender Mitarbeiter der britischen Finanzaufsicht FSA (Financial Services Authority). 2008 wechselte er nahtlos zur Deutschen Bank und wurde dort konsequenterweise Leiter der Abteilung »Aufsichtsangelegenheiten«.[23] Bauer hatte zuvor in hoheitlicher Aufgabe tiefe Einblicke in die Geschäftsdaten, Stärken und Schwächen sämtlicher deutscher Kreditinstitute gewonnen. Er war auch bestens in die strategischen und taktischen Vorhaben der BaFin eingeweiht und hatte somit zweifelsohne Insiderwissen, das durch seinen Wechsel vom Interesse der Allgemeinheit zu den Partikularinteressen der Deutschen Bank überging. Aus juristischer Perspektive ist dieses mehr als fragwürdige Vorgehen übrigens vollkommen legal.

Die Liste der Seitenwechsler, die einen profitablen Weg durch die Drehtür nahmen, ist lang. Auf ihr steht beispielsweise auch Hans Martin Bury (SPD). In der rot-grünen Regierung war Bury in mehrfacher Funktion Staatsminister. Er war zudem Vorsitzender des Staatssekretärsausschusses und Spezialist für politische Netzwerke im allgemeinen und seine persönlichen Netzwerke im besonderen. Als der Wähler die rot-grüne Regierung abwählte, wechselte Bury zu niemand anderem als der späteren Pleitebank Lehman Brothers, für die er als Managing Director tätig war und bei dessen deutscher Dependance er sogar im Vorstand saß. Geradezu grotesk ist in diesem Zusammenhang, dass SPD-Finanzminister Peer Steinbrück ausgerechnet seinen Parteifreund Hans Martin Bury 2008 in die SPD-Arbeitsgruppe »Mehr Transparenz und Stabilität auf den Finanzmärkten« berufen hat.[24] Dieses Gremium war mit der Aufgabe betraut, einen Plan für das Banken-

Rettungspaket zu entwerfen. Da hat man den Bock sprichwörtlich zum Gärtner gemacht.

In den letzten drei Jahren nutzten unter anderem die Deutsche Telekom, bei der Bury im Aufsichtsrat sitzt, die Nomura Bank, für die er ebenfalls als Managing Director tätig war, und die Lobbyagentur Hering Schuppener,[25] für die er den Geschäftsbereich Corporate Affairs leitet, die Dienste des geschäftstüchtigen Wendehalses.

Ein weiteres bemerkenswertes Beispiel für einen Drehtüreffekt stellt Georg Adamowitsch (SPD) dar, ein enger Mitarbeiter von Wolfgang Clement. Adamowitsch diente von 2002 bis 2006 als Staatssekretär im Bundeswirtschaftsministerium und ist nun Hans Dampf in allen Lobbygassen. Vor seinem Amtsantritt im Wirtschaftsministerium war Adamowitsch Cheflobbyist des Energieversorgers Vereinigte Elektrizitätswerke Westfalen AG (VEW). Pikanterweise wurde der Clement-Mann erst ein Jahr nach dem Regierungswechsel von Clements Nachfolger Michael Glos (CSU) entlassen – die Begründung lautete: »zu große Nähe zur Energiewirtschaft«. Adamowitsch ist Mitgesellschafter der pks Wirtschafts- und Politikberatung GmbH (Werbeslogan: »Wir bauen Brücken«), einer privaten Lobbyagentur.[26] Vorsitzender des pks-Beirats ist der politische Tausendsassa Wolfgang Clement, zu den aktuellen Partnern gehören unter anderem der ehemalige Journalist und Staatssekretär Friedhelm Ost (CDU) und der ehemalige Staatsminister Ernst Schwanhold (SPD). Lobbyagenturen wie pks vertreten – anders als Unternehmen und Verbände – keine eigenen Interessen. Sie sind vielmehr die Bordsteinschwalben des Gewerbes, sie gehen mit jedem Kunden ins Bett, der das nötige Kleingeld hat.

Trotz seiner Beteiligung an einer privaten Lobbyagentur und seiner ehemaligen Lobbyistentätigkeit für den Energiekonzern VEW wurde Adamowitsch vor vier Jahren von der EU-Kommission zum »EU-Koordinator für Offshore Windkraftprojekte« ernannt. Wessen Interessen vertritt der Mann mit der »zu großen Nähe zur Energiewirtschaft« in Brüssel? Die des Volkes? Oder die der zahlenden Kunden von pks? Ist der Ruf erst ruiniert, lebt es sich ganz ungeniert. Zum 1. September 2011 »wechselte« Adamowitsch abermals den Dienstherren – fortan wird er die Interessen der Rüstungsindustrie als Hauptgeschäftsführer des Bundesverbandes der Deutschen Sicherheits- und Verteidigungsindustrie (BDSV) vertreten und koordinieren.[27] Dass Adamowitsch dieser anspruchsvollen Aufgabe gewachsen ist, dürfte kaum zu bezweifeln sein.

In den meisten Fällen, in denen Politiker sich ihr späteres Arbeitsleben mit dem Gang durch die Drehtür versilbern lassen, gehen sie dabei relativ konspirativ vor. Weder ihnen selbst noch ihrem Arbeitgeber ist schließlich damit geholfen, wenn die Geschichte an die große Glocke gehängt wird. Teilweise ist die Chuzpe, mit der die Lobbyorganisationen vorgehen, jedoch geradezu beunruhigend. Einen solchen Fall stellt der Mehrfach-Seitenwechsel des Atomlobbyisten Gerald Hennenhöfer dar. Der Jurist Hennenhöfer machte als Staatsdiener Karriere und war von 1994 bis 1998 unter der damaligen Bundesumweltministerin Angela Merkel Leiter der Abteilung Reaktorsicherheit. Hennenhöfers Amtsführung war offenbar sehr nach dem Geschmack der Energiekonzerne. Als die schwarz-gelbe Regierung 1998 aus dem Amt gewählt wurde, wechselte Hennenhöfer mit fliegenden Fahnen zum Atomkonzern VIAG, der im Jahr 2000 in der E.ON aufgehen sollte. Dort bekleidete er dann die Funktion eines »Generalbevollmächtigten für Wirtschaftspolitik«. Der Mann, der gestern noch im Auftrag der Allgemeinheit über die Sicherheit der Atommeiler zu wachen hatte, wurde am nächsten Tag von den Betreibern der Atommeiler unter Vertrag genommen. Hennenhöfer saß bereits kurze Zeit später wieder an den Verhandlungstischen des Umweltministeriums – diesmal verhandelte er im Auftrag des Atomkonzerns VIAG mit der rot-grünen Bundesregierung den sogenannten Atomkonsens und konnte seinem alten Arbeitgeber großzügige Restlaufzeiten abringen.

2004 wechselte Hennenhöfer zu einer spezialisierten Anwaltskanzlei, für die er nach Informationen der *Frankfurter Rundschau* das Helmholtz-Zentrum beriet, das das skandalumwitterte Endlager Asse II betreibt.[28] Hennenhöfer ist nach Aussagen der *Frank-*

furter Rundschau ferner direkt verantwortlich für die mehr als lückenhafte Informationspolitik der Asse-Betreiber. Wie ein schlechter Witz mutet es da an, dass der aktuelle Bundesumweltminister Norbert Röttgen ausgerechnet den Atomlobbyisten Hennenhöfer im Jahre 2009 abermals als Leiter der Abteilung Reaktorsicherheit ins Ministerium holte. Es gehört schon eine gehörige Portion Frechheit dazu, einen aktenkundigen Atomlobbyisten mit der obersten Aufsicht über die Sicherheit der Atommeiler zu betrauen. Da könnte man auch gleich einen Capo der Cosa Nostra zum Leiter der Abteilung organisiertes Verbrechen beim BKA machen. Der Journalist und Lobbyismusexperte Thomas Leif wertet den Fall Hennenhöfer als »Skandal, den man noch nicht einmal für einen fiktionalen Politik-Thriller erfinden könnte«.[29]

Fukushima machte Hennenhöfers ehemaligen Arbeitgebern einen gehörigen Strich durch die Rechnung. Nun saß Hennenhöfer bei den Ausstiegsverhandlungen auf Seiten der Regierung am Verhandlungstisch und hatte als oberster Atomaufseher die Aufgabe, einen Stresstest für die deutschen Atommeiler zu entwerfen und durchzuführen. Wie aussagekräftig ein solcher Stresstest unter diesen Rahmenbedingungen überhaupt sein kann, mag an dieser Stelle jeder Leser für sich selbst beantworten.

Die Fälle Koch-Weser, Bury, Adamowitsch und Hennenhöfer sind nur die Spitze des Eisbergs. Als die rot-grüne Regierung 2005 abgelöst wurde, blieben von 63 Amtsträgern (Bundeskanzler sowie Staatsminister, Bundesminister sowie Staatssekretäre) neunzehn weiter im Amt. Von den übrigen 44 wechselten 22 in politische Institutionen und die öffentliche Verwaltung. Von den restlichen 22 ehemaligen Amtsträgern wechselten zwölf Personen in Posten oder Tätigkeiten, die laut LobbyControl »klar« mit Lobbytätigkeiten oder Tätigkeiten mit starkem Lobbybezug in Verbindung stehen, und weitere drei Personen gingen Tätigkeiten mit »nicht primären« Lobbybezug nach. Nur sieben ehemalige Amtsträger der rot-grünen Regierung sagten dem Geschäft Lebewohl und verabschiedeten sich ins Privatleben oder in Tätigkeiten ohne Zusammenhang mit ihrem vorherigen Beruf.[30] Sollte die schwarz-gelbe Regierung 2013 vom Volk abgewählt werden, werden die Lobbyorganisationen bereits mit den Hufen scharren. Angesichts der Wirtschaftsnähe der momentanen Amtsträger in der ersten und zweiten Reihe ist davon auszugehen, dass sie den Rekord der rot-grünen Regierung mühelos überbieten werden.

Lukrative Nebenjobs

Ein Mandat ist ein Vollzeitjob und wird auch dementsprechend bezahlt. Jedem Bundestagsabgeordneten stehen monatliche Bezüge in Höhe von 7 668 Euro (brutto) zur Verfügung, hinzu kommen noch Zuschüsse zur Krankenversicherung und eine relativ großzügige Reisekostenregelung, die dem Abgeordneten sämtliche berufsbedingten Fahrt- und Flugkosten erstattet. Wenn der Abgeordnete sein Mandat verliert oder freiwillig aufgibt, steht ihm für jedes Jahr Dienstzeit ein Monat Übergangsgeld in voller Höhe der alten Bezüge zu. Hat ein Abgeordneter zwei Legislaturperioden im Parlament verbracht, steht ihm ferner die Mindestpension in Höhe von 1 682 Euro zu, die sich bis zum Betrag von 4 836 Euro steigern kann, wenn der Abgeordnete auf 23 Jahre Bundestagszugehörigkeit kommt. Dieser Verdienst ist zwar nicht besonders üppig, reicht aber sicherlich zum Leben, zumal sich die wenigsten Abgeordneten nach ihrer Mandatszeit beim Arbeitsamt melden müssen. Zum Vergleich: Eine Studie des *Handelsblatts* ergab, dass ein durchschnittlicher Geschäftsführer im Jahr auf 135 431 Euro brutto kommt.[31] Ein Bundestagsabgeordneter liegt somit bei seinem Einkommen klar unterhalb eines Geschäftsführers und bewegt sich ungefähr auf dem Niveau eines Hauptabteilungsleiters in einem mittelständischen Betrieb.

Die Debatte um die Diäten der Abgeordneten ist jedoch vergiftet. Es vergeht kaum ein Monat, in dem Deutschlands Boulevardblatt Nummer eins nicht populistisch über die »Raffkes« in den Parlamenten herzieht. Vielleicht sollten die empörten *Bild*-Redakteure einmal in ihrer eigenen Chefetage fragen, was dort gezahl wird. *Bild*-Chefredakteur Kai Diekmann bezieht Branchen-schätzungen zufolge ein siebenstelliges Gehalt, der vierköpfige Vorstand des Springer-Verlags wird mit zehn Millionen Euro bezahlt und bekommt damit mehr Geld als hundert Bundestagsabgeordnete zusammen. Es gilt den Bürgern jedoch nicht mehr als vermittelbar, die Diäten der Abgeordneten spürbar zu erhöhen. Das hat weniger etwas mit Neid als vielmehr mit dem breiten Unverständnis über die zahlreichen Nebenjobs der Abgeordneten zu tun.

Doch auch dieses populäre Vorurteil greift zu kurz, wenn man sich die Zahlen anschaut. Nach einer Untersuchung der Otto Brenner Stiftung aus dem Herbst 2011 üben in der aktuellen Legislaturperiode »nur« 27 Prozent der Abgeordneten eine veröffentlichungspflichtige bezahlte Nebentätigkeit aus. Fast zwei Drittel der Abgeordneten gingen jedoch einer Nebentätigkeit nach, für die sie keine Einkünfte erzielen. Diese Tätigkeiten bewegen sich häufig im zivilgesellschaftlichen Bereich, oder sie liegen bei Stiftungen, Verbänden oder Vereinen im Umfeld der jeweiligen Abgeordneten. So zählt der CDU-Abgeordnete Markus Grübel beispielsweise zu der Gruppe der Abgeordneten mit ehrenamtlichen Nebentätigkeiten, da er Vorsitzender des Blasmusikverbands Esslingen am Neckar ist – daran ist natürlich nichts Ehrenrühriges zu finden, zumal der Abgeordnete Grübel von diesem Engagement sicherlich zeitlich nicht allzu stark beansprucht wird.

Etwas problematischer sind da schon Tätigkeiten im Aufsichtsrat von Privatunternehmen. Insgesamt nehmen etwas über hundert Mitglieder des Bundestags in rund 125 Unternehmen Aufsichtsratsmandate wahr. Diese Zahlen relativieren sich jedoch, wenn man bedenkt, dass viele dieser Posten mit dem Bundestagsmandat verbunden sind. So ist es sicherlich in Ordnung, wenn Bundestagsabgeordnete in den Aufsichtsräten der Deutschen Bahn AG oder der Deutschen Telekom AG sitzen, vertreten sie dort doch den Bund als Anteilseigner. Es ist jedoch festzustellen, dass einige wenige Abgeordnete keine Schamgrenzen kennen und gleich in den Aufsichtsräten mehrerer Unternehmen sitzen, die zudem noch eng mit ihrem politischen Betätigungsfeld zusammenhängen.

Noch auffälliger als die Aufsichtsratsposten sind jedoch die Posten in den sogenannten Beiräten. Ein Beirat hat lediglich eine beratende Funktion, und es hat schon ein G'schmäckle, wenn ein Politiker gegen Geld ein Unternehmen berät, das in seinem Fachbereich tätig ist. Wofür hat beispielsweise der CDU-Politiker Rudolf Henke Geld von der Allianz-Versicherungsgruppe bekommen, in deren Beirat er sitzt? Henke sitzt immerhin im Gesundheitsausschuss des Bundestags, und die private Krankenversicherung der Allianz fällt somit direkt in seinen Zuständigkeitsbereich. Kann ein Politiker hier messerscharf zwischen den beiden Tätigkeiten unterscheiden? Zweifel sind angebracht.

Klarer ist das Bild bei Politikern, die nebenberuflich in Lobbyverbänden tätig sind. Bezüglich dieser Politiker gibt es keine Zweifel, wessen Interessen sie vertreten.

Ob und wann die Grenzen zwischen einem simplen Nebenjob und einer unangemessen lukrativen Tätigkeit, die den Verdacht auf Untreue im Amt nahelegen würde, überschritten werden, ist leider trotz verschiedener Transparenzregelungen in den letzten Jahren immer noch nicht zu beantworten. So müssen Abgeordnete ihre Nebeneinkünfte dann melden, wenn sie 3 000 Euro pro Monat beziehungsweise 18 000 Euro pro Jahr übersteigen. Die Abgeordneten müssen jedoch nicht die Summe ihrer Nebeneinkünfte angeben, sondern lediglich eine der drei Kategorien, in die ihr Einkommen fällt: Kategorie eins (1000 bis 3500 Euro), Kategorie zwei (3 501 bis 7 000 Euro) und Kategorie drei (über 7 000 Euro). Es kann also sein, dass der CDU-Abgeordnete Rudolf Henke von der Allianz 7 001 Euro bekommt, es könnte aber rein theoretisch auch sein, dass er sieben Millionen Euro bekommt. Zudem dürfen die Abgeordneten sich aussuchen, ob sie die Einkommenskategorie auf einen Monatsverdienst oder auf ein Jahresverdienst beziehen. Echte Transparenz sieht jedenfalls anders aus.

Vollends intransparent ist das Anzeigesystem für die Freiberufler unter den Abgeordneten. Anwälte und Unternehmensberater müssen wegen der Verschwiegenheitspflicht noch nicht einmal angeben, von welchen Klienten sie Einkünfte bezogen haben. Dabei hatte das Bundesverfassungsgericht bereits im Jahre 2007 festgestellt, dass die Bürger einen »Anspruch darauf« haben zu wissen, von wem und in welcher Größenordnung ihre Vertreter Geld entgegennehmen. Das Interesse der Abgeordneten an einer Vertraulichkeit der Daten sei demgegenüber »nachrangig«. Passiert ist seitdem jedoch nichts. Auch heute noch können sich Anwälte und Unternehmensberater hinter der Verschwiegenheitspflicht verstecken. Bei manchen Anwälten, die als Abgeordnete im Bundestag sitzen, fragt man sich ohnehin, wie sie ihr Mandat und ihre Mandanten überhaupt zeitlich unter einen Hut bekommen.

Den traurigen Spitzenplatz nimmt hierbei die SPD-Abgeordnete Anette Kramme ein, die in der aktuellen Legislaturperiode seit 2009 bereits 167 Mandanten angenommen hat, von denen sie meldepflichtige Einkünfte bezog.[32] Damit hat sie beste Chancen, den von ihr aufgestellten Rekord von 200 Mandanten in der Legislaturperiode von 2005 bis 2009 zu schlagen.[33] Die hauptberufliche Abgeordnete Kramme weist damit Zahlen auf, die so manchen hauptberuflichen Anwalt vor Neid erblassen lassen. Im Jahr 2010 kam Kramme immerhin auf Nebeneinkünfte aus ihrer anwaltlichen Tätigkeit, die anhand der angegebenen Nebenverdienststufen (Kategorie eins bis drei) mit mindestens 89 000 Euro ihr Einkommen als Abgeordnete übertroffen haben dürften, da die wirkliche Zahl aufgrund der großen Abrundungsfehler durch die Kategorienangabe weitaus höher sein dürfte. Gegen die Großverdiener der Branche ist jedoch selbst Frau Kramme ein kleiner Fisch. Niemand kann genau sagen, wie hoch in den letzten Legislaturperioden die Nebeneinkünfte der Herren Friedrich Merz, Walter Riester und Peer Steinbrück waren – Schätzungen reichen hier von »gut 250 000 Euro«[34] bis zu über eine Million (im Fall Steinbrück).

Besonders problematisch sind die Nebenjobs der Abgeordneten dann, wenn sie sich im engen Umfeld zur fachpolitischen Gremienarbeit bewegen und der Arbeitgeber nicht im Allgemeininteresse handelt. So sitzen beispielsweise zahlreiche Abgeordnete im Verteidigungsaussschuss, die Mitglieder von Verbänden der Rüstungslobby sind (Rainer Arnold/SPD, Karin Evers-Meyer/SPD, Elke Hoff/FDP, Johannes Kahrs/SPD, Henning Otte/CDU). Angestellte von internationalen Wirtschaftskanzleien sitzen im Rechtsausschuss (Marco Buschmann/FDP) oder im Wirtschaftsausschuss (Martin Lindner/FDP). Die Geschäftsführerin eines Verbandes der Luftfahrtlobby sitzt im Tourismusausschuss (Helga Daub/FDP). Der wirtschaftspolitsche Sprecher der SPD-Fraktion Garrelt Duin sitzt im Beirat der Ergo-Versicherungsgruppe, während der FDP-»Rebell« Frank Schäffler nicht nur im Finanzausschuss sitzt, sondern nebenberuflich den Finanzstrukturvertrieb MLP berät. Sein Kollege Christian Freiherr von Stetten/CDU sitzt im Aufsichtsrat der Allianz Global Investors Deutschland GmbH und der cominvest Asset Managment GmbH. Ein Abgeordneter der Grünen (Hans-Josef Fell) ist Mitglied im Umweltausschuss und gleich in mehreren Beiräten diverser Lobbyverbände für Solarstrom und im Bundesverband Pflanzenöle. Abgeordnete, die im Gesundheitsausschuss sitzen, sind für die Allianz (Rudolf Henke/CDU), die Rhön-Klinikum AG (Karl Lauterbach/SPD) und ein Unternehmen namens mosaiques diagnostics and therapeutics AG (Jens Spahn/CDU) tätig oder halten mehr als zwanzig gut dotierte Vorträge für Unternehmen, die im Gesundheitssektor tätig sind (Rolf Koschorrek/CDU). Die Liste ließe sich lang weiterführen. Alle diese Interessenkonflikte sind dabei nicht geheim, und man muss kein investigativer Journalist sein, um sie zu offenbaren. Alle genannten Tätigkeiten sind ganz offiziell auf den Internetseiten des Bundestages fein säuberlich protokolliert.[35]

Dabei fällt auf, dass hauptsächlich Abgeordnete der beiden Volksparteien Nebenjobs anmelden. In der Tat finden sich in den Reihen von Bündnis 90/Die Grünen und der Linkspartei kaum Abgeordnete mit fragwürdigen Nebentätigkeiten, und selbst die FDP hält sich in der aktuellen Legislaturperiode merklich zurück.

Es gibt jedoch noch andere »Parteibesonderheiten«. Bei Union und FDP gibt es zahlreiche Fälle von Abgeordneten, die durch ihre unternehmerische Tätigkeit sehr hohe Nebeneinkünfte beziehen. Hierbei handelt es sich jedoch fast ausschließlich um Abgeordnete, die bereits vor ihrem Mandat unternehmerisch tätig waren. Natürlich kann niemand verlangen, dass ein Unternehmer sein eigenes Unternehmen während seiner Mandatszeit komplett ruhen lässt. Hier wäre es jedoch interessant, in Erfahrung zu bringen, wie viel Zeit der jeweilige Politiker seinem Mandat und wie viel Zeit er seinem Unternehmen widmet. Solche Daten werden vom Bundestag jedoch wohlweislich nicht erhoben.

Auf der anderen Seite fallen einige Abgeordnete der SPD und der Linkspartei dadurch auf, dass sie neben ihrem Mandat bezahlte Aufgaben bei den Gewerkschaften wahrnehmen. Auch wenn die Gewerkschaften sicherlich eher dem Allgemeinwohl verpflichtet sind als Investmentbanken, ist jedoch auch hier die nicht vorhandene Trennung von Mandat und Beruf nicht hinnehmbar. Sowohl die Beitragszahler der Gewerkschaften als auch die Wähler haben einen Anspruch darauf, dass ihre Vertreter für ihre Aufgabe auch die nötige Zeit aufbringen.

Ein besonders beunruhigendes Phänomen stellen ferner PR-Agenturen dar, die Abgeordnete als Berater bezahlten. Eine solche Agentur, die in der aktuellen Legislaturperiode sehr aktiv ist, ist die Agentur Communcations & Network Consulting (CNC) des ehemaligen Tabaklobbyisten Christoph Walter,[36] an der auch der ehemalige Agendapolitiker und Staatssekretär Siegmar Mosdorf als Partner beteiligt ist.[37] Auf der Gehaltsliste von CNC stehen unter anderem Otto Fricke (FDP), Dorothee Bär, (CSU), Hermann Otto Solms (FDP), Carsten Schneider (SPD) und Christine Scheel (Grüne). Wofür beziehen die Damen und Herren Geld von CNC? In welcher Funktion beraten die Spin-Doctors der PR-Agentur? Beraten sie überhaupt, oder werden sie nicht vielleicht doch eher beraten? All diese Fragen lassen sich aufgrund der mangelnden Transparenz nicht beantworten.

Wolfgang Clement – wenn Lobby und Politik verschmelzen

Bei den schillerndsten Fällen von politischer Korruption ist es noch nicht einmal möglich, klare Trennlinien zwischen politischem Mandat und vielfältigen Tätigkeiten für Unternehmen, Verbände und Lobbyagenturen zu ziehen. Bei Wolfgang Clement (SPD) war es beispielsweise nie so recht klar, wessen Interessen er überhaupt vertritt: die der Bürger oder die seiner Freunde aus der Energiewirtschaft?

Gegenüber *Spiegel*-TV äußerte sich Wolfgang Clement folgendermaßen:»Was ist das, ein Atomlobbyist? Ich vertrete die Interessen der deutschen Industrie und der deutschen Energiewirtschaft. Das tue ich übrigens schon seit ungefähr vierzig, 45 Jahren.«[38]

Der ehemalige Bundeswirtschaftsminister Clement stellt die personifizierte Verschmelzung von Lobbyinteressen und Politik dar. Schon während seiner politischen Gesellenjahre galt Wolfgang Clement als ein Mann mit großer Nähe zur Wirtschaft und sehr großer Nähe zur Energiewirtschaft, was er in verschiedenen Positionen, die er innerhalb der Partei einnahm, auch keineswegs versteckte. So durfte es damals eigentlich auch nicht sonderlich überraschen, dass Clement nach seiner Wahl zum nordrhein-westfälischen Ministerpräsidenten 1998 auf eine Politik setzte, die sich zuvörderst an den Interessen des heimischen Energiegiganten RWE orientierte. Er stemmte sich vehement gegen das rot-grüne Projekt einer Ökosteuer, kämpfte wie ein Löwe für die Kohlesubventionen und stellte die rot-grüne Koalition in Nordrhein-Westfalen mit seiner energiepolitischen Linie gleich mehrfach auf die Probe. So boxte er quasi im Alleingang das umstrittene RWE-Braunkohletagebauprojekt Garzweiler II durch. Viele Jahre später sollte sich die RWE für Clements treue Dienste bedanken, indem sie ihn im Februar 2006 in ihren Aufsichtsrat wählte. Clements frühere Koalitionspartnerin Bärbel Höhn (Bündnis 90/Die Grünen) kommentierte dies mit den lakonischen Worten:»Früher dachten wir manchmal, dass Clement mehr auf Seiten von RWE als auf Seiten der Koalition steht. Heute wissen wir es.«[39]

Als Wolfgang Clement im Jahre 2005 kein politisches Amt mehr innehatte, warf er konsequenterweise auch gleich sämtliche Zurückhaltung über Bord und verteidigte ganz offen die Interessen der Energiewirtschaft, auch wenn diese in direkter Konkurrenz zu den Interessen der SPD standen. So rief das SPD-Mitglied Clement beispielsweise im Jahre 2008 die hessischen Wähler auf, nicht seine Genossin Andrea Ypsilanti zu wählen,[40] deren energiepolitischer Kurs (gegen Atom und Kohle) dem RWE-Aufsichtsrat Clement schon länger ein Dorn im Auge war – verständlich, gehören die Atomkraftwerke Biblis A und B, die Ypsilanti zur Disposition stellte, doch dem RWE-Konzern. Clements Intervention im hessischen Wahlkampf stellte selbst die legendäre Duldungsstarre der SPD auf die Probe. Die Genossen brüteten eine Zeitlang sehr unwillig über ein Parteiausschlussverfahren, konnten sich jedoch nur zu einer Rüge entschließen, auf die Clement dann seinerseits damit reagierte, dass er im November 2008 aus der Partei austrat und gegen den vermeintlichen »Linksschwenk« der Partei wetterte.

Schon vor seiner Amtszeit als Bundeswirtschaftsminister gehörte Clement zum Kuratorium der neoliberalen Denkfabrik Initiative Neue Soziale Marktwirtschaft, 2006 wurde er auch Mitglied des neoliberalen Konvents für Deutschland. Clement war ein überzeugter Agenda-2010-Befürworter und legte als Bundeswirtschaftsminister das Fundament für die massenhafte Ausgliederung regulärer Arbeitskräfte in prekäre Arbeitsverhältnisse wie beispielsweise die Leiharbeit. Da mag es nicht verwundern, dass er nach seinem Ausscheiden aus der aktiven Politik vom Zeitarbeitsunternehmen Deutsche Industrie Service AG (DIS) in dessen Aufsichtsrat berufen wurde. Nachdem die DIS 2006 vom Branchengiganten Adecco übernommen wurde, offerierte man Clement ein ganz besonderes Angebot des Dankes: Er durfte nun den Vorsitz des finanzstarken Adecco Institute übernehmen, einer konzerneigenen Denkfabrik, die vor allem Lobbyarbeit betreibt. So wurde aus dem Lobbyisten mit politischem Amt ein hauptberuflicher Cheflobbyist.

Neben den bereits genannten Tätigkeiten war oder ist Clement seit seinem Ausstieg aus der aktiven Politik auch noch für folgende Unternehmen und Verbände beruflich tätig: Landau Media AG[41] (Medienanalyse/Aufsichtsrat), Dussmann-Gruppe[42] (Personaldienstleistungen/Aufsichts- und Stiftungsrat), Wolters Kluwer Deutschland GmbH[43] (Informationsdienstleistungen/Beiratsvorsitzender), DuMont Schauberg[44] (Verlagsgruppe/Aufsichtsrat), RiverRock European Capital Partners LLP[45] (Finanzdienstleistungen/Strategic and Operational Partner and Member of Advisory Board), Deutsche Wohnen AG[46] (Wohnungsgesellschaft/Aufsichtsrat), Versatel AG[47] (Telekommunikation/Aufsichtsrat), Daldrup und Söhne AG[48] (Bohrtechnik/Aufsichtsrat), Citigroup Global Markets[49] (Bank/Berater), Energy Consulting[50] (russische Energielobbyorganisation/Aufsichtsrat), Kloepfel Consulting[51] (Unternehmensberatung/Beirat). Nebenbei schreibt Clement – allein oder mit seinem Freund Friedrich Merz – neoliberale Erbauungsliteratur, die jedoch glücklicherweise wie Blei in den Regalen liegenbleibt.

Man kann Clement durchaus attestieren, dass er kein Mitläufer, sondern ein Überzeugungstäter ist. Seine Standpunkte auf nahezu allen politischen Gebieten sind durch und durch neoliberal. So etwas kann in den besten Familien vorkommen, ein Rätsel bleibt es jedoch, wie ein solcher Mann ausgerechnet für eine Partei, die sich als sozialdemokratisch definiert, in höchste Ämter kommen konnte. Der fortschreitende Niedergang der SPD soll jedoch nicht Thema dieses Buches sein.

Friedrich Merz – ein politisch-lobbyistisches Gesamtkunstwerk

Rechtlich ist ein Hauptberuf als Tätigkeit definiert, die die Arbeitszeit des Betroffenen zu mehr als fünfzig Prozent in Anspruch nimmt und die für die wirtschaftliche und soziale Lebensstellung der Person ausschlaggebend ist. Bei einer Person wie Friedrich

Merz (CDU) ist es jedoch eher unwahrscheinlich, dass er mehr als fünfzig Prozent seiner Arbeitszeit für sein Mandat verwendet hat, und wirtschaftlich ausschlaggebend sind seine staatlichen Bezüge im Vergleich zu seinen stattlichen Bezügen aus der Privatwirtschaft wohl auch nicht. Friedrich Merz ist, streng genommen, eher ein Lobbyist, der im Nebenjob bis zum Jahre 2009 auch ein Mandat innehatte.

Hauptberuflich[52] ist Merz seit 2005 bei der internationalen Anwaltskanzlei Mayer, Brown, Rowe & Maw LLP[53] tätig – ein Schwergewicht der Branche mit einem Jahresumsatz in Milliardenhöhe, das nach Daten des amerikanischen Branchendienstes ALM[54] auf der Rangliste der größten Anwaltskanzleien der Welt auf Platz vierzehn steht. Dort weiß man anscheinend, dass Merz bestens vernetzt ist, und das Engagement darf durchaus als großer Erfolg gelten: Im Juni 2010 wurde Merz als Anwalt vom Sonderfonds Finanzmarktstabilisierung (SoFFin) beauftragt, einen Käufer für die marode WestLB zu finden, nachdem die Kanzlei Mayer Brown bereits die Auslagerung der Ramschpapiere dieser Bank im Werte von 77 Milliarden Euro in eine mit Steuergeldern finanzierte Bad Bank gemanagt hat. Für Merz und Mayer Brown hat sich dieser Deal zweifelsohne gelohnt: Friedrich Merz, der in seinen politischen Reden stets darauf hinweist, dass der Staat kein Selbstbedienungsladen sei, bekam für seine Dienste ein Honorar in Höhe von 5 000 Euro – nicht pro Monat, sondern pro Tag![55] Sein Arbeitgeber Mayer Brown verdiente sogar elf Millionen Euro mit der Rechtsberatung der WestLB.[56] Für den Steuerzahler war das Engagement von Merz jedoch gleich in mehrfacher Hinsicht ein absoluter Reinfall, der sich mit dem Spruch »außer Spesen nichts gewesen« zusammenfassen ließe. Sein Engagement war ein Fehlschlag auf ganzer Linie, die WestLB steht vor dem Aus und muss nun zerschlagen werden.[57]

Es würde den Rahmen dieses Kapitels sprengen, an dieser Stelle sämtliche »nebenberuflichen« Tätigkeiten von Friedrich Merz aufzuzählen. Vor allem die Finanzbranche scheint in Merz einen willfährigen Vertreter ihrer Interessen gefunden zu haben.

Der politisch-lobbyistische Tausendsassa sitzt unter anderem in den Gremien der AXA Konzern AG, der DBV-Winterthur Holding AG, der Deutschen Börse AG, der Ernst&Young AG, der ROCK-WOOL Beteiligungs GmbH, der WEPA Industrieholding SE, der Commerzbank AG und der HSBC Trinkaus.[58] Merz ist Gründungsmitglied der neoliberalen Denkfabrik Initiative Neue Soziale Marktwirtschaft und sitzt in den Gremien des Council on Public Policy, einem Verein zur Förderung der vergleichenden deutsch-amerikanischen Politikberatung, des Aspen Instituts, der Gesellschaft zum Studium strukturpolitischer Fragen, der Atlantik-Brücke und des neoliberalen Netzwerkes Stiftung Marktwirtschaft.[59] Selbstverständlich bessert sich Merz sein Salär auch noch durch gut bezahlte Vorträge für verschiedene Unternehmen und Verbände auf. Man kann Merz viel vorwerfen: Faul ist er sicherlich nicht.

Bei einer Person wie Friedrich Merz verschwimmen die Grenzen zwischen Mandat und Lobby vollends. Er ist eigentlich gar kein echter Politiker, sondern vielmehr ein trojanisches Pferd, gefüllt mit den Interessen der Finanzwirtschaft. Man macht es sich jedoch zu einfach, wenn man anhand der grotesken Person Merz ein Exempel gegen die Schamlosigkeit des Lobbyismus statuieren will. Merz war bis zu seiner »Politikpause« in den Reihen der Union ein angesehener Politiker. Es waren seine Parteifreunde und die Wähler, die dieses trojanische Pferd in die Stadt gezogen haben. Merz' Nähe zur Lobby ist ja keineswegs neu. Bevor er 1989 für die CDU ins Europaparlament und später in den Bundestag einzog, wo er es bis zum Fraktionsvorsitzenden brachte, war er Lobbyist beim Verband der Chemischen Industrie. Wer einen Lobbyisten in die Parlamente hievt, braucht sich auch nicht zu wundern, wenn er sich dort letzten Endes auch als Lobbyist engagiert.

Bei der Causa »Merz« ist jedoch zusätzlich ein eklatantes Versagen der Medien zu beobachten. Viel zu lange erstarrten die unkritischen Berichterstatter in Ehrfurcht vor dem neoliberalen Trommler und weigerten sich, ihrer Informationspflicht nachzukommen. Noch heute wird Merz lieber verklärend als »Wirtschaftsexperte« und als »ehemaliger CDU-Politiker« und nicht als Lobbyist vorgestellt. Anstatt sich wenigstens post festum kritisch mit der Personalie auseinanderzusetzen, wird Merz stattdessen in regelmäßigen Abständen entweder zum Hoffnungsträger für die CDU oder gar zu einem potentiellen Führungsmitglied einer neuen »bürgerlichen Partei« als Alternative zur Union hochgeschrieben. Zusammen mit dem Namen Merz fallen dabei immer wieder die Namen Clement und Hans-Olaf Henkel. Wie soll diese Partei denn dann heißen? Wie wäre es mit PaPa: Partei für Partikularinteressen?

Es muss ein Ruck durch unseren Bundestag gehen

Es gibt wohl kaum ein politisches Feld, bei dem das Allgemeinwohl und das allgemeine Streben nach Glückseligkeit so sehr in Konflikt mit der parlamentarischen Realität stehen wie beim Lobbyismus. Es ist vollkommen klar, dass finanzstarke Lobbys nicht im Interesse des Allgemeinwohls, sondern in ihrem eigenen Interesse agieren. Weil es keine Transparenz gibt, droht hier eine massive Schieflage zu entstehen, die von Jahr zu Jahr dramatischer wird. Leider muss man jedoch auch konstatieren, dass es kaum ein politisches Feld gibt, bei dem die politischen Akteure derart reformunwillig sind, dass dem neutralen Betrachter nur der Verdacht kommen kann, dass die Politik gar kein Interesse daran hat, den Lobbyismus in die Schranken zu weisen.

Dieses mangelnde Interesse an Transparenz zeigt sich bereits in dem Umstand, dass Deutschland zu den wenigen Ländern gehört, die immer noch nicht die UN-Konvention gegen Korruption ratifiziert haben. Deutschland befindet sich dabei in guter Nachbarschaft mit den anerkannten Freunden der Intransparenz im Sudan, in Syrien, Burma, Saudi-Arabien und Somalia. Russland, China, Angola und selbst Zimbabwe gehören zu den mittlerweile 158 Staaten,[60] die die Konvention ratifiziert haben. Der einzige Grund, warum Deutschland die Konvention noch nicht unterzeichnet hat und sich damit zusehends isoliert, ist ein Passus, nach dem die deutschen Regelungen für die Nebeneinkommen der Parlamentarier den Straftatbestand der Korruption erfüllen würden. Bimbesrepublik Deutschland! Wenn es sogar in den meisten schwarzafrikanischen und zentralasiatischen Ländern (zumindest auf dem Papier) wirkungsvollere Gesetze gegen Abgeordnetenbestechung gibt als hierzulande, läuft irgendetwas gewaltig schief.

Dabei wäre es noch nicht einmal allzu schwer, dem grassierenden Lobbyismus einen Riegel vorzuschieben – es muss ja nicht die Bannmeile um den Bundestag sein, die der Schriftsteller Günter Grass unlängst vorschlug. Als erster Schritt wäre dringend die Einführung einer »Stillhaltezeit« für Minister, Staatssekretäre und Fraktionsführer der Parteien geboten. Man könnte beispielsweise über eine vierjährige Karenzzeit nachdenken, während der ein ehemaliger hoher Staatsdiener oder Mandatsträger nicht in einem Bereich tätig werden darf, zu dem er während seiner Amtszeit eine berufliche Verbindung hatte. Diese vier Jahre sollten reichen, um die Insiderinformationen und persönlichen Netzwerke zumindest zu einem nennenswerten Teil versiegen zu lassen, so dass eine weitere Tätigkeit in diesem Bereich keine allzu großen Nachteile für die Allgemeinheit hätte. Für Tätigkeiten bei Körperschaften des öffentlichen Rechts, gemeinnützigen Organisationen oder anderen staatlichen Stellen müsste es jedoch eine Ausnahmeregelung geben, da hier das öffentliche und nicht das private Interesse von der beruflichen Vergangenheit des Amts- oder Mandatsträgers profitieren würde.

Ebenso wichtig wäre es, Licht in den Lobbydschungel zu bringen und wirkungsvolle Transparenzregelungen zu verabschieden. Dazu gehört ein lückenloses Lobbyregister mit einer Akkreditierungspflicht für Lobbyisten, die an einen – wenn möglich strafrechtlich verpflichtenden – Verhaltenskodex für beide Seiten gebunden ist. Wenn man Lobbys schon nicht verbieten kann, sollte man sie zumindest wirkungsvoll regulieren.

Ferner muss es Regeln geben, die dem grotesken Unterschied des finanziellen Hintergrunds der unterschiedlichen Lobbyorganisationen Rechnung tragen. Was spricht beispielsweise dagegen, die Parlamentierer nicht mehr im Hinterzimmer, sondern in öffentlichen Ausschüssen zu informieren? Zu diesen Ausschüssen hätten alle Lobbys Zugang und nicht nur die finanzstarken. Außerdem hätten Medien und Öffentlichkeit so endlich einmal einen Einblick in die Argumentation der Lobbyisten und könnten gegebenenfalls Falschinformationen auch geraderücken. Insbesondere für Lobbyagenturen, die sich von ihren Auftraggebern bezahlen lassen, müsste es zudem ein Transparenzregister geben, in dem die Auftraggeber öffentlich einsehbar sind. Wer sich nicht an diese Transparenzkriterien hält, verliert seinen Eintrag im Lobbyregister und kommt auf eine schwarze Liste.

Mandatsträgern müsste dann jegliche Arbeit mit oder für Organisationen und Unternehmen, die auf dieser schwarzen Liste stehen, verboten sein. Für Organisationen, die im Lobbyregister aufgeführt sind, sollte den Abgeordneten ferner jede Form der Nebentätigkeit verboten werden. Wer diese Gesetze missachtet, verliert sein Mandat. Man könnte auch über eine Anrechnung der sonstigen – legalen – Nebeneinkünfte auf die Bezüge als Bundestagsabgeordneter nachdenken. Sobald den Abgeordneten ihre Einkünfte aus Nebentätigkeiten von ihren Diäten abgezogen werden, würde sich vermutlich auch ihre Freude an den zahlreichen Nebenjobs legen. Da ja 73 Prozent der Abgeordneten von einer solchen Regelung überhaupt nicht betroffen wären, da sie keine meldepflichtigen Nebeneinkommen haben, sollte ein solcher Gesetzesentwurf auch mehrheitsfähig sein. Dass dem leider nicht so ist, liegt an den Leitwölfen der Fraktionen, die sehr wohl zu den 27 Prozent gehören, die sich ihr Leben mit fürstlichen Nebeneinkommen versüßen lassen. Ohne Druck von der Straße wird hier sicherlich so schnell nichts passieren.

4 Wirtschaftspolitik: Kennst du das Land, in dem die Löhne blühen?

Um sich klarzumachen, was in diesem unserem Land politisch schiefläuft, lohnt sich eine Reise in unsere westeuropäischen Nachbarländer. Wer in den letzten Jahren einmal in Frankreich, Italien oder auch Spanien war, konnte sich einen Eindruck davon verschaffen, wie moderate Lohnsteigerungen den Charakter eines Landes verändern können.

Die älteren Leser werden sich bestimmt noch daran erinnern, wie es in diesen Ländern vor wenigen Jahrzehnten aussah. Als deutscher Tourist empfand man das dortige Lebensniveau als vergleichsweise rückständig. Der öffentliche Nahverkehr funktionierte nach dem Prinzip des kreativen Chaos, die ortsüblichen Löhne waren so niedrig bemessen, dass man sich selbst als relativ gut betucht vorkam. Und an allen Ecken und Enden gab es strukturelle Schönheitsfehler, die uns retrospektiv im Vergleich zum »ordentlichen« Deutschland als charmant, ja geradezu idyllisch vorkamen.

Diese Zeiten sind jedoch vorbei. Wer heute von Rom nach Berlin zurückkommt, läuft vielmehr Gefahr, exakt einen umgekehrten Kulturschock zu erleben. Heute ist eine Fahrt mit den Berliner Verkehrsbetrieben ein kreativ-chaotisches Abenteuer, die mangelnde Kaufkraft der Hartz-IV-Metropole ist an allen Ecken und Enden wahrzunehmen, und die Schönheitsfehler der deutschen Hauptstadt werden heute durch den Slogan »arm, aber sexy« verbrämt. Europa hat sich weiterentwickelt, während Deutschland in seinen besseren Gegenden stehengeblieben ist und sich in seinen Problemregionen sogar zurückentwickelt hat. Konnten unsere Nachbarn ihre (inflationsbereinigten) Reallöhne von Jahr zu Jahr steigern, müssen wir seit rund zwei Jahrzehnten Reallohnkürzungen hinnehmen.

Entwicklung der Reallöhne von 2000 bis 2008

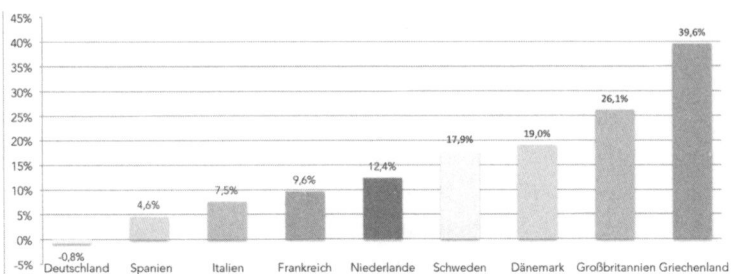

Realeinkommen aus unselbstständiger Arbeit einschließlich Arbeitgeberbeiträge zur Sozialversicherung, Quelle: EU-Kommission, Hans-Böckler-Stiftung

Nach Berechnungen des WSI sind die Einkommen der deutschen Arbeitnehmer in den Jahren 2000 bis 2008 um 0,8 Prozent gesunken, während sie für den Gesamtzeitraum in Spanien um 4,6 Prozent, in Italien um 7,5 Prozent, und in Frankreich um 9,6 Prozent gestiegen sind.[1] Es sind jedoch nicht nur die vermeintlich »unsoliden« Mittelmeeranrainer, die ihren Lebensstandard deutlich verbessern konnten. Noch höhere Reallohnsteigerungen konnten im letzten Jahrzehnt die Arbeitnehmer in den als grundsolide geltenden Staaten Niederlande (12,4 Prozent), Schweden (17,9 Prozent), Finnland (18,9 Prozent) und Dänemark (19 Prozent) erzielen. Auch Großbritannien liegt mit 26,1 Prozent deutlich vor Deutschland.

Für einen deutschen Arbeitnehmer mit einem monatlichen Nettogehalt von aktuell 2 000 Euro bedeuten diese Zahlen, dass er bei einer Lohnentwicklung wie in Italien heute jeden Monat 150 Euro mehr in der Tasche hätte – bei einer Lohnentwicklung wie in den Niederlanden wären es sogar 248 Euro und bei einer wie in Dänemark stolze 380 Euro. Wer im nächsten Italienurlaub über die – für deutsche Verhältnisse – teuren Restaurantkosten meckert und neidisch auf den Dänen am Nachbartisch schielt, der sich noch ein leckeres Tiramisu als Nachtisch bestellt hat, sollte sich darüber im klaren sein, dass seine finanziellen Probleme nicht einfach vom Himmel gefallen, sondern politisch durchaus gewollt sind.

Der Neoliberalismus ist nicht zu bremsen

Als Helmut Kohl 1982 Kanzler in einer schwarz-gelben Koalition wurde, drohte er dem Volk mit einer »geistig-moralischen Wende«. Aus der von Kohl erhofften Rückkehr der konservativen Werte in den Köpfen der Meinungsbildner wurde bekanntermaßen nichts. Die Revolution in den Köpfen der Eliten löste vielmehr Kohls kleiner Koalitionspartner aus. Das im gleichen Jahr verfasste »Lambsdorff-Papier«[2] wurde über die Jahre hinweg zu einer politischen und medialen Agenda namens »Neoliberalismus« ausgestaltet, die Deutschland seitdem von Grund auf verändert hat. Um zu verstehen, wie das schleichende Gift des Neoliberalismus wirkt, lohnt sich ein kurzer Blick auf die theoretischen Grundlagen dieser Ideologie.

Schon der Begriff Neoliberalismus ist keinesfalls eindeutig. Insgesamt umfasst er heute drei Denkrichtungen der Wirtschaftswissenschaften, die sich allerdings weitestgehend unterscheiden:

1. Der Ordoliberalismus der Freiburger Schule, der eine der Grundlagen der sozialen Marktwirtschaft darstellt, die seit Gründung der Bundesrepublik Deutschland unser ordnungspolitischer Rahmen ist. Bekannte Verteter dieser Schule waren Walter Eucken, Ludwig Erhard und dessen Staatssekretär Alfred Müller-Armack.

2. Der Marktliberalismus der Chicagoer Schule, der die Grundlage der angebotspolitischen Reformen Ronald Reagans (Reaganomics) und Margaret Thatchers (Thatcherismus) darstellt und maßgeblich vom Ökonomen Milton Friedman beeinflusst wurde.

3. Der Marktfundamentalismus der Österreichischen Schule, der in seiner radikalsten Form auf einen reinen Sozialdarwinismus hinausläuft und vor allem durch die Ökonomen Friedrich August von Hayek und Ludwig von Mises geprägt wurde.

Wenn man heute von Neoliberalismus spricht, so sollte man daher differenzieren, welche Ausrichtung man eigentlich meint. Lobbyisten der beiden letztgenannten Schulen haben verständlicherweise ein Interesse daran, den Begriff Neoliberalismus zu entschärfen, indem sie ihn mit der sozialen Marktwirtschaft in Verbindung bringen. Nicht ohne Grund nennt sich eine der radikaleren neoliberalen Lobbyorganisationen »Initiative Neue Soziale Marktwirtschaft«. Mit der »echten« sozialen Marktwirtschaft, die auf Ludwig Erhard zurückgeht, haben die marktliberalen Bestrebungen moderner Denkfabriken jedoch nur sehr wenig gemein.

Das zeigt ein Blick in das Vorwort zu Ludwig Erhards Lebenswerk *Wohlstand für Alle*: »So wollt ich jeden Zweifel beseitigt wissen, dass ich die Verwirklichung einer Wirtschaftsverfassung anstrebe, die immer weitere und breitere Schichten unseres Volkes zu Wohlstand zu führen vermag. Am Ausgangspunkt stand da der Wunsch, über eine breitgeschichtete Massenkaufkraft die alte konservative soziale Struktur endgültig zu überwinden. Diese überkommene Hierarchie war auf der einen Seite durch eine dünne Oberschicht, welche sich jeden Konsum leisten konnte, wie andererseits durch eine quantitativ sehr breite Unterschicht mit unzureichender Kaufkraft gekennzeichnet. Die Neugestaltung unserer Wirtschaftsordnung musste also die Voraussetzung dafür schaffen, dass dieser einer fortschrittlichen Entwicklung entgegenstehende Zustand und damit zugleich auch endlich das Ressentiment zwischen ›arm‹ und ›reich‹ überwunden werden konnten. Ich habe keinerlei Anlass, weder die materielle noch die sittliche Grundlage meiner Bemühungen mittlerweile zu verleugnen. Sie bestimmt heute wie damals mein Denken und Handeln.«[3]

Ludwig Erhards Formulierung einer Wirtschaftsverfassung, die zu einer »breitgeschichteten Massenkaufkraft« führt und die Einkommens- und Vermögensschere verkleinert, könnte heute wohl eher im Grundsatzprogramm der Linkspartei als in den Schriften der diversen Denkfabriken stehen, die sich auf Erhard berufen. Der klassische deutsche Neoliberalismus, der Grundlage der sozialen Marktwirtschaft ist, sollte daher auch besser mit seinem korrekten Begriff Ordoliberalismus bezeichnet werden. Mit der sozialen Marktwirtschaft hat der Marktliberalismus unserer Tage nämlich nicht viel gemein.

Wenn man heute von Neoliberalismus spricht, meint man damit meist eine politische Ideologie, die den Staat auf seine rudimentären Grundfunktionen, beispielsweise die innere und äußere Sicherheit, beschränken und weite Bereiche der Wirtschaft und der Gesellschaft von Marktmechanismen regeln lassen will. Die Grundlagen der »neoliberalen« Politik beziehen sich dabei, strenggenommen, eher auf die neoklassische Wirtschaftstheorie, die als »angebotsorientierte Wirtschaftspolitik« in den 1980ern zum großen Siegeszug antrat.

Grundlage dieser angebotsorientierten Wirtschaftspolitik ist die Vorstellung, dass es der Bevölkerung gutgeht, wenn es den Arbeitgebern gutgeht. Höhere Gewinne führen demnach zu höheren Investitionen, die wiederum zu mehr Arbeitsplätzen, mehr Wirtschaftswachstum und einer verbesserten internationalen Konkurrenzfähigkeit führen – was schlussendlich wieder zu höheren Gewinnen führt. Eine angebotsorientierte Wirtschaftspolitik verfolgt somit das Ziel, die Rahmenbedingungen für Unternehmen Schritt für Schritt zu verbessern. Die angebotsorientierte Agenda, die im weiteren Verlauf des Buches als Neoliberalismus bezeichnet werden wird, lässt sich auf wenige grundlegende Punkte reduzieren:

- Senkung der Staatsquote
- Senkung der Staatsschulden
- Senkung der Steuern
- Senkung der Löhne
- Deregulierung der Märkte
- Liberalisierung der Märkte
- Privatisierung des öffentlichen Sektors

Was mit den Lambsdorff-Papieren 1982 begann, setzte sich in Deutschland im Jahre 1999 fort, als der damalige Bundeskanzler Gerhard Schröder zusammen mit seinem britischen Kollegen

Tony Blair im sogenannten »Schröder-Blair-Papier«[4] die Europäische Sozialdemokratie ebenfalls auf neoliberalen Kurs brachte. Eine angeblich antiideologische, streng pragmatische Politik mit libertären Zügen hatte Deutschland endgültig aus der wohligen Heimeligkeit der Bonner Republik gerissen. Die vier Jahre später von Rot-Grün beschlossene Agenda 2010 setzte konsequent fort, was die »neue Mitte« als Modell der Zukunft vorgesehen hatte – eine Abkehr vom klassischen Rechts-Links-Schema und eine Vereinigung der Arbeitgeber- und Arbeitnehmerinteressen, die freilich in ihrer Umsetzung die Arbeitnehmerinteressen geflissentlich vergaß. Es ist wohl eine Ironie der Geschichte, dass die rot-grüne Regierung die konservativen Parteien auf der Schnellstraße des Sozialabbaus rechts überholt und das Land unter dem Jubel der reformversessenen Medien (siehe Kapitel 2) binnen weniger Jahre von Grund auf umgekrempelt hat.

Nach seinem Amtsantritt sagte Gerhard Schröder: »Wir müssen einen Niedriglohnsektor schaffen, der die Menschen, die jetzt Transfereinkommen beziehen, wieder in Arbeit und Brot bringt.«[5] Dieses Ziel hat er erreicht. Bereits im Januar 2005 konnte Schröder auf dem Weltwirtschaftsforum in Davos vermelden: »Wir haben unseren Arbeitsmarkt liberalisiert. Wir haben einen der besten Niedriglohnsektoren aufgebaut, den es in Europa gibt.«[6]

Rückblickend stellen die neoliberalen Reformen der Agenda 2010 eine Zeitenwende für das Land dar. Unter der Regentschaft von Rot-Grün fand die Zeit ihr Ende, in der Chancengleichheit und soziale Mobilität noch gesellschaftspolitische Ziele waren. Vorbei war die Zeit, in der man mit Hoffnung und nicht mit Angst in die Zukunft blickte. Vorbei die Zeit, in der man daran glaubte, dass der eigene Nachwuchs gute Chancen hat, sich eine eigene Existenz aufzubauen, die in den meisten Fällen – nach sozio-ökonomischen Standards bemessen – besser ist als das eigene Leben. Stattdessen begann die Zeit des Niedriglohns, die Zeit von Hartz IV, die Zeit der prekären Arbeitsverhältnisse und damit auch die Zeit der auseinanderklaffenden Einkommens- und Vermögensschere.

Autos kaufen keine Autos

Das grundlegende Problem der Angebotsorientierung ist, dass sie die Frage ignoriert, wer eigentlich die Produkte kaufen soll, die zu solch arbeitgeberfreundlichen Konditionen hergestellt werden. Am Ende des Wirtschaftskreislaufs steht immer der Verbraucher, also der private Haushalt. Fast jedes Produkt und fast jede Dienstleistung wird direkt oder indirekt am Ende der Kette von einem privaten Haushalt nachgefragt. Selbst der Maschinenbausektor, auf den Deutschland so stolz ist, stellt seine Maschinen nicht zum Selbstzweck her, um weitere Maschinen zu bauen. Jede Maschine, die Deutschland ins Ausland exportiert, stellt dort ein Produkt her, das irgendwo auf der Welt von einem Endkunden gekauft wird. Es liegt also auf der Hand, dass die angebotsorientierte Wirtschaftspolitik zum Scheitern verurteilt ist, denn wenn die Produkte nicht gekauft werden, weil die Arbeitnehmer nicht genug verdienen, machen die Unternehmen keine Gewinne. Der Erzkapitalist Henry Ford hat dieses Paradoxon einst unter dem simplem Motto »Autos kaufen keine Autos« zusammengefasst.

Die Unternehmen in Ländern, in denen der Neoliberalismus umgesetzt wurde, können daher bestenfalls immer nur relative Standort- oder Produktivitätsvorteile gegenüber Unternehmen in anderen Ländern haben, die sich dem Neoliberalismus noch weitestgehend verschlossen haben. Dies betrifft jedoch nur die Unternehmen, die auch tatsächlich im internationalen Wettbewerb stehen und deren Güter vornehmlich im Ausland abgenommen werden. Deutschland ist Vizeexportweltmeister, und jeder vierte Arbeitsplatz hängt – so hört man – direkt beziehungsweise indirekt vom Export ab. Diese Aussage aus dem Phrasenbaukasten der Arbeitgeberverbände und ihrer Erfüllungsgehilfen an den Schreibtischen der Redaktionen lässt sich jedoch ohne weiteres auch gegen die neoliberale Agenda ins Feld führen. Wenn wirklich jeder vierte Arbeitsplatz direkt oder indirekt vom Export abhängt, dann hängen auch im Umkehrschluss drei Viertel aller Arbeitsplätze weder direkt noch indirekt vom Export ab. Eine Wirtschaftspolitik, die auf Gedeih und Verderb auf die relativen Standort- und Produktivitätsvorteile der exportierenden Unternehmen setzt, schwächt jedoch unweigerlich die Binnennachfrage und somit die Existenzgrundlage von drei Vierteln aller Arbeitsplätze in Deutschland.

Natürlich ist es für das Maschinenbau-Unternehmen, das seine Produkte fast ausschließlich nach China verkauft, ein großer Vorteil, wenn seine deutschen Mitarbeiter möglichst wenig Geld bekommen. Für den Bäcker an der Ecke ist es jedoch ein großer Nachteil, wenn seine Kunden nur über wenig Geld verfügen und sich beispielsweise den Kuchen zum Feierabend nicht mehr leisten können. Wie dem Bäcker ergeht es dem Großteil der deutschen Wirtschaft. Was hat der Zeitungsverleger davon, wenn seine Leser wegen Geldknappheit ihr Abo kündigen? Was hat das Einzelhandelsunternehmen davon, wenn seine Kunden entweder zu Billigprodukten mit niedrigerer Gewinnspanne greifen oder gleich ganz auf den Einkauf verzichten? Geiz ist nicht immer geil. Was hat der mittelständische Handwerksmeister davon, wenn sich seine potentiellen Kunden seine Arbeit nicht mehr leisten können und die Reparaturen daher aufschieben oder in Schwarzarbeit erledigen lassen?

Auch wenn der Neoliberalismus vor allem von den Arbeitgeberverbänden propagiert wurde, ist dennoch festzuhalten, dass diese Form der angebotsorientierten Wirtschaftspolitik gerade eben keine arbeitgeber- oder gar unternehmensfreundliche Politik ist. Die meisten Arbeitgeber und Unternehmer sind darauf angewiesen, dass ihre Produkte und Dienstleistungen zum größten Teil von Kunden im eigenen Land nachgefragt werden. Was Henry Ford zumindest in diesem Punkt noch besessen hat, ist unseren Unternehmern offensichtlich im täglichen Propaganda-Overkill der McKinseys, Roland Bergers und Hans-Werner Sinns abhanden gekommen: der gesunde Menschenverstand.

Bewusstseinsverändernde Droge mit drei Buchstaben

Die meisten Denkfehler der wirtschaftspolitischen Debatte lassen sich auf das Kürzel BWL reduzieren. Traditionell war die Betriebswirtschaftslehre stets nur ein Teilgebiet der Wirtschaftswissenschaften, das sich fast ausschließlich mit der Perspektive des einzelnen Betriebs befasst und die Rahmenbedingungen und Wechselwirkungen weitestgehend als konstant (ceteris paribus) annimmt. Kein seriöser Betriebswirt käme daher je auf die Idee, dass die Erkenntnisse seines Teilgebiets sich auch auf andere Bereiche der Wirtschaftswissenschaften übertragen ließen. Leider scheint es hierzulande jedoch kaum seriöse Vertreter der Betriebswirtschaftslehre zu geben, die sich auch einmal trauen, den Mund aufzumachen und gegen den gigantischen Unfug zu Felde zu ziehen, der auch in ihrem Namen verbreitet wird.

Jedem Unternehmer ist klar, dass seine betriebswirtschaftlichen Entscheidungen sich immer auf ein ganz konkretes Umfeld beziehen und er dabei stets die Entscheidungen seiner Konkurrenten im Auge behalten muss. Wenn ein Automobilhersteller beispielsweise seine Marktmacht nutzt, um einem Zulieferer günstigere Einkaufspreise zu diktieren, so ist dies für den Automobilhersteller ein Vorteil. Nutzen jedoch auch seine Konkurrenten ihre Marktmacht und pressen dem Zulieferer Einkaufspreise ab, die unter dessen Kosten liegen, so wird der Zulieferer über kurz oder lang in Konkurs gehen, und alle Automobilhersteller hätten plötzlich ein Beschaffungsproblem, das schlussendlich zu ernsthaften Lieferengpässen und somit zu Verlusten führen könnte. Was für ein Unternehmen von Vorteil ist, ist häufig für ein anderes Unternehmen von Nachteil. Was für die Gesamtheit der Unternehmen unter dem Strich von Vorteil ist, lässt sich somit nur sehr schwer über den Entscheidungshorizont der Betriebswirtschaftslehre bestimmen.

Leider hat sich in der Politik jedoch die Vorstellung durchgesetzt, dass die Nationalstaaten im direkten Wettbewerb zu anderen Nationalstaaten stehen und daher dazu neigen, sich selbst als eine Art Unternehmen zu sehen. Dabei verliert man jedoch unweigerlich den eigentlichen Sinn und Zweck politischen Handelns aus den Augen. Wer sich selbst zuallererst in Konkurrenz zu anderen sieht, neigt immer dazu, auf relative und nicht auf absolute Vorteile zu setzen. Diese BWL-Perspektive ist vor allem in Deutschland weit verbreitet und findet in Angela Merkels Leitbild der »schwäbischen Hausfrau« ihren traurigen Höhepunkt.

Die schwäbische Hausfrau als Kardinalfehler deutschen Denkens

Als Metapher für die betriebswirtschaftliche Sichtweise volkswirtschaftlicher Problemstellungen schuf Angela Merkel 2008 auf dem Bundesparteitag der CDU ihr mittlerweile berühmt-berüchtigtes Leitbild der »schwäbischen Hausfrau«. Aus wahlkampfstrategischer Sicht ist dieses Leitbild zweifelsohne genial. Zum Stereotyp des Schwaben gehört es nun einmal, dass er bescheiden bis geizig ist und sich nur das leistet, was er sich auch leisten kann:

> Schaffe, schaffe, Häusle baue,
> Und net nach de Mädle schaue.
> Und wenn unser Häusle steht,
> Dann gibt's noch lang kei Ruh,
> Ja da spare mir, da spare mir
> Für e Geißbock und e Kuh.

Das wirtschaftliche Idealbild der schwäbischen Hausfrau prägt somit die kleinbürgerlich-spießige Weltanschauung, die zum Stereotyp der klassischen Wählerschicht der CDU gehört wie das Reihenhaus mit gartenzwergverschandeltem Vorgarten. Es ist auch nur wenig dagegen einzuwenden, dass die Christdemokraten mit solch altbackenen Bildern auf Wählerfang gehen. Problematisch wird es aber dann, wenn nicht nur die Wähler, sondern auch die politischen Entscheidungsträger an derlei kurzsichtige Metaphorik glauben.

Noch nicht einmal im überschaubaren Schwabenland kann die schwäbische Hausfrau als Leitbild einer auch nur halbwegs modernen Volkswirtschaft herangezogen werden. Früher sparte man, indem man seine güldenen Taler in einen Sparstrumpf steckte und sich dann den Geißbock und die Kuh kaufte, wenn man die Kaufsumme zusammengespart hatte. Früher gab es jedoch auch noch keine nennenswerte Arbeitsteilung, die Wirtschaft war regional geprägt und die Inflation aufgrund der Gold- oder Silberdeckung der Münzen zu vernachlässigen. Was früher als »sparen« bezeichnet wurde, bezeichnen die Volkswirte heute als »horten«. Der Mensch ist jedoch kein Hamster, und selbst Merkels Wirtschaftsberater würden den Wählern heute nicht mehr empfehlen, Geld zu horten. Gehortetes Geld wird nämlich dem Wirtschaftskreislauf entzogen und steht damit der Wirtschaft nicht für Investitionen zur Verfügung.

Wenn Geld von Unternehmen investiert werden soll, muss es sich im Wirtschaftskreislauf befinden. Dies ist der Fall, wenn die schwäbische Hausfrau ihr Geld nach heutiger Definition »spart« und es beispielsweise auf das gute alte Sparbuch ihrer Sparkasse einzahlt. Dafür bekommt sie von ihrer Bank dann auch Zinsen, die vermeiden, dass die Ersparnisse von der Inflation aufgefressen werden und sie am Ende trotz größter Sparanstrengungen doch nicht für den Geißbock und die Kuh reichen.

Es ist jedoch ausgeschlossen, dass alle Wirtschaftssubjekte sparen und sich niemand gleichzeitig verschuldet. Selbst die Sparkasse im schwäbischen Dorf kann der Hausfrau nur dann Zinsen auf ihrem Sparbuch gutschreiben, wenn sie die Einlagen an andere Kunden verleiht. Wäre Angela Merkel eine Pennälerin, so würde sie ihr Lehrer – wenn er auch nur die Grundzüge der Volkswirtschaft verstünde – wohl nach Schulschluss hundertmal den Satz an die Tafel schreiben lassen: »Man kann gesamtwirtschaftlich nicht sparen!« Wenn alle Teilnehmer einer Volkswirtschaft sparen wollen und niemand Schulden machen will, gibt es auch niemanden, der das gesparte Geld haben will. Dann bräuchte man auch keine Banken mehr, es gäbe weder Sparbücher noch Tagesgeldkonten oder Staatsanleihen, und die schwäbische Hausfrauen-Volkswirtschaft wäre gezwungen, ihr Geld nicht zu »sparen«, sondern zu »horten«. In der echten Wirtschaft, die sich dann doch fundamental von Angela Merkels ökonomischem Klippschulwissen unterscheidet, gibt die schwäbische Hausfrau ihrer Bank Geld. Die Bank reicht dieses Geld dann als Kredit an Privathaushalte, Unternehmen und den Staat weiter. Die Kreditnehmer konsumieren und investieren mit dem geliehenen Geld und schaffen damit die Nachfrage an Gütern und Produkten, die den Wirtschaftskreislauf brummen lässt. Nehmen wir einmal an, dass der Gatte der schwäbischen Hausfrau – so will es schließlich das Klischee – »beim Daimler schafft«. Würde plötzlich kein Kunde mehr einen Mercedes-Benz leasen oder auf Kredit kaufen, würden die Verkaufszahlen einbrechen, und der Gatte der schwäbischen Hausfrau müsste entlassen werden und künftig Hartz IV beziehen – natürlich erst nachdem die schwäbische Neuprekarierfamilie ihre Ersparnisse aufgebraucht hat. Es mag ja aus konservativer Sicht ehrenwert und vorbildlich sein, sich nicht zu verschulden und größere Ausgaben erst dann zu tätigen, wenn man das Geld dafür zusammengespart hat – übertragen auf eine Volkswirtschaft ist dieses Leitbild weder umsetzbar noch sinnvoll.

Fremdwörter für Fortgeschrittene: Binnennachfrage

Wer eine Volkswirtschaft nach betriebswirtschaftlichen Vorgaben steuern will, neigt unweigerlich dazu, seinen Fokus auf die Ausgabenseite zu richten. Für ein Unternehmen sind die Löhne der Arbeitnehmer schlichtweg Kosten, und Kosten müssen nach betriebswirtschaftlicher Logik natürlich minimiert werden. Es steht außer Frage, dass es für einen Betrieb durchaus von Vorteil ist, wenn die Löhne seiner Beschäftigten sinken. Was für ein einzelnes Wirtschaftssubjekt – wie eben einen Betrieb – von Vorteil ist, muss jedoch gesamtwirtschaftlich noch lange kein Vorteil sein, was sich allein schon daraus schließen lässt, dass die Arbeitnehmer ja ebenfalls Wirtschaftssubjekte sind, die eine Lohnkürzung aber ganz gewiss nicht als Vorteil ansehen.

Ein verlorenes Jahrzehnt

Durchschnittliches reales Bruttoerwerbseinkommen je Dezil*
(nur Vollzeitbeschäftigte in Euro)

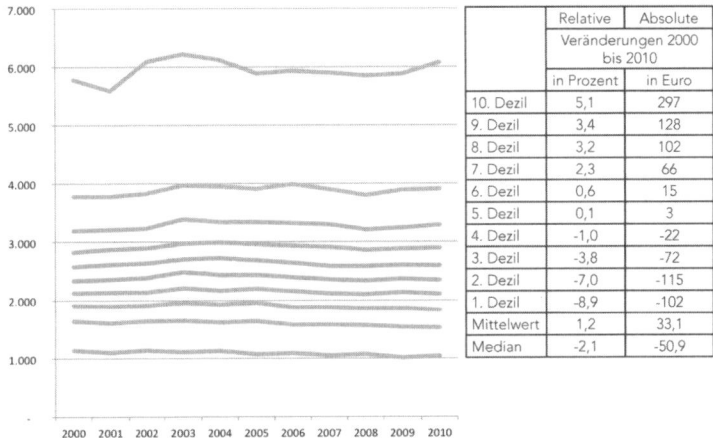

	Relative	Absolute
	Veränderungen 2000 bis 2010	
	in Prozent	in Euro
10. Dezil	5,1	297
9. Dezil	3,4	128
8. Dezil	3,2	102
7. Dezil	2,3	66
6. Dezil	0,6	15
5. Dezil	0,1	3
4. Dezil	-1,0	-22
3. Dezil	-3,8	-72
2. Dezil	-7,0	-115
1. Dezil	-8,9	-102
Mittelwert	1,2	33,1
Median	-2,1	-50,9

2000 2001 2002 2003 2004 2005 2006 2007 2008 2009 2010

* Der Begriff Dezil beschreibt ein Lagemaß in der Statistik. Die Einkommensstatistik des SOEP teilt die Menge der Vollzeitbeschäftigten nach ihrem Einkommen in zehn gleichgroße Gruppen auf. Die Gruppe mit den niedrigsten Einkommen ist das erste Dezil, die mit den zweitniedrigsten Einkommen das zweite Dezil und die Gruppe mit den höchsten Einkommen ist schließlich das zehnte Dezil.

Quelle: SOEP v27/DIW Wochenbericht 45/2010. Angaben in Preisen von 2005

Nun sind es aber nicht gerade die Arbeitnehmer von im internationalen Wettbewerb stehenden Unternehmen, die hierzulande unter Reallohneinbußen leiden. Im Gegenteil, denn während die meist gewerkschaftlich gut organisierten Mitarbeiter in großen exportstarken Betrieben in der Regel noch nach einem ordentlichen Haustarif entlohnt werden, stehen die Niedriglöhner unserer Gesellschaft meist nicht im internationalen Wettbewerb. Die

Friseurin an der Ecke kann ebenso wenig durch eine kambodschanische Kollegin ausgetauscht werden, wie ihr Kunde aus Kostengründen auf einen Friseursalon in Phnom Penh ausweichen kann. Das Gleiche gilt analog für nahezu alle Bereiche, in denen Hungerlöhne gezahlt werden – Supermärkte und Discounter stehen ebenso wenig im internationalen Wettbewerb wie Wach- und Schließgesellschaften, Altenpflegeheime, Putzkolonnen oder Gastronomiebetriebe.

Man kann die Friseurmeisterin in Magdeburg ja auch verstehen, wenn sie die Position vertritt, dass sie bei ordentlicher Bezahlung ihrer Angestellten die Preise so stark erhöhen muss, dass sie nicht mehr konkurrenzfähig ist – die »Billigkonkurrenz« sitzt allerdings weder in Osteuropa noch in Südostasien, sondern direkt an der nächsten Straßenecke. Es ist richtig, dass der Wachmann sich von seinen sechs Euro Stundenlohn keinen Haarschnitt leisten und die Friseurin sich wiederum von ihrem Hungerlohn keine Putzfrau einstellen kann, die es sich wiederum nicht erlauben kann, im Restaurant mit der schlecht bezahlten Kellnerin zu speisen. All dies hängt jedoch direkt und indirekt zusammen und nennt sich Binnennachfrage. Würde die Friseurin ordentlich bezahlt, könnte sie sich eine Putzfrau leisten. Würde die Putzfrau einen fairen Lohn bekommen, könnte sie öfters im Restaurant essen, und der Gastwirt könnte allein schon aufgrund des höheren Umsatzes auch seine Kellnerin besser bezahlen.

Flächendeckende Lohnkürzungen leiten aus gesamtwirtschaftlicher Sicht einen Teufelskreis ein, aus dem es oft kein Entrinnen mehr gibt. Sinken erst einmal die Umsätze aufgrund der gesunkenen Nachfrage, ist es sehr schwer, die Arbeitgeber zu antizyklischen Lohnerhöhungen zu überreden, die diesen Teufelskreis stoppen könnten. Stattdessen wird auf Umsatzeinbußen mit weiteren Lohnkürzungen reagiert, die wiederum weitere Umsatzeinbußen hervorrufen. Das Paradoxe an diesem Teufelskreis ist, dass jedes Wirtschaftssubjekt auf betriebswirtschaftlicher Ebene absolut rational agiert und damit dennoch einen Prozess in Gang setzt, der für ihn selbst keine Vor-, sondern nur Nachteile bringt.

Der Flügelschlag eines schwäbischen Schmetterlings

Ob man Lohnkürzung bei oberflächlicher Betrachtung als Vor- oder Nachteil ansieht, hängt somit vor allem von der eingenommenen Position ab. Wir kennen dieses Rollenspiel seit langem – die Arbeitgeberseite hat verständlicherweise andere Positionen als die Arbeitnehmerseite. Wir haben uns auch damit abgefunden, dass die Politik seit Jahrzehnten dazu neigt, für sich selbst die Perspektive der Arbeitgeberseite einzunehmen, und schon lange kein ehrlicher Makler mehr ist, der neutral zwischen den Interessengruppen vermittelt.

Diese oberflächliche Betrachtung geht jedoch an der gesamtwirtschaftlichen Betrachtung vorbei – Autos kaufen nun einmal keine Autos und werden dies auch auf absehbare Zeit nicht tun. Wer die betriebswirtschaftliche Perspektive des Arbeitgebers einnimmt, ignoriert dabei, dass die hergestellten Produkte auch von irgendeinem Endkunden gekauft werden müssen. In der betriebswirtschaftlichen Logik hieße dies, dass das Marktvolumen mit jeder Kosteneinsparung bei den Arbeitnehmern sinkt. Verständlicherweise ist dieses Argument in einer globalisierten Welt, in der das Lammfilet in der Kühltruhe eines Supermarkts auf den Färöer-Inseln aus Kostengründen aus Neuseeland stammt, nicht sonderlich überzeugend. Die betriebswirtschaftliche Betrachtungsebene reicht daher auch nicht aus, um komplexe wirtschaftliche Wechselwirkungen greifbar zu machen.

Volkswirtschaftliche Fragen lassen sich deshalb nur auf der gesamtwirtschaftlichen Ebene betrachten. Kürzt ein deutscher Maschinenbauer die Löhne seiner Mitarbeiter, hat dies erst einmal keine unmittelbaren Auswirkungen. Sein chinesischer Kunde wird ihm die – nun preisgünstiger – hergestellte Maschine abkaufen und auf ihr beispielsweise technisch hochwertige Displays für Handys herstellen, die auch weiterhin ihre Kunden finden werden. Kürzen jedoch alle deutschen Maschinenbauer die Löhne ihrer Mitarbeiter, kann es passieren, dass sich diese aufgrund des gesunkenen Lohns nicht mehr jedes Jahr, sondern nur noch alle drei Jahre ein neues Handy kaufen können. Der chinesische Displayhersteller muss seine Kapazitäten zurückfahren und fällt dadurch als Kunde des deutschen Maschinenbauers aus.

Gesamtwirtschaftlich betrachtet hat jede unternehmerische Entscheidung auch Auswirkungen auf andere wirtschaftliche Bereiche, vor allem dann, wenn sie eine Eigendynamik auslöst. Liegen diese komplexen Wechselwirkungen bei der Betrachtung eines einzelnen Betriebs im kaum messbaren Bereich, so werden sie bei der Betrachtung einer ganzen Volkswirtschaft schon zu einer messbaren Größe, die schnell eine kritische Masse erreichen kann. Die deutsche Lohnzurückhaltung der letzten zwei Jahrzehnte war beispielsweise weitaus mehr als der Flügelschlag eines schwäbischen Schmetterlings, der in China einen Orkan auslöst.

Unsoziale Marktwirtschaft

Die Bilanz, die uns der Neoliberalismus eingebrockt hat, liest sich wie eine lange Liste des Schreckens. In den Vorkrisenjahren von 2000 bis 2008, die hierzulande als Boom gefeiert wurden, sind die Arbeitnehmerentgelte kumuliert um zarte vier Prozent gestiegen.[7] Die Haushaltseinkommen der Arbeitnehmerhaushalte sind in den acht Boomjahren insgesamt um neun Prozent gestiegen – bei einer inflationsbedingten Preissteigerung von zehn Prozent entspricht dies einem realen Einkommens- und Lohnrückgang. Da kann es kaum verwundern, dass die Konsumausgaben der Privathaushalte in den acht »fetten« Jahren auch lediglich um 2,4 Prozent gestiegen sind – magere 0,3 Prozent pro Jahr.[8] Noch nüchterner stellt sich die Lage dar, wenn man den Betrachtungszeitraum vergrößert. So sind die Löhne der Arbeitnehmer von 1995 bis 2010 insgesamt um 17,4 Prozent gestiegen[9] – im gleichen Zeitraum sind die Verbraucherpreise jedoch um 24,2 Prozent gestiegen.[10] Das erste Jahrzehnt des neuen

Jahrtausends war für die Arbeitnehmer bereits vor der Krise ein verlorenes Jahrzehnt.

Mancher Arbeitnehmer wird sich daher in den letzten Jahren verdutzt die Augen gerieben haben, wenn Medien und Politik von einem XXL-Aufschwung und einem Wirtschaftsboom schwadronierten. Die Arbeitnehmer konnten ja nicht wissen, dass nicht sie damit gemeint waren. Für die Unternehmen stellten sich die ersten acht Jahre des Jahrzehnts nämlich gänzlich anders dar: Die Lohnstückkosten[11] im produzierenden wie im weiterverarbeitenden Gewerbe konnten um 7,8 Prozent gedrückt werden, die Arbeitsproduktivität nahm dadurch um sagenhafte 24 Prozent zu. Dies führte dazu, dass die Unternehmens- und Vermögensgewinne um 42 Prozent steigen konnten. Die Primäreinkommen[12] der Kapitalgesellschaften stiegen sogar um schwindelerregende 443 Prozent.[13]

Lagen die Gewinne der dreißig DAX-Konzerne im Jahre 2001 noch bei rund 170 Milliarden Euro, erhöhten sie sich bis zum Vorkrisenjahr 2007 bereits auf fast 600 Milliarden Euro.[14] 2011 werden sie laut Allianz Global Investors mit rund 620 Milliarden Euro ihren bisherigen Höchststand erreichen. Dies entspricht nicht nur einer Steigerung von mehr als 360 Prozent, sondern auch einem Reingewinn, der, übertragen auf jeden der rund vierzig Millionen deutschen Haushalte, einer Summe von mehr als 15 000 Euro entspricht. Die dreißig größten Konzerne erzielen heute pro Jahr einen Gewinn, der so groß ist, dass man davon jedem deutschen Haushalt jedes Jahr einen neuen VW Golf schenken könnte. Zum Vergleich: Die Gesamtkosten für Hartz IV betragen rund vierzig Milliarden Euro pro Jahr – rund ein Fünfzehntel des Gewinns der dreißig größten deutschen Unternehmen.

Ist Wirtschaftswachstum ein Selbstzweck? Was nützt der Allgemeinheit das schönste XXL-Wachstum, wenn unter dem Strich 99 Prozent der Bevölkerung am Wachstum nicht teilhaben können, da ihre Lohnsenkungen der Treibstoff für den Boom sind? Ein Wirtschaftssystem, das in guten Zeiten nur den Vermögenden nützt und in schlechten Zeiten niemandem, ist im Kern marode.

Jedes System, das nicht die Verbesserung des sozio-ökonomischen Lebensstandards aller Bürger anstrebt, krankt nicht im Detail, sondern am Fundament. Wenn Ludwig Erhard die soziale Marktwirtschaft noch als System beschrieben hat, dessen explizites Ziel der »Wohlstand für alle« ist, kommt man nicht darum herum, das aktuelle Wirtschaftssystem als unsoziale Marktwirtschaft zu bezeichnen.

Hurra – wir sind Weltmeister!

Ein beachtenswertes Beispiel für die Wechselwirkung wirtschaftlicher Entscheidungen stellt der deutsche Exportüberschuss dar. Dabei geht es nicht darum zu kritisieren, dass eine Volkswirtschaft viele Güter ins Ausland verkauft, weisen die Exporte doch auch auf die internationale Konkurrenzfähigkeit der eigenen Wirtschaft hin. Problematisch wird es jedoch, wenn die Entwicklung der Exporte sich von der Binnenwirtschaft und der Entwicklung der Importe abkoppelt. Genau dies ist in Deutschland der Fall.

Im Jahre 1993 betrug die Exportquote Deutschlands 19 Prozent.[15] Der Wert der Ausfuhren betrug demnach fast ein Fünftel der gesamten Wirtschaftsleistung. Dies ist selbst für ein hochindustrialisiertes Land wie Deutschland ein sehr hoher Wert. Bis zum Jahr 2008 konnte die deutsche Volkswirtschaft diesen Wert jedoch sogar auf sagenhafte vierzig Prozent steigern. Die deutschen Unternehmen konnten ihre Ausfuhren also nicht nur in absoluten Zahlen, sondern sogar in Relation zur gesamten Wirtschaftsleistung des Landes in nur fünfzehn Jahren mehr als verdoppeln. Deutschland weist somit einen doppelt so hohen Exportanteil aus wie seine westeuropäischen Nachbarländer. Was sind die Gründe für diesen außergewöhnlichen »Erfolg«?

Von Seiten der Exportwirtschaft weist man gern darauf hin, dass deutsche Unternehmen nun einmal qualitativ hochwertige Produkte herstellen, die im Ausland sehr gefragt sind. Das ist sicherlich korrekt, aber dennoch nur die halbe Wahrheit. Der Hauptgrund für die deutsche Exportstärke sind die vergleichsweise geringen Löhne. Sicher – im Vergleich zu den Löhnen in Rumänien oder Bangladesch sind die deutschen Löhne natürlich hoch, dafür ist aber auch die hiesige Produktivität ungleich höher. Für den gesamtwirtschaftlichen Vergleich sind daher auch nicht die absoluten Löhne, sondern die Lohnstückkosten von Interesse. Denn wenn man die bereits erwähnte magere Lohnentwicklung und die im Durchschnitt der OECD[16]-Länder liegende Produktivitätssteigerung betrachtet, erstaunt es natürlich nicht, dass die Lohnstückkosten in Deutschland, ganz im Gegensatz zu allen anderen EU-Staaten,[17] im letzten Jahrzehnt nahezu konstant geblieben sind. In unseren Nachbarländern sind die Lohnstückkosten im letzten Jahrzehnt zwischen dreizehn und 35 Prozent gestiegen. In der gesamten Eurozone (inklusive Deutschlands) stiegen die Lohnstückkosten im letzten Jahrzehnt um rund zwanzig Prozent. Es ist vollkommen klar, dass das deutsche Lohndumping über kurz oder lang zu einer Explosion der Exporte führen muss.

Entwicklung der Lohnstückkosten von 2000 bis 2010

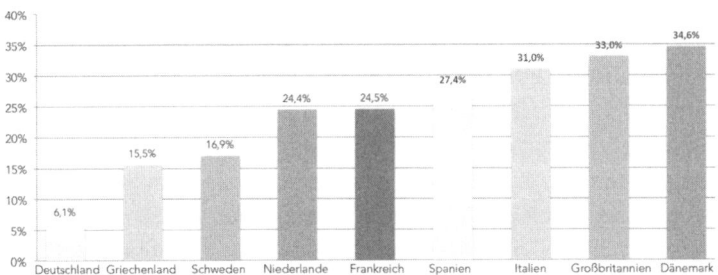

Quelle: Eurostat

Im Jahre 2003 konnte Deutschland die USA als Exportweltmeister ablösen und wurde erst im Jahre 2009 von China wieder vom ersten Platz verdrängt. Anzumerken ist hierbei, dass bei der inoffiziellen Exportweltmeisterschaft natürlich die absoluten Exportergebnisse zählen. Deutschland steht hier also im Wettbewerb mit den hinsichtlich der Bevölkerung rund dreieinhalbmal so großen

Vereinigten Staaten und dem rund zwölfmal so großen China. Doch selbst diese absurde Kraftmeierei ist erst dann aussagekräftig, wenn man die Exporte mit den Importen verrechnet. In der Disziplin »Exportüberschüsse« ist Deutschland unter den Industrieländern absolut und relativ unangefochtener Weltmeister. Dass die USA ein Handelsbilanzdefizit haben, gehört in Deutschland ja bereits zum Allgemeinwissen. Wesentlich unbekannter ist jedoch, dass noch nicht einmal die »Weltfabrik« China einen derart großen Exportüberschuss wie Deutschland vorweisen kann.[18]

Pyrrhussieg für Chermany

Befragt man die deutsche Bevölkerung zu den Exportüberschüssen, so stößt man immer wieder auf einen gewissen Stolz. Allerdings stellen die gigantischen Exportüberschüsse de facto keinen Erfolg, sondern vielmehr ein Problem dar – und dies gleich auf mehreren Ebenen.

Auf nationaler Ebene könnte man Exportüberschüsse auch genauso gut als Importdefizite betrachten, auch wenn sich dies freilich nicht so positiv anhört, denn wir haben ja schon in der Schule gelernt, dass Überschüsse etwas Gutes und Defizite etwas Schlechtes sind. Es ist offenbar schwer, sich vom Leitbild der schwäbischen Hausfrau zu trennen. Die Erfahrung zeigt, dass Exportüberschüsse immer dann entstehen, wenn die Löhne – in Relation zu den Handelspartnern – einerseits zu niedrig und andererseits ungleich verteilt sind. Beides trifft auf Deutschland zu. Steigen die Löhne und sinkt die Ungleichverteilung der Einkommen, steigt auch der Konsum der Bevölkerung und somit die Menge der Importe. Gleichzeitig sinkt durch steigende Löhne auch tendenziell der Lohnstückkostenvorteil, wodurch die Exporte sinken. Vereinfacht könnte man unterstellen, dass sich ein Land, in dem sich Importe und Exporte die Waage halten, volkswirtschaftlich auf dem richtigen Weg ist. Dies trifft innerhalb der Eurozone zum Beispiel mit Abstrichen auf Frankreich zu, dessen Handelsbilanz fast ausgeglichen ist.

Auch Frankreich könnte zweifelsohne bei der Exportweltmeisterschaft einen Spitzenrang belegen, wenn es denn nur wollte. Bei unseren westlichen Nachbarn sind die Lohnstückkosten jedoch im letzten Jahrzehnt um rund zwanzig Prozent gestiegen, was einerseits dazu führte, dass die Franzosen gegenüber den Deutschen leichte Wettbewerbsnachteile hinnehmen müssen. Andererseits hat dies auch zur Folge, dass die Franzosen am Ende des Monats mehr Geld in der Tasche haben. Man muss schon ziemlich ignorant sein, wenn man darauf stolz ist, dass man für seine Arbeit schlechter bezahlt wird als der Nachbar. Diese Ignoranz ist in Deutschland durchaus populär.

Natürlich spricht niemand die Lohnvorteile der Franzosen direkt an. Stattdessen verweist man gern auf Deutschlands wirklich hervorragende Konjunkturdaten. Nur was nutzen die besten Konjunkturdaten, wenn man als Arbeitnehmer gar nichts davon hat?

Auch das beliebte Argument, dass Deutschland durch seine Wettbewerbsvorteile besser für die Zukunft gerüstet sei als seine Nachbarn, ist bei näherer Betrachtung ein grandioser Denkfehler.

Man kann die Warenströme nun einmal nicht isoliert von den Geldströmen betrachten. Gesamtwirtschaftlich betrachtet, sind die Überschüsse des einen immer zwingend die Defizite des anderen. Auch diesen Satz müsste Kanzlerin Merkel am besten nach Schulschluss hundertmal an die Tafel schreiben. Der Welthandel ist nun einmal ein Nullsummenspiel. Wenn Länder wie Deutschland oder auch China, die international als »Chermany« bekannt sind, immer größere Handelsbilanzüberschüsse anpeilen, so sind diese nur dann realisierbar, wenn andere Länder ihre Handelsbilanzdefizite ausbauen. Diese Steigerung des Ungleichgewichts hat im letzten Jahrzehnt erstaunlich gut funktioniert. Wenn man einmal die Frage der Bezahlung ausklammert, ließe sich dieses Ungleichgewicht auch bis ins Unendliche steigern. Deutschland könnte beispielsweise problemlos die gesamte Welt mit wunderschönen Automobilen made in Germany beglücken. Es ist jedoch offensichtlich, dass dies nur dann möglich wäre, wenn man die Autos verschenkt, und im Welthandel gibt es nun einmal nichts geschenkt.

Wenn ein Land permanent mehr Güter aus- als einführt, muss es über kurz oder lang den Ländern, die diese Güter kaufen, Geld leihen. Diese Form des dysfunktionalen Doppelpasses kann man seit Jahren zwischen den USA und China betrachten. Die USA importieren schier unglaubliche Mengen an chinesischen Produkten und bezahlen diese, gesamtwirtschaftlich gesehen, mit dem Geld, das China den USA leiht. China ist der größte Gläubiger der USA und sitzt auf Währungsreserven in Höhe von mehr als drei Billionen US-Dollar. John Conally, Anfang der 1970er Jahre Finanzminister der US-Regierung unter Präsident Nixon, sagte einst den schlauen Satz: »Der Dollar ist unsere Währung, aber euer Problem«.

Dieser Satz gilt auch heute noch. China sitzt, streng genommen, nur auf einem Haufen grüner Scheine, über deren Wert ausschließlich die US-Notenbank zu befinden hat. Sollten die USA – wovon nicht auszugehen ist – tatsächlich zahlungsunfähig werden, könnte China seine Forderungen abschreiben. Sollten die USA – was wahrscheinlich ist – die Notenpresse anwerfen und den Dollar künstlich abwerten, säße China zwar immer noch auf einem gigantischen Haufen grüner Scheine, deren Wert jedoch schneller schmilzt als ein Eisberg in der Sahara.

An dieser Stelle sei die Frage gestattet, wer hier auf Sand gebaut hat: die USA, die jahrelang die schönen chinesischen Produkte importiert haben, oder die Chinesen, die – wenn es hart auf hart kommt – einsehen müssen, dass sie die schönen Produkte verschenkt haben?

Ähnlich, wenn auch nicht ganz so dramatisch, verhält es sich bei den deutschen Exporten. Die deutschen Unternehmen haben Auslandsforderungen in Höhe von 722 Milliarden Euro, die deutschen Banken sitzen sogar auf Auslandsforderungen in Höhe von fast zwei Billionen Euro.[19] Das heißt, Deutschlands Forderungen gegenüber dem Ausland sind demnach sogar noch größer als die chinesischen Währungsreserven, die von den Pekinger Notenbankern in Anleihen investiert wurden und somit ebenfalls Forderungen darstellen. Deutschland hat gegenüber China jedoch den Vorteil, dass der größte Teil der Auslandsforderungen dank der Gemeinschaftswährung Euro im »eigenen« Währungsbereich liegt und daher nicht »kalt entwertet« werden kann.

Diese ungewöhnliche Verteilung der Forderungen wird uns später noch beschäftigen, wenn es um das Thema Eurokrise geht. Für die Betrachtung der Handelsbilanzen reicht es zunächst festzustellen, dass ein Land mit permanenten Handelsbilanzüberschüssen auch dauerhaft Forderungen gegenüber dem Ausland aufbaut, die im Krisenfall schnell zu Abschreibungsobjekten werden können. So gesehen ist die Exportweltmeisterschaft gleich ein doppelter Pyrrhussieg: Die Arbeitnehmer bezahlen für diese Weltmeisterschaft, indem sie vergleichsweise niedrige Löhne erhalten, während die Unternehmen und Banken immer mehr Forderungen aufbauen, deren Begleichung bei einer Ausweitung des Ungleichgewichts alles andere als sicher ist. Womit soll eine chronisch defizitäre Volkswirtschaft auch ihre Schulden bezahlen?

Gleichgewicht oder Währungskrieg?

Nicht nur in der Naturwissenschaft, sondern auch in der Volkswirtschaft neigen Potentiale und Flüsse dazu, sich in ein Gleichgewicht zu begeben. Gäbe es nicht den Euro und ein wirklich flexibles Wechselkurssystem, in dem sich der Kurs der Währungen strikt an Angebot und Nachfrage orientiert, hätten weder China noch Deutschland je derart große Handelsbilanzüberschüsse anhäufen können. Wenn ein Land wie Deutschland permanent mehr Güter ausführt, als es einführt, würde die Nachfrage nach der deutschen Währung steigen (die Rechnungen müssen schließlich bezahlt werden) und die Währung dadurch aufwerten. Die Währungen chronischer Handelsbilanzdefizitländer würden analog mittel- bis langfristig abgewertet werden. Dies hätte zur Folge, dass in den Defizitländern Importgüter teurer und die eigenen Produkte sowohl auf dem heimischen als auch auf dem internationalen Markt günstiger würden.

Nehmen wir einmal an, es gäbe keinen Euro und die D-Mark müsste gegenüber der Lira um vierzig Prozent aufwerten, was keinesfalls unrealistisch ist. Für den italienischen Arbeiter, der seinen Lohn in Lira ausgezahlt bekommt, wäre dann – grob vereinfacht dargestellt – der VW vierzig Prozent teurer als der italienische Fiat. Für den deutschen Arbeiter, der seinen Lohn in D-Mark ausgezahlt bekommt, wäre analog dazu der Fiat vierzig Prozent preiswerter als der VW. Auf diese Art und Weise würden sowohl der Außenhandelsüberschuss Deutschlands als auch das Außenhandelsdefizit Italiens von ganz allein dahinschmelzen. Diese Entwicklung würde so lange andauern, bis sich ein Gleichgewicht einstellt.

Innerhalb der Eurozone gibt es jedoch keinen Ausgleich der Währungen. Alle Länder verfügen über den Euro, weshalb es zwischen den Euroländern keine Auf- oder Abwertungen geben kann. Auch im Handel mit Ländern in anderen Währungsräumen kommt es aufgrund der Gemeinschaftswährung zu Verzerrungen. Wenn es beispielsweise um den Wechselkurs zwischen dem Euro und dem US-Dollar geht, beziehen sich Angebot und Nachfrage auf den gesamten Euroraum. Die Defizite von Staaten wie Italien oder Griechenland werden auf diese Art und Weise mit den Überschüssen von Staaten wie Deutschland oder den Niederlanden ausgeglichen. Dies hat für die deutsche Exportbranche den riesigen Vorteil, dass der Euro schwächer ist, als es eine Währung nur für den deutschen Wirtschaftsraum sein könnte. Was für deutsche Exporteure ein großer Vorteil ist, stellt sich für italienische Exporteure jedoch als ein Nachteil dar. Für Deutschland bedeutet der Euro eine implizite Abwertung der eigenen Währung, für Italien bedeutet er eine implizite Aufwertung.

Handelt es sich beim Euro um eine politisch gewollte Kunstwährung, bei der echte Auf- und Abwertungen innerhalb der Währungsgemeinschaft verhindert und Wettbewerbsverzerrungen geschaffen werden, ist der chinesische Renminbi gar keine frei konvertierbare Währung. Der Kurs des Renminbi wird vielmehr par ordre du mufti von der chinesischen Zentralbank bestimmt, und es ist politisch gewollt, dass er im Vergleich zu den großen konvertierbaren Währungen chronisch unterbewertet ist. Hätte der Renminbi einen fairen Wechselkurs, würde sich auch China mittel- bis langfristig in ein Gleichgewicht einfügen. Durch die gestiegene Kaufkraft des Renminbi würden chinesische Arbeitnehmer und Unternehmen mehr Importgüter nachfragen. Gleichzeitig müssten die Importeure von chinesischen Gütern die Endkundenpreise in ihrem eigenen Währungsraum anheben, was die Absatzchancen natürlich verringert.

Eine Aufwertung der nationalen Währung lehnt Peking jedoch (noch) ab, man hält sich selbst noch nicht reif genug für diesen Schritt und hat damit wahrscheinlich sogar recht. Das »Chermany-Problem« bleibt, und es ist nur eine Frage der Zeit, bis der Druck der ausgleichenden Kräfte so groß wird, dass die Währungshüter die Schleusen öffnen müssen und der Welthandel zum Equilibrium findet.

Lohnsteigerung als Königsweg aus der strukturellen Krise

Der einfachste und effektivste Weg, diese strukturellen Ungleichgewichte zu vermindern, wäre es, die Löhne entsprechend der Leistungsfähigkeit anzugleichen. Diese Forderung hört man auch von Seiten der deutschen Regierung und ihrer Stichwortgeber aus den Arbeitgeberverbänden. Freilich meint die »Gürtel-enger-schnallen-Fraktion« dies anders, als man zunächst meinen möchte. Die deutschen Meinungsmacher[20] sind davon überzeugt, dass es nur eine Angleichung nach unten geben kann. Defizitländer, so ihre Theorie, müssten flächendeckend ihre Löhne senken, um mittel- bis langfristig wettbewerbsfähig zu werden. Auch hier beherrscht wieder einmal ein krudes Gemisch aus angebotsorientierter Wirtschaftspolitik, schwäbischer Hausfrau und Klippschullogik die Diskussion. Sicher wäre es betriebswirtschaftlich sinnvoll, sich selbst durch Kostensenkungen wieder konkurrenzfähig zu machen. Gesamtwirtschaftlich ist dieser Weg jedoch eine Sackgasse.

Würde beispielsweise der Rest der Eurozone seine Lohnstückkosten mittelfristig um zwanzig Prozent senken, um mit den Deutschen gleichzuziehen, würde auch die Nachfrage in diesen Ländern signifikant sinken. Dies hätte nicht nur dramatische Folgen für die betroffenen Länder, deren Binnenwirtschaft im Vergleich zur deutschen noch immer sehr vital ist, sondern würde auch auf Deutschland zurückschlagen. Zwei Drittel aller deutschen Exporte gehen in die EU. Vor allem die Exporte in die Länder der Eurozone sind in der jüngeren Vergangenheit aufgrund des deutschen Lohndumpings rasant gestiegen. Zwischen 1990 und 1998 nahmen sie um gut drei Prozent pro Jahr zu, im Zeitraum von 1999 bis 2003 verdoppelte sich das Wachstum auf jährlich 6,5 Prozent, und von 2003 bis 2007 schnellte es sogar auf mehr als neun Prozent hoch.[21] Unseren besten Kunden zu empfehlen, die Löhne zu senken und damit die Nachfrage zu drosseln, käme der Empfehlung eines Wirts an seine Stammgäste gleich, doch lieber dem Alkohol zu entsagen.

Wer die deutsche Sparschweinmentalität kennt, sollte sich auch darüber im klaren sein, wie man hierzulande auf sinkende Wettbewerbsvorteile (nichts anderes wären Lohnsenkungen in den anderen Euroländern) reagieren würde: Wir müssen den Gürtel enger schnallen, würde es in den Talk-Shows und Plenarsälen der Republik tönen. Das wäre dann jedoch in der Tat der Weg in eine Abwärtsspirale, die keine Gewinner kennt.

Für alle Beteiligten wäre es daher auch von Vorteil, wenn die Ungleichgewichte nicht durch eine Angleichung nach unten, sondern durch eine Angleichung nach oben gemildert würden. Um dies zu erreichen, müssten die Löhne in Deutschland über einen längeren Zeitraum deutlich stärker steigen als im Rest der Eurozone. Nur wenn Deutschland seine Lohnstückkosten im nächsten Jahrzehnt um zwanzig Prozent mehr als der Rest der Eurozone erhöhen würde, wäre die gegenteilige Entwicklung des letzten Jahrzehnts wieder ausgeglichen. Auf eine solche Reform haben die deutschen Arbeitnehmer sicherlich schon lange gewartet, würden sie doch zu den Gewinnern einer Angleichung nach oben zählen. Auch die Wirtschaft wäre in Form der drei Viertel aller Unternehmen, die nicht direkt oder indirekt vom Export, sondern von der Binnennachfrage abhängen, zweifelsohne der Gewinner einer solchen Anpassung.

Es bestehen jedoch berechtigte Zweifel, dass den Meinungsmachern dieser Republik so viel Vernunft überhaupt vermittelbar ist. Sie trommeln nun bereits seit mehr als einem Jahrzehnt, dass alles Glück der Erde in der Enthaltsamkeit der Arbeitnehmer läge, dass das Gürtel-enger-Schnallen alternativlos sei und die Interessen der Exportwirtschaft das oberste Credo aller menschlichen Bestrebungen bilden. Die katholische Kirche hat 350 Jahre gebraucht, um Galileo Galilei zu rehabilitieren und damit einzugestehen, dass die Erde sich doch um die Sonne dreht. Wie lange werden die neoliberalen Apologeten brauchen, um einzugestehen, dass man durch Lohndumping keinen Wohlstand für alle erreichen kann?

Als die damalige französische Finanzministerin Christine Lagarde im März 2010 in einem Interview mit der *Financial Times* nur zart anmerkte, dass die deutschen Handelsbilanzüberschüsse ein Problem darstellten und es Aufgabe Berlins wäre, diese Überschüsse abzubauen, herrschte Empörung in der deutschen Politszene.[22] Der damalige deutsche Wirtschaftsminister Brüderle schwadronierte etwas von »Neid auf den Klassenbesten«[23] und gehörte damit noch zu den niveauvolleren Kommentatoren. Christine Lagarde ist mit ihrer Kritik beileibe nicht allein. Sogar der deutschlandtreue Eurogruppenchef Jean-Claude Juncker forderte bereits häufiger, dass Deutschland seine Löhne anheben müsse, um die Schieflage innerhalb der Eurozone abzubauen. Auch namhafte Ökonomen, beispielsweise der Chefökonom der Welthandels- und Entwicklungskonferenz der Vereinten Nationen, Heiner Flassbeck, oder der Wirtschaftsweise Peter Bofinger, forderten bereits mehrfach, das deutsche Lohngefüge anzuheben. Sie befinden sich damit in bester Gesellschaft mit den Wirtschaftsnobelpreisträgern Paul Krugman, George Akerlof und Joseph Stiglitz. Jenseits von Rhein und Oder ist diese Position keine Außenseiter-, sondern Mehrheitsmeinung.

Auch wenn Deutschland auf solche berechtigten Forderungen stets nur in einer arroganten Art und Weise antwortet, konnte die deutsche Regierung es nicht verhindern, dass sogar die EU eine Richtlinie verabschiedete, die nicht nur Bilanzdefizitsündern, sondern auch Bilanzüberschusssündern mit empfindlichen Strafen droht, wenn diese nicht dafür sorgen, dass die Handelsbilanzüberschüsse unter sechs Prozent des Bruttoinlandsprodukts sinken. Jedoch konnte Deutschland, das diese Grenze jedes Jahr mit »Bravour« überschreitet, bis jetzt stets erfolgreich verhindern,[24] dass diese Regeln auch umgesetzt werden. Was soll man also machen, wenn sich die Bundesregierung in ihrem Exportwahn sogar über vereinbarte Regeln hinwegsetzt? Eine echte Wende scheint mit dem vorhandenen politischen Personal nicht machbar, ein Umdenken ist leider weit und breit nicht in Sicht.

Mit Vollgas in die Sackgasse

Das deutsche Wirtschaftssystem könnte aufgrund seiner Stärke ein Segen für das Land sein. Leider hat sich hierzulande eine Ideologie breitgemacht, die darauf abzielt, durch Lohndumping internationale Wettbewerbsvorteile zu erzielen. Davon profitieren jedoch nur die oberen Zehntausend, denen die Gewinne aus Dividendenzahlungen und Unternehmensgewinnen zufließen – für die unteren 99 Prozent der Bevölkerung bedeutet dies eine unfreiwillige Rosskur.

Dass die deutsche Wirtschaft sehr leistungsfähig ist, wird niemand bestreiten wollen. Das Problem fängt jedoch bereits mit der Definition des Begriffs Wirtschaft an. Wenn in der Politik oder den Medien von »Wirtschaft« die Rede ist, meint man eigentlich die Großindustrie und den Groß- und Außenhandel. Dabei gehören selbstverständlich auch das Handwerk, der Einzelhandel, lokale Dienstleister, Kultur, Medien und alle Bereiche, die man unter der Kategorie Binnenwirtschaft zusammenfassen kann, zur »Wirtschaft«. Paradoxerweise haben diese Bereiche jedoch keinen nennenswerten Einfluss auf die mediale oder gar politische Agenda.

Deutschland ist vor mehr als einem Jahrzehnt in eine Sackgasse eingebogen, und anstatt den Fehler zu erkennen und den Rückwärtsgang einzulegen, tritt man umso stärker aufs Gas, je näher das Ende der Sackgasse kommt. Dabei verbittet man sich jegliche Kritik am eigenen Kurs. Wäre es nicht so traurig, dann würde dies alles an den Witz vom Autofahrer erinnern, der die Radiowarnung vor einem Geisterfahrer mit den Worten kontert: »Was? Einer? Hunderte!«

Dies alles wäre weniger dramatisch, wenn sich die negativen Auswirkungen der deutschen Wirtschaftspolitik auf die deutsche Bevölkerung beschränkten. Besonders deutsche Kälber wählen bekanntlich ihre Metzger mit Vorliebe selbst. Durch die Verflechtungen des internationalen Handels und der Globalisierung stellt Deutschland jedoch auch eine Gefahr für die Weltkonjunktur dar. Auch wenn man dies hierzulande nur ungern hört: Die Finanzkrise mag in den USA ausgebrochen sein, verantwortlich für die realwirtschaftlichen Entwicklungen, die dazu führten, dass aus einer Fehlbewertung amerikanischer Hypothekenkredite eine Krise der Europäischen Gemeinschaftswährung und eine brandgefährliche Wirtschaftskrise werden konnte, ist jedoch auch und vor allem die ideologische Verbohrtheit der Deutschen.

5 Sozialpolitik: Gerechtigkeit ist mehr als eine Frage der Moral

Die Stärke einer Gesellschaft zeigt sich vor allem im Umgang mit ihren schwächsten Mitgliedern. Wenn man diese Benchmark an die deutsche Gesellschaft anlegt, kann einem nur angst und bange werden. Rund zwölf Millionen Menschen gelten in diesem Land als armutsgefährdet,[1] das heißt, jeder siebte Bürger ist betroffen. Zehn Prozent der Deutschen beziehen Leistungen nach dem Sozialgesetzbuch II, umgangssprachlich auch Hartz IV genannt. Betrachtet man die regionale Verteilung der Armut, erkennt man immer noch eine Ost-West-Grenze: In Ostdeutschland ist der Anteil der Hartz-IV-Empfänger beinahe doppelt so hoch wie in Westdeutschland. Die Armut ist jedoch auch im Westen weitverbreitet – 14,5 Prozent der Westdeutschen gelten als armutsgefährdet.

Während sich die Armut im Osten flächendeckend verfestigt hat und zu einem Dauerphänomen geworden ist, droht im Westen ganzen Regionen der ökonomische Niedergang. So ist der Anteil der von Armut gefährdeten Menschen im Ruhrgebiet zwischen 2006 und 2010 um mehr als zehn Prozent auf 15,4 Prozent gestiegen. Der Paritätische Wohlfahrtsverband hat das Ruhrgebiet folgerichtig zur »Problemzone Nummer eins« erklärt und schließt selbst soziale Unruhen nicht mehr aus. Die *Süddeutsche Zeitung* vom 21.12.2011 zitiert den Hauptgeschäftsführer des Verbandes, Ulrich Schneider, mit den Worten: »Wenn dieser Kessel mit fünf Millionen Menschen einmal zu kochen anfängt, dürfte es schwerfallen, ihn wieder abzukühlen.« Armes reiches Deutschland. Vielerorts gehören die Tafeln mittlerweile zum Stadtbild,

ganze Regionen werden vom wirtschaftlichen Erfolg einfach ab-
geschnitten. Oft wird den Bewohnern dieser Regionen sogar jede
Chance auf gesellschaftliche Teilhabe genommen.

Die Politik kämpft gegen diese Defizite kaum mehr an, sie hat
sich vielmehr mit ihnen abgefunden. Bei der gesamten Diskussion um die Einführung einer Schuldenbremse kam der Begriff
»Armutsbekämpfung« noch nicht einmal vor. Deutschland sorgt
sich um seine notleidenden Banken und ist bereit, ihnen mit Mil-
liardenzuschüssen unter die Arme zu greifen. Für seine Armen
hat das Land nicht einmal mehr warme Worte übrig. Sie werden
schlichtweg ignoriert, totgeschwiegen und ausgeblendet. Wie
tief ist eine Gesellschaft gesunken, die sich in steter Regelmäßigkeit ob ihrer wirtschaftlichen Erfolge selbst auf die Schulter
klopft und die es gleichzeitig duldet, dass in ihrer Mitte Armut
grassiert?

Die Armut in Deutschland ist unmittelbar mit den Hartz-IV-Re-
formen verbunden. Es kann auf die Fragen, ob Hartz IV gerecht
sei und ob ein derart reiches Land wie Deutschland es moralisch
vertreten könne, Teile seiner Bevölkerung vollkommen vom gesellschaftlichen Wohlstand abzuschneiden, nur eine Antwort geben. Man muss schon ein herzloser Sozialdarwinist sein, wenn
man es gerecht findet, dass die Schwächsten der Gesellschaft
keine Solidarität erfahren.

Natürlich ist es eine Schande für unser Land, dass wir überhaupt die Diskussion darüber führen, ob der Staat Millionen seiner Bürger durch Gesetze die gesellschaftliche Teilhabe verwei-
gern darf. Es ist auch eine Schande für die Politik, wenn
exponierte Vertreter der Parteien der Unmoral das Wort reden. Es
wäre jedoch nicht zielführend, sich an einem Mann wie dem ehemaligen FDP-Vorsitzenden Guido Westerwelle abzuarbeiten, der
Hartz-IV-Empfängern »anstrengungslosen Wohlstand« und »spät-
römische Dekadenz« attestierte.[2] Die FDP steht nicht unbedingt
im Verdacht, ihre Politik an Maßstäben wie Moral, Gerechtigkeit
oder gar Solidarität auszurichten. Erstaunlich – und politisch
dumm – ist da eher, dass ein Vertreter der neoliberalen Ideologie

auch einmal offen sagt, was er denkt. Diese Offenheit kam jedoch selbst bei der FDP-Klientel nicht gut an, Westerwelle ist heute das, was man als »dead man walking«[3] bezeichnet, während die Anhängerschaft seiner Partei bis zum Herbst 2011 derart geschrumpft ist, dass Demoskopen angesichts der zu kleinen Menge an FDP-Wählern noch nicht einmal repräsentativ auswerten können, warum die FDP so tief gesunken ist.

Ein wenig anders verhält es sich jedoch mit der SPD, die immer noch vorgibt, die Interessen der »kleinen Leute« zu vertreten. Was soll man aber von einer Partei halten, deren Minister für Arbeit und Soziales 2006 in kleiner Runde während einer Hartz-IV-Debatte kundtat, dass »wer nicht arbeitet, auch nicht essen solle«[4]? Der Aufschrei hielt sich in Grenzen, und der damalige Arbeitsminister Franz Müntefering verwies wahlweise auf die Bibel oder den SPD-Gründer August Bebel als Quelle seines grenzwertigen Zitats. Beide Quellen sind in diesem Kontext übrigens falsch. In der Bibel steht: »Wenn jemand nicht arbeiten will, soll er auch nicht essen«, und August Bebel bezog sich seinerzeit in seinem Klassiker *Die Frau und der Sozialismus*[5] nicht auf die Ärmsten der Gesellschaft, sondern auf die Oberschicht, die »Nichtarbeiter und Faulenzer der bürgerlichen Welt«. Ein ranghoher SPD-Funktionär sollte dies eigentlich wissen. Seine Partei störte sich jedoch nicht an den Äußerungen. Keine zwei Jahre später wurde Franz Müntefering 2008 erneut zum SPD-Vorsitzenden gewählt.

Wann immer es um Hartz IV und den Niedriglohnsektor geht, laufen Kritiker jedoch stets Gefahr, in die »Moralfalle« zu tappen. Wer auf der moralischen Ebene argumentiert, riskiert es, der Gegenseite den Nimbus zuzubilligen, sie sei zwar in moralischen Fragen nicht kompetent, habe dafür aber die besseren Sachargumente. Dies wäre fatal, da die heutigen Politiker sich ohnehin ihrer moralischen Verantwortung nicht stellen und sogar ethische Fragen mit Sachargumenten, die sich streng an ökonomischen Vorgaben orientieren, beantworten. Ausnahmen wie beispielsweise die Diskussion um die Präimplantationsdiagnostik bestätigen nur die Regel und können auch als Feigenblatt interpretiert werden, um stets ein Ass im Ärmel zu haben und unangenehme Vorwürfe kontern zu können. Selbst wenn man die Moral für einen Moment beiseite lässt, gibt es jedoch auch zahlreiche Sachargumente zur volkswirtschaftlichen Weichenstellung, die mit der Frage gerechter Löhne und der Bezüge von Erwerbslosen verbunden sind.

Eine Frage des Abstands

In der öffentlichen Diskussion werden die vergleichsweise niedrigen Hartz-IV-Regelsätze gern mit einem moralischen Totschlagargument verteidigt: »Wer arbeitet, soll mehr haben als der, der nicht arbeitet.« Diese Argumentation ist geschickt, denn wer will schon diesem Satz widersprechen? Aus freien Stücken stehen schließlich nur wenige frühmorgens auf, um die Hälfte des Tages mit einer Tätigkeit zu verbringen, die nur selten etwas mit Erfüllung der Lebensträume zu tun hat. Für die Nachteile, die eine Erwerbstätigkeit oft mit sich bringt, will man schließlich auch finanziell entschädigt werden, dies ist eine der Grundlagen der modernen, arbeitsteiligen Gesellschaft.

Im Amtsdeutsch wird die Vorgabe, nach der Sozialleistungen sich in ihrer Höhe unterhalb der auf dem Arbeitsmarkt erzielbaren Einkommen zu bewegen haben, als »Lohnabstandsgebot« bezeichnet. So legt das Sozialgesetzbuch fest, dass die Hartz-IV-Regelsätze deutlich unter dem Einkommen eines Beschäftigten in der »unteren Lohn- und Gehaltsgruppe« liegen müssen.[6] Abseits moralischer Fragen wäre dies rein formal jedoch nur dann sinnvoll, wenn keine Wechselbeziehung zwischen den Regelsätzen und dem Niedriglohnsektor bestünde. Es lässt sich allerdings nicht abstreiten, dass das exakte Gegenteil der Fall ist. Die Hartz-IV-Gesetze wurden schließlich nicht umgesetzt, um die Staatsausgaben zu schonen oder eine Bevölkerungsgruppe zu ärgern, sondern um einen Niedriglohnsektor zu etablieren (siehe Gerhard-Schröder-Zitat Seite 114).

Der Arbeitsmarkt ist kein Markt, auf den sich die volkswirt-schaftlichen Regeln eines vollkommenen Marktes anwenden ließen, bei dem alle Teilnehmer ausschließlich rational im Sinne der Nutzenmaximierung agieren. Wäre der Arbeitsmarkt ein solch vollkommener Markt, würde sich der Lohnabstand von selbst bilden: Eine Friseurin würde ihren Job mit 4,50 Euro Stundenlohn hinschmeißen und Hartz IV beziehen, während es wohl fast keinen Erwerbslosen gäbe, der einen Job im Niedrig-lohnsektor annehmen würde, der ihm trotz harter Arbeit kaum mehr Geld einbringt, als wenn er nicht arbeiten würde. Um Arbeitskräfte zu bekommen, müssten die Arbeitgeber im Niedrig-lohnsektor ihre Angebote verbessern. Erst wenn die Stunden-sätze ein Niveau erreicht hätten, bei dem die Arbeitnehmer streng rational im Sinne ihrer Nutzenmaximierung mehr Vor- als Nachteile sehen, würden die Arbeitgeber Personal bekom-men. Dadurch würden freilich die Löhne im unteren Einkom-menssektor steigen – und mit ihnen auch die Löhne in den höheren Einkommenssektoren.

Dies ist freilich politisch nicht gewollt. Auch hätte eine solche Anpassung nach oben Folgen auf das Lohnabstandsgebot, da die steigenden Löhne ihrerseits auch die Regelsätze nach den Vorga-ben des Sozialgesetzbuchs mit nach oben ziehen würden. Dies wäre der Beginn einer Aufwertungsspirale, die weder politisch noch ökonomisch gewünscht ist.

In der Realität haben wir es jedoch nicht mit einer Aufwer-tungs-, sondern mit einer Abwertungsspirale zu tun. Durch die Einführung von Hartz IV sind zunächst die Löhne im unteren Ein-kommenssektor gesunken und haben dann das gesamte Lohngefüge mit nach unten gezogen. Erst das Bundesverfassungsgericht stoppte im Februar 2010 diese Spirale[7] und setzte damit das Lohnabstandsgebot de facto außer Kraft, was auch sehr vernünf-tig ist, da es ohne eine – unmögliche – Beseitigung der Wechsel-wirkungen zwischen Regelsätzen und Niedriglöhnen zu einer Verschiebung des Lohngefüges in die eine oder andere Richtung kommt.

Niedriglöhne auf dem Vormarsch

Der Anteil der für Niedriglöhne arbeitenden Vollzeitbeschäftigten* betrug in
West- und Ostdeutschland

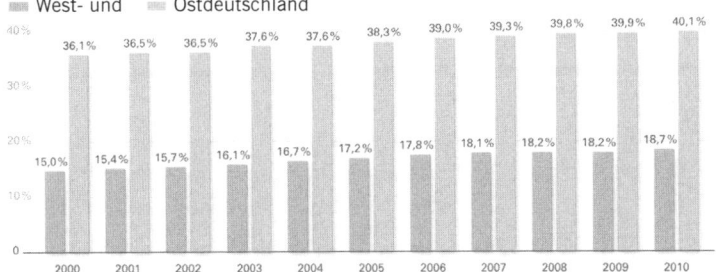

* Ohne Auszubildende – Niedriglohnschwelle: zwei Drittel des gesamten Median-Stundenlohns

Quelle: Bundesagentur für Arbeit, Hans-Böckler-Stiftung 2011

Warum verhält sich die Lohnentwicklung in der Praxis aber genau umgekehrt, als es in der Theorie der vollkommenen Märkte eigentlich vorgesehen ist? Schuld an diesem Umkehreffekt sind die Sanktionierungsmaßnahmen für Hartz-IV-Empfänger, die durch § 31 des zweiten Sozialgesetzbuchs ermöglicht werden.

Wenn ein Erwerbsloser wiederholt Jobangebote ablehnt, deren Bezahlung zu schlecht ist, muss er mit Sanktionen durch das Amt rechnen. Im Extremfall geht dies bis zur kompletten Streichung sämtlicher Zahlungen. Diese Sanktionen sind beileibe keine Ausnahme. Im August 2011 mussten rund 140 000 Mitbürger unterhalb des Existenzminimums leben,[8] obwohl sie den Staat um Hilfe gebeten hatten. »Fördern und fordern«, so lautet der Slogan der Hartz-IV-Gesetzgebung. Die bittere Realität zeigt jedoch, dass die Ämter eher nach der Devise »fordern und sanktionieren« verfahren. Wer nicht spurt, wird bestraft – und koste es die Menschenwürde. Wer ein Opfer der Sanktionen wird, muss damit rechnen, seinen Lebensunterhalt in der mit Sanktionen belegten Zeitspanne nicht mehr aufbringen zu können. Er kann keine Rechnungen bezahlen, keine Lebensmittel einkaufen. Im Extremfall droht ihm Obdachlosigkeit, da auch die Unterkunftskosten einbehalten werden. Krankenversichert ist er dann auch nicht mehr, im Falle eines Unfalls droht so die Überschuldung. Auf den Arbeitsmarkt haben die Sanktionen gleich eine doppelt verzerrende Wirkung. Einerseits sind Hartz-IV-Empfänger gezwungen, beinahe jedes Jobangebot, egal wie gut oder schlecht es bezahlt ist, anzunehmen. Von einer Nutzenmaximierung kann da gar keine Rede mehr sein. Im Niedriglohnsektor wird der Lohn nicht durch Angebot und Nachfrage bestimmt, sondern durch einseitigen Druck auf die Erwerbslosen. Die Ämter machen ihnen sprichwörtlich Angebote, die sie nicht ablehnen können. Diese Zwangslage lädt die Arbeitgeberseite gleichzeitig dazu ein, die Löhne für solche Jobs immer weiter abzusenken.

Nach marktwirtschaftlichen Regeln müsste eine Friseurin, die nur 4,50 Euro die Stunde bekommt, ihren Arbeitsplatz kündigen, da der erzielte Preis für ihr Arbeitsangebot nicht ihren Vorstellungen entspricht. Nach marktwirtschaftlichen Regeln müsste der Arbeitgeber dann sein Angebot nachbessern, da er für 4,50 Euro keinen Anbieter findet, der ihm die »Ware« Arbeitskraft verkauft. Bei einem Preis von neun Euro würde man sich dann vielleicht einig werden – so funktioniert der Markt. Niemand käme auf die Idee, dem Friseurmeister Vorhaltungen zu machen, wenn er das freie Angebot eines Kunden, für einen Haarschnitt 4,50 Euro zu zahlen, ablehnt. Die angestellte Friseurin muss jedoch der Arbeitsagentur erklären, warum sie einen Job für 4,50 Euro nicht annimmt. Gelingt es ihr nicht, einen triftigen Grund anzuführen, der nichts mit dem niedrigen Lohn zu tun hat, wird sanktioniert.

Das ist kein Markt, hier werden die Regeln des Marktes vielmehr auf den Kopf gestellt. Da die Politik sich standhaft weigert, einen branchenübergreifenden Mindestlohn zu beschließen, sind der Ausbeutung somit Tür und Tor geöffnet. Das einzige Hindernis für extreme Hungerlöhne stellt die sogenannte Sittenwidrigkeit dar. Ein Lohn gilt dann als sittenwidrig, wenn er ein Drittel unter einem branchennahen Tariflohn liegt. Dies ist jedoch keine wirksame Barriere gegen Niedriglöhne, da sich die Tariflöhne oft selbst im Niedriglohnbereich befinden. In Sachsen verstieße beispielsweise im Friseurhandwerk ein Stundenlohn von 2,04 Euro nicht gegen die guten Sitten, da es dort einen Tarifvertrag gibt, der in der niedrigsten Stufe Stundenlöhne von 3,06 Euro vorsieht.[9] Die Sanktionierungspraxis führt so dazu, dass Arbeitnehmer in einer vorübergehenden Erwerbslosigkeit keine Handlungsoption sehen können. Wenn die Friseurin ihren 4,50-Euro-Job kündigt, ohne ein besser bezahltes Angebot vorliegen zu haben, muss sie fürchten, mit Sanktionen belegt zu werden und im Extremfall für 2,04 Euro arbeiten zu müssen. Diese Fälle sind beileibe keine Ausnahme. Nach Angaben der gewerkschaftsnahen Hans-Böckler-Stiftung gibt es in Deutschland 1,2 Millionen abhängig Beschäftigte, die für weniger als fünf Euro pro Stunde arbeiten.[10] Insgesamt arbeiten mehr als fünf Millionen Menschen für unter acht Euro die Stunde, und täglich werden es mehr. Dieses Schicksal betrifft dabei keinesfalls nur ungelernte Hilfsarbeiter – siebzig Prozent der Beschäftigten im Niedriglohnsektor haben eine abgeschlossene Berufsausbildung, sieben Prozent sogar einen Hochschulabschluss.[11] Nach Berechnung des Instituts für Arbeit und Qualifikation (IAQ)[12] ist der Niedriglohnsektor im letzten Jahrzehnt um mehr als fünfzig Prozent gewachsen und umfasste im Sommer 2011 nach Zahlen des DGB bereits mehr als 6,5 Millionen Arbeitnehmer.[13] Damit ist fast jeder vierte Arbeitnehmer in Deutschland im Niedriglohnsektor beschäftigt. Im Europäischen Vergleich nimmt Deutschland damit die traurige Spitzenposition ein. Auch wenn dies kein Politiker so sagen wird, war dies exakt das Ziel der Agendapolitik, die von SPD und Grünen angedacht und umgesetzt und von Union und FDP bejubelt wurde. Operation geglückt, Patient tot.

Aufstocker – willkommen im Putzfrauenparadies

Hinter der Idee des Niedriglohnsektors stehen zwei neoliberale Vorstellungen, die der Öffentlichkeit nur sehr schwer zu vermitteln sind. Erstens folgt die Politik mit der Etablierung eines Niedriglohnsektors dem Interesse der mächtigen Arbeitgeberverbände, die ein ökonomisches Interesse daran haben, ihre Lohnkosten zu drücken, um im internationalen Wettbewerb Vorteile zu erlangen und natürlich ihren Gewinn zu steigern. Zweitens hat die Politik ein Interesse daran, die offiziellen Arbeitslosenzahlen zu senken. Das ist durch einen neu geschaffenen Niedriglohnsektor möglich. Ob dies jedoch ökonomisch auch sinnvoll ist, steht auf einem ganz anderen Blatt. Die Moralfrage kann sich jeder Leser ziemlich einfach selbst beantworten. Um dies zu verdeutlichen, reicht ein kleines Gedankenspiel. Was wäre, wenn der Staat es zulassen würde, dass auch Privathaushalte Raumpflegerinnen in flexibler Teilzeit und zu einem Stundenlohn von einem Euro einstellen dürften – selbstverständlich ohne dafür mit Sozialabgaben, Kündigungsschutz oder Ähnlichem belästigt zu werden. Verrückt, nicht wahr? Wer würde einen solchen Job annehmen?

Was wäre nun, wenn die Privathaushalte ihre Stellengesuche bei den Arbeitsagenturen platzieren dürften und jede Leistungsbezieherin, die ein solches Angebot ablehnt, sanktioniert wird? Da die Erwerbslosen bei der momentanen Gesetzeslage gar keine Möglichkeit hätten, diese Angebote auszuschlagen, könnte die Kanzlerin schon wenige Tage später einen wundersamen Rückgang der Arbeitslosenzahlen vermelden – die Nachfrage nach Eineuroputzfrauen dürfte nicht eben gering sein. Wie würden Sie ein solches – noch hypothetisches – Arbeitsbeschaffungsprogramm nennen? Staatlich geförderte Zwangsarbeit? Sie liegen da gar nicht mal so falsch. Denn genau dieses Arbeitsbeschaffungsprogramm gibt es bereits in abgeschwächter Form.

Im April 2011 zählte die Arbeitsagentur fast 1,4 Millionen erwerbstätige Arbeitslosengeld-II-Empfänger – 326 000 davon in einem sozialversicherungspflichtigen Vollzeitjob.[14] Jeder dieser Aufstocker verdient in seinem Job so wenig Geld, dass er unter dem Existenzminimum liegt. Das ist nicht nur gegenüber dem Aufstocker unfair, sondern auch gegenüber der Konkurrenz seines Arbeitgebers. Eigentlich stellt das Existenzminimum auch für Arbeitgeber einen indirekten Mindestlohn dar. Wer seine Mitarbeiter so schlecht bezahlt, dass diese sich nicht einmal die elementarsten Dinge des Lebens leisten können, muss damit rechnen, dass sie ihm bald wegsterben – das mag hart klingen, war jedoch zu Zeiten des Manchesterkapitalismus in der Tat ein Umstand, der für Arbeitgeber von Bedeutung war. Heute müsste ein Arbeitgeber seinen Mitarbeitern also ungefähr acht Euro pro Stunde zahlen, um seinen Mitarbeiterstamm stabil zu halten. Dank der Hartz-IV-Gesetzgebung gibt es diese Grenze jedoch nicht mehr. Ein Unternehmer kann seine Arbeitskräfte auch wesentlich schlechter bezahlen, die Differenz zum Existenzminimum übernimmt der Staat und setzt damit genau die falschen Anreize. Wenn ein Friseurmeister seine Mitarbeiter ordentlich, also mit acht Euro pro Stunde entlohnt, hat er Wettbewerbsnachteile gegenüber seinem Konkurrenten, der seinen Mitarbeitern nur 4,50 Euro pro Stunde zahlt und sie dann als Aufstocker zum Amt schickt. Langfristig könnte der Friseurmeister, der ordentliche Löhne zahlt, so dazu gezwungen werden, ebenfalls die Lohnkosten zu senken. Hier liegt ein staatlich subventionierter Wettbewerb vor, der nicht nur auf dem Rücken der direkt betroffenen Arbeitnehmer, sondern auch auf dem Rücken der Steuerzahler ausgetragen wird. Schließlich werden die Aufstocker aus Steuergeldern bezahlt.

Löhne unter dem Existenzminimum werden jedoch nicht nur in der Privatwirtschaft gezahlt. Der Staat ist vielmehr selbst der größte Hungerlohnzahler. Wie im Februar 2010 eine Anfrage der Linksfraktion im Bundestag ergab, waren zu diesem Zeitpunkt 75 057 sozialversicherungspflichtige Aufstocker in Vollzeit im Tarifbereich des öffentlichen Dienstes tätig – fast jeder fünfte der vollzeitarbeitenden Aufstocker.[15] Dies ist jedoch nur die offizielle Zahl. Die Dunkelziffer der Niedriglöhner im Dienste des Staates dürfte weitaus höher liegen, da nicht jeder Niedriglöhner Anspruch auf Hartz-IV-Leistungen hat. Wer beispielsweise in einer sogenannten Bedarfsgemeinschaft lebt, bei der der Partner normal verdient, geht auch bei den Aufstockern leer aus. Betroffen ist vor allem Personal in kommunalen Krankenhäusern, die Gesundheitsassistenten und technische Mitarbeiter oft sehr schlecht bezahlen. Auch Universitäten beschäftigen sowohl technisches als auch wissenschaftliches Personal häufig im Niedriglohnsektor. Um Tarifverträge zu unterlaufen, nutzen die öffentlich-rechtlichen Arbeitgeber dabei oft das Konstrukt einer Beschäftigungsgesellschaft, die diese Mitarbeiter dann an den Betreiber verleiht. Leiharbeiter fielen bis vor kurzem nicht unter die Flächentarifverträge. Den traurigen Rekord stellte dabei im Winter 2009 die Stadt Gera auf, die zwei Erwerbslose über eine Leiharbeitsfirma mit dem Winterdienst betraute und ihnen nach Berechnungen der Gewerkschaft ver.di einen Stundenlohn von 47 Cent zahlte.[16] Da klingt der Satz »Arbeit muss sich wieder lohnen« wie ein Hohn.

Krisenbewältigung nach Art der drei Affen

Kritik an der deutschen Niedriglohnpolitik kommt nicht nur von Wohlfahrtsverbänden, Kirchen und Gewerkschaften, sondern auch von inter- und supranationalen Organisationen. In steter Regelmäßigkeit stellt beispielsweise die OECD, die nun sicherlich nicht im Ruf steht, ein Sprachrohr linker Politik zu sein, der deutschen Sozialpolitik vernichtend schlechte Noten aus. So kam die im Dezember 2011 vorgestellte OECD-Studie »Divided We Stand – Why Inequity Keeps Rising«[17] zu dem wenig schmeichelhaften Ergebnis, dass in den letzten zwanzig Jahren in keinem Industrieland die Einkommensungleichheit so stark gestiegen ist wie in Deutschland.

Die obersten zehn Prozent der Bevölkerung verdienen demnach heute etwa achtmal so viel wie die untersten zehn Prozent. Noch in den neunziger Jahren lag das – damals schon besorgniserregend hohe – Verhältnis zwischen reich und arm bei sechs zu eins. Damit hat sich Deutschland bereits weit von Ländern abgesetzt, die nach OECD-Standards bezüglich des Einkommens als gerecht gelten. Dazu zählen neben den skandinavischen Ländern auch Belgien, Österreich, Tschechien, die Slowakei und Slowenien.

Noch beunruhigender als die nackten Zahlen ist jedoch ihre Interpretation durch die OECD. Demnach hat die Einkommensungleichheit sowohl in Zeiten der Rezession wie auch in Zeiten des Wirtschaftswachstums zugenommen, und auch die Beschäftigungszahlen haben keinen nennenswerten Effekt auf diesen Trend – die Einkommensungleichheit stieg in Deutschland trotz einer Zunahme der Beschäftigung. Dafür macht die OECD nicht nur den Trend zu kürzeren Arbeitszeiten, sondern auch ganz direkt die »Reformen und institutionellen Änderungen« durch die Politik verantwortlich. Doch die schaut weg und ignoriert die Probleme. Man fühlt sich an eine Fußgängerzone erinnert, in der die Passanten Bettler noch nicht einmal mitleidig oder auch wütend anschauen, sondern durch sie durchschauen, geradeso als seien sie Luft.

Die soziale Schieflage in Deutschland ist nicht neu, auch wenn der zunehmende negative Trend besorgniserregend ist. Angesichts der moralischen und ökonomischen Probleme, die eng mit der Armut verbunden sind, ist es jedoch erschreckend, wie gering der Stellenwert ist, der diesem Thema in der öffentlichen Debatte beigemessen wird. Kritiker der gegenwärtigen Sozial- und Wirtschaftspolitik werden nicht ernstgenommen und lieber als »Sozialromantiker« oder gar »Gutmenschen« abgestempelt. Ist man ein Gutmensch, wenn man es für eines der obersten Ziele der Politik hält, Armut abzuschaffen und dafür zu sorgen, dass alle Bürger zumindest annähernd gleiche Chancen haben, ihren Lebenstraum trotz unterschiedlicher Startbedingungen zu verwirklichen? Wenn dem so ist, dann kann der Begriff Gutmensch kein Schimpfwort sein. Sind umgekehrt die Politiker, die die gegenwärtige Sozial- und Wirtschaftspolitik verteidigen, dann »Bösmenschen«?

Deutschland verarmt, und die Politik stiehlt sich aus ihrer Verantwortung. Nichts hören, nichts sehen, nichts sagen, so die Devise. Menschen sind in diesem Land nicht systemrelevant. Dies ist – nicht nur angesichts des Reichtums der Gesellschaft – beschämend. Dem Paritätischen Wohlfahrtsverband zufolge wären

Investitionen in Höhe von zwanzig Milliarden Euro pro Jahr notwendig, um den Sozialstaat zu erhalten – und hier geht es noch nicht einmal um die Beseitigung der Armut, sondern »lediglich« darum, den Trend zur immer weiter um sich greifenden Verarmung zu stoppen. Doch solche Forderungen stoßen in der Berliner Republik auf taube Ohren. Würde nicht der Paritätische Wohlfahrtsverband, sondern der Bankenverband an die Tür klopfen, wären die Gelder in Windeseile – und am Parlament vorbei – bewilligt. Diese Ignoranz ist nicht nur unmoralisch, sie ist auch volkswirtschaftlich dumm. Will man die Binnennachfrage stärken, ist die Sozialpolitik das bestmögliche Instrument. In den untersten Einkommensschichten beträgt die Konsumquote fast hundert Prozent – was auch kein Wunder ist, da die Ärmsten der Gesellschaft ganz andere Probleme haben, als eine möglichst renditestarke Anlagemöglichkeit für ihr nicht benötigtes Geld zu suchen. Würde man beispielsweise die Hartz-IV-Regelsätze erhöhen, würde ein Großteil des zusätzlich zur Verfügung gestellten Geldes für Konsumausgaben verwendet, was wiederum in der Folgeperiode zu höheren Steuereinnahmen führen würde. Investitionen in den Sozialstaat sind immer auch Investitionen in die heimische Wirtschaft. Anstatt diesen Zusammenhang einmal klar herauszustellen, erwecken Politik und Medien jedoch den Eindruck, Sozialausgaben seien verbranntes Geld.

Die Beschäftigung mit den Themen Armut und Soziales gilt in der öffentlichen Debatte vielerorts als Luxus, als Betätigungsfeld für sozial engagierte Träumer. Während der Gatte sich im Geschäftsalltag um die wirklich wichtigen Dinge im Leben, nämlich das Geldverdienen kümmert, darf seine Ehefrau Spendendiners veranstalten und sich für die Tafeln engagieren. Armutsbekämpfung und Armutsverhinderung sind jedoch Dinge, die nicht in die private, sondern in die staatliche Hand gehören. Den Schwachen der Gesellschaft steht mehr zu als die Brotkrumen vom Tisch der Reichen. Es ist begrüßenswert, wenn Besserverdiener und Reiche freiwillig Geld in soziale Projekte stecken. Noch begrüßenswerter wäre es jedoch, wenn sie dem Staat über das Steuersystem das

Geld zukommen ließen, das er dann selbst in die Sozial-, Arbeitsmarkt- und Bildungspolitik investiert. Es gibt nichts, was unserem Streben nach Glückseligkeit so sehr im Wege steht wie die soziale Ungleichheit. Eine Gesellschaft, die sich das Allgemeinwohl auf die Fahnen geschrieben hat, muss dafür sorgen, dass jedes ihrer Mitglieder am gemeinsamen Wohlstand partizipieren kann. Wenn jeder siebte Bürger von Armut bedroht ist, hat nicht nur die Politik, sondern auch die Gesellschaft versagt.

6 Steuersystem: Umverteilung einmal andersrum

In einer Marktwirtschaft ist es unumgänglich, dass es Einkommensunterschiede gibt. Angebot und Nachfrage bestimmen nicht nur den Preis von Waren, sondern auch den Preis von Arbeit. Ein guter Schauspieler füllt die Kinosäle, ein guter Fußballer lässt den Trikotverkauf seines Vereins in die Höhe schnellen, ein guter Programmierer verkauft seine Software für gutes Geld, und ein guter Sänger lockt viele Fans in seine Konzerte – es ist vollkommen legitim, dass diese Personen auch hohe Einkommen erzielen. Sie haben es sich sprichwörtlich verdient. Es ist auch vollkommen verständlich, dass ein Automobilkonzern einem talentierten Chefingenieur, dessen Arbeit einen großen Einfluss auf die Verkaufszahlen hat, mehr Geld bezahlen muss als einem Hilfsarbeiter. Bietet sie dem Chefingenieur kein gutes Gehalt, geht dieser zur Konkurrenz. Der Hilfsarbeiter ist hingegen austauschbar.

Es gibt nur wenige Themen, die das Land derart beschäftigen wie die Frage eines gerechten Lohns. Es gibt jedoch auch nur wenige Themen, die derart verbissen und an der eigentlichen Problemstellung vorbei geführt werden. Gern wird hier die Wertschöpfung als Maßstab aller Dinge herangezogen. Es ist jedoch problematisch, wenn man die vergleichsweise hohen Löhne der Facharbeiter in der Automobilbranche nun mit der hohen Wertschöpfung ihrer Unternehmen erklärt. Welche Wertschöpfung liegt beispielsweise in der Altenpflege, der Kinderbetreuung oder der häuslichen Arbeit? Ist es gerecht, dass eine qualifizierte Krankenschwester wesentlich weniger Einkommen bezieht als ein ebenso qualifizierter Facharbeiter?

Vollends in die Sackgasse gerät man, wenn man fragt, inwieweit die Spitzengehälter im oberen Management großer Konzerne gerecht sind. Natürlich ist es ungerecht, wenn ein DAX-Vorstand mehr als dreihundertmal so viel verdient wie seine Mitarbeiter. Es ist auch äußerst ungerecht, dass der bestverdienende Hedge-Fonds-Manager in den USA in einem Jahr so viel verdient wie alle Lehrer des Staates New York zusammen.[1] Man kann es einem Unternehmen jedoch nicht verbieten, einigen seiner Mitarbeiter exorbitant hohe Gehälter zu zahlen. Darf ein Josef Ackermann zwölf Millionen Euro im Jahr verdienen? Ja, warum denn auch nicht? Während das untere Ende der Lohnspirale aus gutem Grund gesetzlich reglementiert werden muss, ist das obere Ende eine Frage des Verhandlungsgeschicks. Wenn die Aktionäre, also die Besitzer eines Unternehmens, der Meinung sind, Josef Ackermanns Dienste seien zwölf Millionen wert, so ist es ihr gutes Recht, dieses Geld zu zahlen. Genauso wie es das gute Recht des FC Bayern München ist, rund 20 000 Euro pro Tag für den jungen Ballathleten Bastian Schweinsteiger auszugeben.[2] Hohe Gehälter sind kein Problem einer mangelnden Gerechtigkeit, sondern das Problem eines dysfunktionalen Steuersystems. Für Gerechtigkeit ist nicht der Markt, sondern der Staat verantwortlich. Ihm steht mit dem Steuer- und Transfersystem ein mächtiges Schwert zur Verfügung, um Gerechtigkeit ins Lohnsystem zu bringen.

Gäbe es in Deutschland einen Spitzensteuersatz in Höhe von achtzig Prozent für Einkommen über eine Million Euro pro Jahr, könnten sich nicht nur Ackermann und Schweinsteiger, sondern wir alle uns über diese Topgehälter freuen. Solch hohe Steuersätze gab es in Deutschland jedoch noch nie. Andere Länder justierten in der Vergangenheit gern die Stellschrauben des Steuersystems, um Einkommensunterschiede auszugleichen. Neben den skandinavischen Ländern zählen auch die USA dazu, was hierzulande kaum bekannt ist. Dort lagen die Spitzensteuersätze (Marginal Income Tax) zwischen 1936 und 1981 durchgängig über siebzig Prozent. Zwischen 1946 und 1964 wurden Einkommen über 200 000 US-Dollar pro Jahr sogar durchgängig mit 91

Prozent besteuert.[3] Rechnet man diese Einkommensgrenze anhand der Preissteigerungen hoch, so würden diese 200 000 US-
Dollar heutigen Einkommen von mehr als einer Million US-Dollar
entsprechen. Es handelte sich also im wahrsten Sinne des Wortes
um eine Reichensteuer. Man kann sicherlich nicht sagen, dass die
Nachkriegsjahrzehnte für die USA eine Zeit des wirtschaftlichen
Niedergangs waren. Im Gegenteil, diese Periode war es, die auch
diesseits des Atlantiks immer wieder mit dem »amerikanischen
Traum« in Verbindung gebracht wird. Dieser Traum ist sehr eng
mit den Spitzensteuersätzen und der politischen Bereitschaft,
Geld von oben nach unten zu verteilen, verbunden. Der Ökonom
Paul Krugman teilt das vergangene Jahrhundert in seinem Buch
The Conscience of a Liberal in vier Perioden ein:

- die Zeit bis 1937 (das goldene Zeitalter), in der in den USA
  große Einkommensunterschiede vorherrschten und die Politik
  kein Interesse daran hatte, dieses Ungleichgewicht zu vermindern
- die Zeit von 1937 bis 1945 (die große Kompression), in der die
  Einkommensschere durch eine rigide Besteuerung von Vermögen und Einkommen und eine soziale Wirtschaftspolitik (New
  Deal) geschlossen wurde
- die Zeit von 1945 bis Ende der 1970er Jahre (das Mittelschicht-
  Amerika), in der es weder extremen Reichtum noch extreme
  Armut gab und in der die Einkommensschere durch eine progressive Steuerpolitik geschlossen blieb
- die Zeit ab dem Ende der 1970er Jahre (das große Auseinan-
  dergehen), in der die Spitzensteuersätze massiv gesenkt wurden und die Einkommensschere sich wieder weit geöffnet hat,
  was dazu führte, dass es erneut mehr Reiche und Arme gibt

Direkte Vergleiche zwischen Deutschland und den USA sind
schon allein aufgrund der unterschiedlichen Wirtschaftssysteme
vor und während des Zweiten Weltkriegs nicht statthaft. Man
kann jedoch deutliche Parallelen für die Nachkriegszeit ziehen.
Auch in Deutschland gab es in der Nachkriegszeit den politischen

Willen, über das Steuersystem Einkommensunterschiede auszugleichen und damit soziale Gerechtigkeit herzustellen. Auch wenn der deutsche Spitzensteuersatz in den Jahren 1958 bis 1999 mit 53 bis 56 Prozent nie so hoch war wie in den USA während der Periode des »Mittelschicht-Amerikas«, so gab es dennoch ein klares Bekenntnis zu einer steuerlichen Umverteilung von oben nach unten. Die Periode des »großen Auseinandergehens« setzte in Deutschland wesentlich später als in den USA (oder auch in Großbritannien) ein.

Erst die rot-grüne Regierung legte die Axt an den Spitzensteuersatz an und senkte ihn zwischen 1999 und 2005 von 53 Prozent auf 42 Prozent. Anstatt von oben nach unten wird heute verstärkt von unten nach oben umverteilt. Während die Besteuerung von Vermögen gestrichen und die Besteuerung von Kapitaleinkünften und Veräußerungsgewinnen durch die Einführung der Abgeltungssteuer gegenüber den 1990er Jahren kurzerhand halbiert wurde, erhöhte die große Koalition 2005 die Mehrwertsteuer um satte drei Prozentpunkte. Den Armen wird's genommen, den Reichen wird's gegeben ... – das Robin-Hood-Prinzip einmal umgekehrt.

Die soziale Marktwirtschaft war stets als Korrektiv für gesellschaftliche Ungleichheiten gedacht. Spätestens seit der rot-grünen Regierungszeit wurde dieses Korrektiv jedoch ohne Not Schritt für Schritt beseitigt. Die Debatte über einen gerechten Lohn ist zwar nicht neu, die Bedeutung dieser Debatte ist jedoch heute wichtiger denn je. Der Umstand, dass unterschiedliche Löhne heute als ungerecht empfunden werden, hat mit dem Niedergang der sozialen Marktwirtschaft und dem Siegeszug des Neoliberalismus zu tun. Hätte einer der heutigen Politiker dem alten Ludwig Erhard gesagt, das oberste volkswirtschaftliche Ziel habe die Entlastung der »Leistungsträger« zu sein, hätte er wohl – vollkommen zu Recht – eine verbale Kasperklatsche bekommen. Die Politik hat – wenn sie es denn nur wollte – alle Möglichkeiten in der Hand, dafür zu sorgen, dass die Einkommen nach Steuern und Transferleistungen wieder gerecht werden. Stark ungleiche Löhne sind weder ein Naturgesetz noch unausweichlich.

Steuersenkungen durch die Hintertür

Schulen kosten Geld, Universitäten kosten Geld, und auch Fortbildungsmaßnahmen für Erwerbslose kosten richtig viel Geld. Will man gleiche Bildungschancen für alle unabhängig von Einkommen oder Herkunft, muss der Staat tief in die Tasche greifen. Wegen der andauernden Finanzknappheit der öffentlichen Haushalte findet dies jedoch nicht statt. Schüler müssen nicht nur wegen des bereits chronischen Lehrermangels, sondern immer öfter auch wegen technischer Mängel an den Schulen zu Hause bleiben. Dächer, durch die es regnet, defekte Heizungen, gravierende Mängel beim Brandschutz – stellenweise erinnern deutsche Schulen nicht an die Bildungsrepublik, die Kanzlerin Merkel im Jahre 2008 ausgerufen hat, sondern an Bilder in Dokumentarfilmen aus Tschetschenien oder Moldawien.

Anders als die – ebenfalls chronisch unterfinanzierten – Universitäten, müssen die öffentlichen Schulen nicht durch den Bund, sondern durch die Kommunen finanziert werden. Hat der Bund noch einen gewissen finanziellen Spielraum, stehen die Kommunen schon seit längerem finanziell an der Wand, müssen sie doch über die Gewerbesteuer einen Teil der großzügigen Steuergeschenke der hohen Politik in Berlin mittragen. Der unfreiwillige Sparkurs hat zu einem riesigen Investitionsstau geführt, der vielerorts bereits durch Mängel an öffentlichen Gebäuden und Straßen sichtbar wird. Das Deutsche Institut für Urbanistik beziffert den kommunalen Investitionsbedarf für die Jahre 2006 bis 2020 mit 704 Milliarden Euro.[4] Woher soll dieses Geld kommen? Anstatt eine dringend notwendige Steuererhöhungsdebatte zu führen, vergeht kaum ein Tag, an dem sich nicht irgendein Politiker Gedanken darüber macht, wie man die Steuern noch weiter senken könnte. Wobei der Begriff »Steuersenkung« seit dem politischen Debakel der Steuersenkungspartei FDP in letzter Zeit lieber gemieden wird – stattdessen spricht man lieber von »Steuervereinfachung«, was aber letzten Endes auf dasselbe hinausläuft.

Verbindet der Bürger die Forderung nach einer Steuersenkung gerade in Krisenzeiten mittlerweile am ehesten mit FDP-Politikern, die bockig wie kleine Kinder schmollen, bis sie ihren Willen bekommen, hat der Ruf nach einer Steuervereinfachung schon einen besseren Klang. Der öffentlichen Meinung zufolge ist das deutsche Steuersystem ganz fürchterlich kompliziert. Fragt sich, womit die Bürger diese Einschätzung begründen – ein normaler Arbeitnehmer sollte eigentlich keine sonderlichen Probleme mit dem Ausfüllen seiner Steuererklärung haben. Es scheint vielmehr so, als habe die Politik über die Jahre hinweg mühsam einen Mythos geschaffen, der nun nicht mehr aus den Köpfen zu kriegen ist.

2003 setzte Edmund Stoiber diesen Mythos in die Welt, als er öffentlich polterte, dass das deutsche Steuersystem derart kompliziert sei, dass mittlerweile sechzig Prozent der aktuellen Steuerliteratur aus Deutschland stammten. Im Bundestagswahlkampf 2009 griff Guido Westerwelle diese Steilvorlage auf und machte aus den »sechzig Prozent« gleich einmal »siebzig bis achtzig Prozent«. So schön diese Anekdote, die mittlerweile in unzähligen Talk-Shows unter das Volk gebracht wurde, auch ist – sie ist schlichtweg falsch. Wissenschaftliche Untersuchungen des Finanzforschers Albert Rädler kamen vielmehr zu dem Ergebnis, dass nur zwischen zehn und fünfzehn Prozent der internationalen Steuerliteratur aus Deutschland kommen.[5] Dies deckt sich mit den Untersuchungen der Beratungsfirma Pricewaterhouse Coopers, die zusammen mit der Weltbank die für Unternehmen relevante Seitenzahl der Steuergesetzgebung in den zwanzig größten Volkswirtschaften untersucht hat.[6] Deutschland liegt bei dieser Untersuchung mit 1 700 Seiten im Mittelfeld – weit hinter den USA mit 5 100 Seiten, Großbritannien mit 8 300 Seiten und Spitzenreiter Indien mit 9 000 Seiten. So dicht kann der deutsche Steuerdschungel also nicht sein.

Bei näherer Betrachtung sind sämtliche bislang veröffentlichten Vorschläge zur Steuervereinfachung schlicht und einfach maskierte Vorschläge zu einer Steuersenkung, von der vor allem die Spitzenverdiener profitieren. Wenn sich beispielsweise ein

Paul Kirchhof vor die Mikrophone stellt und behauptet, sein Drei-stufen-Einkommensteuer-Modell sei sozial und würde vor allem Niedriglohnempfänger entlasten, so ist dies nichts weiter als Hohn für die Betroffenen.[7] Während kinderlose Alleinstehende bei seinem Modell bis zu einem Bruttojahreseinkommen von rund 40 000 Euro sogar stärker belastet werden, werden Spitzen-verdiener ganz massiv entlastet. Wer mehr als 500 000 Euro pro Jahr verdient, spart mit dem Kirchhof-Modell mehr als die Hälfte seiner bisherigen Einkommensteuer. Ein Topverdiener wie Josef Ackermann würde dank des Stufenmodells mehr als zwei Millio-nen Euro pro Jahr sparen. Dies alles hat mit Steuervereinfachung überhaupt nichts zu tun, zumal nicht ersichtlich ist, warum ein Stufentarif für den Steuerzahler einfacher sein soll als ein Pro-gressionstarif.

Besonders im Kreuzfeuer der neoliberalen Kritiker stehen die sogenannten Steuerausnahmebestände und Abzugsmöglichkei-ten. Was von diesen immer wieder als »Subventionen« verun-glimpft wird, sind im Steuerrecht politische Steuerungsmöglich-keiten, die nicht selten sogar Verfassungsrang haben. Die Politik hat sich beispielsweise dazu entschlossen, sowohl Kinder als auch die normale Ehe finanziell zu fördern – nicht nur über Zuschüsse, sondern auch im Einkommensteuerrecht. Der Unterschied zwi-schen Lohnsteuerklasse eins und drei dürfte jedem bekannt sein, doch wer käme auf die Idee, dies als Subvention zu bezeichnen?

Auch die sogenannten Werbungskosten und die Kilometerpau-schale sind Subventionen, die einen politischen Zweck verfolgen. Mit den Werbungskosten sollen dem Steuerpflichtigen Auslagen erstattet werden, die er zum Zweck seiner beruflichen Leistungs-fähigkeit tätigt. Die Kilometerpauschale ist vor allem ein regio-nalpolitisches Instrument, um strukturschwache Regionen am Leben zu halten. Für viele Berufspendler wäre es ansonsten nicht möglich, täglich größere Entfernungen zum Arbeitsplatz zurück-zulegen. Für strukturschwache Regionen wie Frankfurt/Oder mit seinem hohen Pendleranteil nach Berlin wäre ein Wegfall dieser Subvention eine ökonomische Katastrophe. Wer diese Subventionen streichen will, der soll das auch so sagen. Die meisten Steuerpflichtigen sind sich indes überhaupt nicht bewusst, was Subventionen bei der Einkommensteuer eigentlich sind.

Freilich gibt es auch Subventionen, die es Topverdienern ermöglichen, Steuern zu sparen. Dabei geht es jedoch nur sehr selten direkt um die Einkommensteuer, sondern meist um andere Steuern, mit denen das zu versteuernde Einkommen reduziert werden soll. Dies betrifft den Verlustvortrag für Finanz- und Handelsgeschäfte ebenso wie die Tonnagesteuer, die es Topverdienern erlaubt, nahezu steuerfrei in Handelsschiffe zu investieren. Wenn Steuerkritiker wie Friedrich Merz oder Paul Kirchhof von einem Abbau der Subventionen sprechen, meinen sie damit aber nie die Abzugsmöglichkeiten außerhalb des Einkommensteuerrechts, die von Besserverdienern rege genutzt werden, sondern stets die Subventionen, die für den niedrigen Einkommensbezieher und die Strukturpolitik von Bedeutung sind.

Einnahmen und Ausgaben von Bund, Ländern und Gemeinden

in Prozent des Bruttoinlandsprodukts

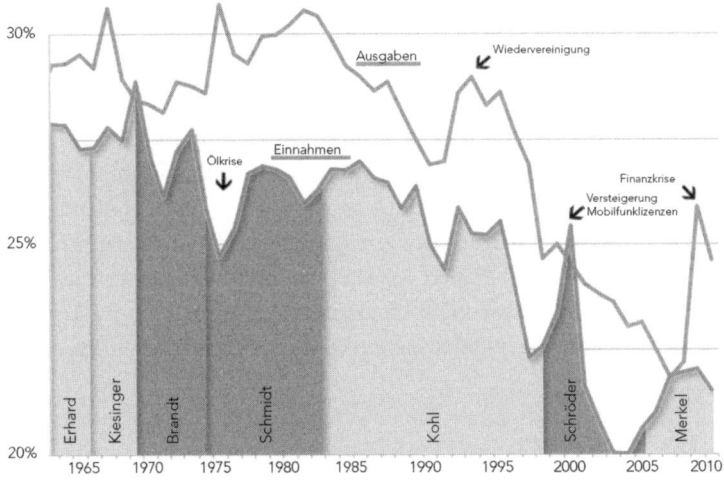

Copyright: NachDenkSeiten 2011 – Quelle: Statistisches Bundesamt

Will die Gesellschaft ihrem Auftrag gerecht werden, die Bürger bei ihrem Streben nach Glückseligkeit zu unterstützen und die sich immer weiter öffnende Einkommens- und Vermögensschere wieder zu schließen, führt an Steuererhöhungen kein Weg vorbei. Betrugen die Steuereinnahmen noch bis Mitte der 1990er Jahre durchweg mehr als 25 Prozent des Bruttoinlandsprodukts, ist dieser Wert bis zum Jahr 2010 auf rund 22 Prozent gefallen. Drei Prozentpunkte mögen sich nach wenig anhören – auf das Jahr 2010 gerechnet, stehen diese drei Prozentpunkte jedoch für 75 Milliarden Euro. Hätten Bund und Länder heute eine vergleichbare Steuerquote wie vor fünfzehn Jahren, wäre keine Neuverschuldung der öffentlichen Haushalte nötig. Alternativ könnte sich der Bund auch weiter verschulden und die zusätzlichen Einnahmen in sinnvolle Bereiche wie die Bildungs- und Sozialpolitik investieren.

Um die bereits weit geöffnete Einkommens- und Vermögensschere wieder zu schließen, also eine Periode einzuleiten, die Paul Krugman für die USA als »große Kompression« bezeichnet hat, wären jedoch auch Steuersätze denkbar, die weit über denen der Kohl-Ära liegen. Dies ist jedoch politisch nicht gewollt. Die Politik hat kein Interesse daran, die Armut (und den Reichtum) zu beseitigen und eine gerechtere Gesellschaft herbeizuführen. Diese Verweigerungshaltung findet nun in der Eurokrise ihren Höhepunkt. Während monothematisch über Schuldenbremsen, also Ausgabenkürzungen, debattiert wird, kommt kein Politiker auch nur auf die Idee, die desolate Haushaltslage nicht durch eine Kürzung der Ausgaben, sondern durch eine Erhöhung der Einnahmen zu sanieren. Die Kosten für das Versagen des Finanzsektors werden lieber den Ärmsten aufgebürdet, anstatt sie den Profiteuren der schwindelerregenden Renditen, die der Finanzsektor auch heute noch ausschüttet, in Rechnung zu stellen.

7 Gesundheitspolitik: Dr. Knock – oder der ökonomische Erfolg im Gesundheitssektor

Im Jahr 2009 wurden in Deutschland 278 Milliarden Euro für Gesundheitsleistungen ausgegeben.[1] Damit rangiert der Gesundheitsbereich noch vor der deutschen Automobilindustrie, die im gleichen Jahr »nur« 263 Milliarden Euro Umsatz (weniger als die Hälfte davon im Inland) erzielen konnte. Der Anteil der Gesundheitsleistungen, der vom gesetzlichen Krankenversicherungssystem finanziert wurde, betrug im gleichen Jahr 160 Milliarden Euro. Jeder Deutsche – vom Säugling bis zum Greis – gibt also direkt oder indirekt durchschnittlich fast 3500 Euro pro Jahr für das Gesundheitssystem aus, wobei rund 2000 Euro pro Kopf und Jahr durch die gesetzliche Krankenversicherung (GKV) finanziert werden.

Angesichts dieser Summen wundert man sich nicht, dass sie Begehrlichkeiten wecken. Der Gesundheitssektor war und ist auch ein Tummelplatz für Geschäftemacher. Pharmakonzerne wollen möglichst viele und teure Medikamente verkaufen, die von Apothekern mit einer möglichst großen Gewinnspanne und ohne lästige Konkurrenz vertrieben werden. Ärzte wollen möglichst viele Patienten zu möglichst hohen Sätzen behandeln, während Heilpraktiker, Schamanen und Scharlatane jeglicher Couleur es ihnen gern gleichtäten. Krankhausbetreiber wollen mit ihren Investitionen eine möglichst hohe Rendite erzielen, während die Hersteller von medizintechnischen Produkten sie dabei gern durch immer neue und raffiniertere Geräte unterstützen. Keiner dieser Akteure kann ein wirtschaftliches Interesse daran haben, wenn die Menschen plötzlich gesund werden.

Wer im Gesundheitssystem einen profitorientierten Sektor sieht, müsste größte Sympathien für Dr. Knock haben, den Protagonisten aus dem 1923 von Jules Romains geschriebenen Theaterstück »Knock ou le triomphe de la médecine« (Knock oder der Triumph der Medizin). Der ambitionierte Dr. Knock übernimmt in diesem Stück eine Landpraxis in der französischen Provinz. Kaum angekommen, stellt er fest, dass sein Vorgänger nicht sonderlich geschäftstüchtig war, weshalb die Dorfbewohner sich eher selten in seine Praxis verirren und daher auch bester Gesundheit erfreuen. Getreu seinem Motto »Gesunde Menschen sind nur Kranke, die von ihrem wahren Zustand nichts wissen«, spannt Knock den Dorfschullehrer und den Drogisten ein, um die Dorfbewohner zu kostenlosen Routineuntersuchungen zu bewegen. Knocks Taktik geht auf: Wenige Wochen später sind die ehemals Gesunden Kranke – Patienten, die Knock einen ansehnlichen Umsatz bescheren.

Der Gesundheitssektor lebt von der Krankheit. Dabei muss es per se gar nicht negativ sein, wenn die Menschen »krank« sind. So paradox es sich anhören mag – wenn man die »Krankmacherkampagnen« der Pharmakonzerne einmal für einen Moment herauslässt, zeigt sich die Qualität eines Gesundheitssystems in erster Linie an der Zahl der Kranken. Kein Land der Welt kann eine so hohe Zahl an chronisch Kranken vorweisen wie Deutschland. Nach Angaben des Bundesverbands Niere e. V. gibt es beispielsweise in Deutschland auf eine Million Einwohner rund 769 Dialysepatienten. In Großbritannien beträgt das Verhältnis hundert pro eine Million Einwohner. Es ist freilich nicht so, dass Deutsche aus welchem Grund auch immer eher nierenkrank werden als die Bewohner des Vereinigten Königreichs. Der Grund für die massiv höhere Zahl an Nierenkranken liegt vielmehr in der Bereitschaft der deutschen Krankenkassen, teure Behandlungsmethoden wie die Dialyse zu bezahlen. Da das britische Gesundheitssystem die Dialysekosten, die bei rund 55 000 Euro pro Jahr und Patient liegen,[2] bei älteren Patienten nur in Ausnahmefällen übernimmt, hat ein älterer nierenkranker Brite schlechte Chancen, mit seiner

Krankheit noch ein hohes Lebensalter zu erreichen. In Deutschland ist die Zahl der Dialysepatienten seit Mitte der 1990er Jahre um mehr als fünfzig Prozent gestiegen, was wiederum eine direkte Folge der höheren Lebenserwartung und der guten medizinischen Versorgung ist.

War die Alzheimer-Krankheit vor wenigen Jahrzehnten nur Fachärzten ein Begriff, gilt sie heute als eine Volkskrankheit. Rund 700 000 Deutsche leiden an Alzheimer, pro Jahr werden rund 120 000 Neuerkrankungen diagnostiziert. Natürlich hat dieser Anstieg nichts mit dem modernen Lebensstil zu tun. Die Wahrscheinlichkeit, an Alzheimer zu erkranken, steigt vielmehr im hohen Alter rapide an. Ist von den unter 65-Jährigen nur jeder fünfzigste von der Krankheit betroffen, leidet bei den 85-Jährigen jeder fünfte an Alzheimer.[3] Die hohe Anzahl der Erkrankten ist demnach vor allem ein Effekt, der der steigenden Lebenserwartung zu verdanken ist. Oder um es zugespitzt zu formulieren: Wer heute dank einer Bypass-Operation, die früher noch nicht möglich war, das Glück hat, älter als 85 Jahre zu werden, läuft Gefahr, Alzheimer zu bekommen – in früheren Zeiten wäre er gar nicht so alt geworden. In Angola, wo die Menschen nur eine durchschnittliche Lebenserwartung von 38,8 Jahren haben,[4] dürfte Alzheimer weitestgehend unbekannt sein.

Für die Medien sind solche Zahlen natürlich ein gefundenes Fressen. Es vergeht kaum eine Woche, in der nicht in einer x-beliebigen deutschen Zeitung über massiv gestiegene Krankheitszahlen berichtet und damit Angst und Schrecken verbreitet wird. Besonders häufig wird hierbei auf das Beispiel Krebs zurückgegriffen. Erkrankten im Jahre 1980 beispielsweise nur 16 800 Männer an einem Prostatakarzinom, waren es 2008 bereits 70 800.[5] Das Prostatakarzinom steht damit bei Männern an der Spitze der Krebsneuerkrankungen und ist die dritthäufigste krebsbedingte Todesursache. Bei Männern unter 45 Jahren ist diese Form des Krebses jedoch nahezu unbekannt – das mittlere Alter der Neuerkrankten beträgt 71 Jahre. Auch wenn die Erkrankung für jeden einzelnen Betroffenen eine Katastrophe ist, sollten wir uns als Gesellschaft vielmehr Sorgen machen, wenn altersbedingte Erkrankungen, statistisch gesehen, auf dem Rückmarsch wären.

Es hat jedoch nicht nur etwas mit der besseren Diagnostik und der höheren Lebenserwartung zu tun, dass Deutschland immer kränker wird. Heute schätzt man, dass jeder fünfte Deutsche chronisch krank ist. Jeder dieser mehr als sechzehn Millionen Menschen ist nicht nur Patient, sondern auch ein Kunde für den Gesundheitssektor, der seit Jahren fieberhaft versucht, neue Märkte zu erschließen, indem er – wie Dr. Knock – aus Gesunden Kranke macht.

So zählen beispielweise Cholesterinsenker zu den umsatzstärksten Medikamenten. Weltweit erreichen sie einen Umsatz von mehr als 30 Milliarden Dollar pro Jahr.[6] Das ist erstaunlich, existiert doch weder ein wissenschaftlicher Beweis für den Nutzen dieser Medikamente noch für den Zusammenhang zwischen dem Cholesterinspiegel und den Herz-Kreislauf-Erkrankungen,[7] für die er verantwortlich sein soll. Dennoch werden millionenfach Cholesterinsenker verschrieben und von den Krankenkassen bezahlt. Nimmt man die Grenzwerte der Deutschen Gesellschaft für Kardiologie ernst, wären neunzig Prozent aller erwachsenen Deutschen krank, da sie an einem zu hohen Cholesterinspiegel leiden. Ein vollkommen gesunder Mann, der nie geraucht und einen normalen Blutdruck hat, würde – statistisch gesehen – ab dem vierzigsten Lebensjahr den Cholesteringrenzwert überschreiten, ab dem eine dauerhafte Medikation empfohlen wird. Er wäre somit – statistisch gesehen – rund vierzig Jahre Dauerkonsument eines Medikaments, das die Kassen bei normaler Dosierung bis zu zwei Euro pro Tag kostet.

Möglich wurde dieser kommerzielle Erfolg vor allem durch das, was die Nichtregierungsorganisation Transparency International als »strukturelle Korruption« bezeichnet: Studien, die einen angeblichen Nutzen der Medikamente suggerieren, werden direkt oder indirekt von den Pharmakonzernen finanziert. Mediziner, die die Grenzwerte festlegen, kassieren Beratungs- und Vortragshonorare von den Pharmakonzernen. Und die Apotheken, die – unterstützt von industrienahen Lobbyverbänden – sich besonders bei der PR-

Arbeit auszeichnen, verdienen selbst fürstlich an den Verschrei-
bungen. [8] Wen mag es da wundern, dass nun auch große Lebens-
mittelmultis wie Nestlé oder Danone auf den fahrenden Zug
aufspringen und dem Cholesterin vermehrt mit überteuerten
»Functional-Food-Produkten« zu Leibe rücken wollen.

Rohrkrepierer Kostenexplosion

94 Prozent aller Deutschen haben im Zusammenhang mit dem Gesundheitssystem schon einmal den Begriff »Kostenexplosion« gehört, rund sechzig Prozent sind sogar der Überzeugung, dass eine
solche »Kostenexplosion« tatsächlich stattfindet. [9] Wer mag ihnen
das verdenken? Wie bereits gezeigt, werden die Menschen durch demographische Faktoren und geschickte PR-Maßnahmen der Pharmaindustrie immer kränker, und in regelmäßigen Abständen erzählen uns Lobbyisten des Versicherungssektors Gruselgeschichten von
ständig steigenden Kosten, die ohne weitgehende Reformen zu einem sicheren Kollaps des Gesundheitssystems führen würden.

Die Unkenrufe von einer bevorstehenden Kostenexplosion haben eine lange Tradition. Schon 1975 griff der *Spiegel* zur Metapher der »tickenden Bombe« und fabulierte von der vermeintlich
bevorstehenden Kostenexplosion. [10] »Witzbolde unter den Hochrechnern«, so der *Spiegel* damals, »hätten sogar schon prophezeit,
dass im Jahr 2000, wenn alles so weiterginge wie bisher, die
Westdeutschen das ganze Jahr hindurch nur noch für den Ge-
sundheitsdienst arbeiten würden«, was ein AOK-Funktionär mit
dem launigen Satz »Dann sind wir alle gesund – und verhungern«
kommentierte. Wie wir heute wissen, sind wir weder gesund
noch verhungert. »Prognosen sind schwierig, besonders wenn sie
die Zukunft betreffen« – so lautet ein beliebtes Bonmot, das wahlweise Mark Twain, Karl Valentin, Niels Bohr oder auch Winston
Churchill zugeschrieben wird. Die Prognosen der *Spiegel*-Exper-
ten lagen meilenweit daneben – heute wie damals machen die
Ausgaben der gesetzlichen Krankenversicherungen rund sechs

Prozent des Bruttoinlandsproduktes aus, während der Gesamt-umsatz des Gesundheitssektors heute wie damals bei rund elf Prozent des Bruttoinlandsprodukts liegt.

Ein beliebter Denkfehler der Prognosepyrotechniker besteht darin, steigende Nominalkosten nicht mit dem Wirtschaftswachs-tum ins Verhältnis zu setzen. So stiegen die Kosten der gesetzli-chen Krankenversicherung beispielsweise von 1992 bis 2008 no-minal um stolze 53 Prozent, während die Gesamtkosten des Gesundheitssystems um 66 Prozent stiegen.[11] Im gleichen Zeit-raum stieg jedoch die wirtschaftliche Leistungsfähigkeit um 61 Prozent. Bei näherer Betrachtung wird so aus der Kostenexplo-sion ein Rohrkrepierer. Die Kosten des Gesundheitswesens stei-gen im gleichen Maße wie die wirtschaftliche Leistungsfähigkeit, was volkswirtschaftlich kein Problem darstellen sollte.

»Witzbolde unter den Hochrechnern« gibt es immer noch. Er-staunlicherweise werden sie jedoch nicht mehr als solche bezeich-net, sondern als »Experten« von einem Talk-Show-Sessel zum nächsten weitergereicht. Ein solcher »Experte« ist Bernd Raffelhü-schen, seines Zeichens Berater und Aufsichtsratsmitglied verschie-dener Versicherungskonzerne, Mietfeder mehrerer arbeitgeber-finanzierter Lobbyorganisationen und Vortragsreisender in Sachen Versicherungs- und Finanzproduktevertrieb. Nebenbei ist er auch noch Direktor des »Forschungszentrums Generationenverträge« an der Universität Freiburg, zu dessen Partnern und Unterstützern na-hezu alle größeren Versicherungskonzerne, Finanzdienstleister und auch die FDP gehören.

Wer die Kapelle bezahlt, bestimmt natürlich auch, was gespielt wird. Insofern ist es nicht sonderlich überraschend, dass Raffel-hüschens Lobbyistenpolka stets an ein Requiem für die gesetzli-chen Sozialsysteme erinnert. Für die Beitragssätze der GKV prog-nostiziert er beispielsweise eine Verdoppelung in der näheren Zukunft.[12] Was mit solchen Unkenrufen bezweckt werden soll, ist offensichtlich: Da Beitragssätze in Höhe von 25 bis dreißig Pro-zent des Bruttoeinkommens nicht umsetzbar sind, müsste der Gesetzgeber in einem solchen Szenario massiv die Leistungen der gesetzlichen Kassen einschränken und hohe Zusatzbeiträge erheben. Dagegen kann sich der Versicherte, so Raffelhüschen – man ahnt was nun kommt –, nur durch private Zusatzversicherungen oder den Wechsel in eine private Krankenkasse absichern.

Was, bei Lichte betrachtet, kaum mehr als die bezahlte Begleitmusik für die Werbekampagnen der Versicherungswirtschaft ist, wird in regelmäßigen Abständen von den Medien als angeblich wissenschaftliche Erkenntnis wiedergekäut. Frei nach George Orwell wird die Lüge dann zur Wahrheit, wenn man sie nur oft genug wiederholt. Wie der jüngste Gesundheitsmonitor der Bertelsmann Stiftung herausfand, kann man den Werbekampagnen der Versicherungswirtschaft im orwellschen Sinne durchaus Erfolg attestieren: Mehr als jeder dritte Deutsche glaubt, dass die Kombination aus technischem Fortschritt und steigender Lebenserwartung zu einer Kostenexplosion des Gesundheitssystems führen wird. Grund genug, sich diesen Mythos einmal vorzunehmen.

Im Jahre 1955 kostete ein Pflegetag im Krankenhaus die Kassen zwölf D-Mark. 1975 kostete ein Bett die Kassen bereits 231 D-Mark pro Tag, was vom *Spiegel* seinerzeit mit dem launigen Satz kommentiert wurde, dies sei dreimal so teuer wie ein Bett im Frankfurter Hilton. Heute kostet ein Pflegetag im Krankenhaus rund 355 Euro und somit ungefähr genauso viel wie eine Übernachtung im Hilton. Keine Frage – die Kosten für einen Pflegetag sind seit den Zeiten Ferdinand Sauerbruchs gestiegen. Wer jedoch einen Pflegetag von 1955 mit einem Pflegetag im Jahre 2012 vergleicht, vergleicht Äpfel mit Birnen. Wer 1955 ins Krankenhaus eingeliefert wurde, verließ es in der Regel entweder gesund oder tot. Es gab noch keine Herzschrittmacher, keine Bypass-Operationen, keine Transplantationschirurgie, keine modernen Antibiotika, keine Intensivmedizin, und wie die wunderbaren Innovationen der modernen Medizin sonst noch heißen mögen. Anstatt von einer Kostenexplosion sollte man in diesem Zusammenhang wohl eher von einer Leistungsexplosion sprechen.

Der technische Fortschritt geht jedoch nicht zwingend mit einer Steigerung der Kosten einher. So war beispielsweise die Entfernung von Krampfadern früher ein schwerer operativer Eingriff, der in der Regel mit einem Krankenhausaufenthalt von zwei bis drei Wochen verbunden war.[13] Heute werden hierfür in der Regel minimalinvasive operative Verfahren angewandt, die ambulant vorgenommen werden können und nicht nur die Patienten, sondern auch das Budget der Kassen schonen. So hat der technische Fortschritt dazu beigetragen, dass die Länge des Krankenhausaufenthalts in den letzten Jahrzehnten generell deutlich gesenkt werden konnte. Verbrachte ein Patient in den goldenen Fünfzigern noch durchschnittlich mehr als dreißig Tage im Krankenhaus, betrug die durchschnittliche Verweildauer im Jahre 1975 nur noch 22 Tage. 1992 waren es nur noch 13,3 Tage,[14] inzwischen sind es sogar nur noch 7,9 Tage.

Den Mehrkosten durch neue Diagnose- und Behandlungsmethoden standen auf der anderen Seite also Einsparungen gegenüber. Darüber hinaus hat dieser technische Fortschritt auch den positiven Nebeneffekt einer höheren Lebenserwartung.

Das böse Spiel mit den »demographischen Zombies«

Sobald der demographische Wandel ins Spiel gebracht wird, schrillen bei den Lobbyisten der Versicherungswirtschaft erfahrungsgemäß die Alarmsirenen. »Wissenschaftler« Bernd Raffelhüschen stellt alte Menschen in seinen Vorträgen vor Banken und Versicherungen gern als »demographische Zombies«[15] dar und malt den baldigen Kollaps der Sozialsysteme in düsteren Farben an seine Flipcharts, um den potentiellen Markt für private Zusatzversicherungen zu visualisieren. Da fragt man sich, was schlimmer ist: die zynische Misanthropie, die solchen Formulierungen zugrundeliegt oder die interessengesteuerte Meinungsmache auf dem Rücken einer ganzen Generation?

Nüchtern betrachtet, gibt es keinen vernünftigen Grund anzunehmen, dass eine steigende Lebenserwartung zwingend mit einer deutlichen Steigerung der Kosten im Gesundheitssystem einhergeht. Um Raffelhüschen und Co. zu widerlegen, reicht bereits ein kurzer Ausflug in die Empirie. Weder der technische Fortschritt noch die damit verbundene gestiegene Lebenserwartung sind neue Phänomene. Betrug die durchschnittliche Lebenserwartung für Männer Anfang des letzten Jahrhunderts noch 45 Jahre (Frauen: 48 Jahre), so stieg sie bis 1932 schon auf sechzig Jahre (Frauen: 63 Jahre), 1960 bereits auf 67 Jahre (Frauen: 72 Jahre), bis 2002 auf 76 Jahre (Frauen: 82 Jahre) und aktuell auf 78 Jahre (Frauen: 83 Jahre). Selbst wenn man die vielleicht allzu optimistische Prognose des Statistischen Bundesamtes zugrundelegt, die von einer weiteren Steigerung in Höhe von sieben bis neun Jahren bis zum Jahr 2050 ausgeht, muss man konzedieren, dass die Wachstumskurve ihren Scheitelpunkt überschritten hat und wir somit bereits den größten Alterungsschub in unseren Sozialsystemen absorbiert haben. So ist beispielsweise der Anteil der über 65-Jährigen in der Bevölkerung von 1960 bis 2005 von 11,5 Prozent auf 19,3 Prozent gestiegen. Von einer »Kostenexplosion« aufgrund dieser demographischen Entwicklung kann jedoch überhaupt keine Rede sein – die Kosten für das Gesundheitssystem sind vielmehr (wie bereits dargelegt) seit vielen Jahren im Verhältnis zur Wirtschaftskraft konstant.

Wer mit dem demographischen Wandel eine kommende »Kostenexplosion« im Gesundheitssystem prognostizieren will, begeht – wie es der Statistikprofessor Gerd Bosbach ausdrückt[16] – einen gravierenden Denkfehler, da er unterstellt, dass sich am altersspezifischen Ausgabenprofil nichts ändert. Es ist freilich ein Fakt, dass die Kosten, die ein Versicherter für eine Krankenkasse verursacht, mit dem Alter steigen. Die Vergangenheit hat jedoch gezeigt, dass sich diese Kurve mit dem technischen Fortschritt positiv verschiebt. Das Max-Planck-Institut für demographische Forschung beschreibt diesen Effekt folgendermaßen: »Der Anstieg der Lebenserwartung geht generell mit einer besseren Gesundheit einher.«[17] Genauso wenig wie man einen Krankenhausaufenthalt aus dem Jahre 1955 mit einem aus dem Jahre 2012 vergleichen kann, kann man einen heutigen Siebzigjährigen mit einem Siebzigjährigen aus den Zeiten des Wirtschaftswunders vergleichen. Es wäre unlogisch anzunehmen, dass dieser Trend sich nicht fortsetzen und ein Siebzigjähriger im Jahr 2050 gesundheitlich fitter sein wird – und damit weniger Kosten verursacht – als ein heutiger Siebzigjähriger.

Die gefühlte Kostenexplosion

Obwohl die Kostenseite des Gesundheitssystems sich trotz technischen Fortschritts und demographischen Wandels volkswirtschaftlich normal entwickelt, hat das System der gesetzlichen Krankenkassen unbestreitbar ein Finanzierungsproblem. Dieses Problem ist jedoch nicht auf der Ausgaben-, sondern auf der Einnahmenseite zu finden. Lag der Beitragssatz der gesetzlichen Krankenkassen im Jahre 1970 im Schnitt bei 8,2 Prozent des Bruttoeinkommens, stieg er bis 1990 auf 12,5 Prozent und liegt aktuell bei historisch hohen 15,5 Prozent. Seit der Aufkündigung der paritätischen Finanzierung durch die rot-grüne Bundesregierung zahlt der Arbeitnehmer seit 2005 zudem 0,9 Prozentpunkte mehr als der Arbeitgeber – aktuell 8,2 Prozent. Die prozentuale Belastung der Arbeitnehmer hat sich also seit 1970 verdoppelt.

Wenn die Menschen sich folglich über ständig steigende Beiträge und Kosten für die Krankenversicherung beschweren, haben sie vollkommen recht. Schuld an dieser Entwicklung sind zwei Faktoren. Zum einen stiegen die Gehälter in Deutschland in den letzten Jahrzehnten in einem weitaus geringeren Maße als das Wirtschaftswachstum (siehe Kapitel 4), zum anderen werden die deutschen Sozialsysteme nicht von allen Bürgern getragen. Beamte, Selbständige, Freiberufler und Richter sind von der Versicherungspflicht in der gesetzlichen Krankenversicherung (GKV) ausgenommen und können sich höchstens freiwillig bei ihr versichern lassen. Das Gleiche gilt für alle normalen Arbeitnehmer, deren Einkommen die sogenannte Versicherungspflichtgrenze übersteigt, die 2012 bei monatlich 4 237,50 Euro brutto liegt.

Neben der Versicherungspflichtgrenze gibt es auch noch die Beitragsbemessungsgrenze, die aktuell bei einem monatlichem Bruttoeinkommen von 3 825 Euro liegt. Jeder gesetzlich Versicherte muss dank dieser Grenze maximal nur den prozentualen Anteil für die GKV entrichten, der bei diesem Einkommen anfällt. Für einen Arbeitnehmer sind dies 313,65 Euro pro Monat.

Um die Probleme, die mit den Bemessungsgrenzen verbunden sind, zu verdeutlichen, lohnt sich ein Blick auf den Mikrokosmos Krankenhaus. Private Krankenhausbetreiber haben ein Interesse daran, ihren Umsatz zu steigern; für die Kassen bedeutet diese Umsatzsteigerung jedoch eine Kostensteigerung. Die bereits genannten Zahlen zeigen, dass die Kosten der Kassen im Schnitt im gleichen Maße wie das Bruttoinlandsprodukt steigen. Seit der Wiedervereinigung ist das Bruttoinlandsprodukt um durchschnittlich rund 3,5 Prozent pro Jahr gewachsen. Wären die Löhne und Gehälter, aus denen das Gesundheitssystem finanziert wird, mindestens im gleichen Maße gestiegen, gäbe es auch kein Einnahmeproblem bei den Kassen. Wie bereits das vierte Kapitel über die Wirtschaftspolitik gezeigt hat, hinkt die deutsche Lohnentwicklung jedoch seit zwei Jahrzehnten der Wirtschaftsentwicklung hinterher. Vor allem die niedrigen Einkommen leiden unter Reallohnkürzungen, während es bei den Besserverdienern weitaus weniger Probleme mit der Lohnanpassung gibt.

Übertragen auf den Mikrokosmos Krankenhaus heißt dies, dass die Gehälter der Krankenschwestern, die in der GKV pflichtversichert sind, weitaus langsamer steigen als der Umsatz und die Rendite der Krankenhäuser – und somit die Kosten der gesetzlichen Krankenversicherung. Ober- und Chefärzte können zwar oft weitaus höhere Einkommenszuwächse verbuchen, sind aber durch die Versicherungspflichtgrenze meist privat versichert und würden – selbst wenn sie freiwillig in der GKV versichert wären –

durch die Beitragsbemessungsgrenze ohnehin nur einen festen Beitrag zahlen, auf den die real erzielten Einkommenszuwächse keinen Einfluss haben. So paradox es klingen mag: Für die Beiträge der gesetzlichen Krankenversicherung ist es bei Besserverdienern vollkommen unerheblich, ob sie ihr Einkommen um ein, zehn oder gar hundert Prozent steigern können.

Deutsche-Bank-Chef Josef Ackermann würde, wenn er denn gesetzlich versichert wäre, exakt den gleichen Krankenkassenbeitrag zahlen wie seine Putzfrau. Während ein normaler Angestellter 8,2 Prozent seines Bruttogehalts abführen muss, müsste Ackermann, der 2010 von seinem Arbeitgeber stolze 8,8 Millionen Euro bezog, lediglich 0,04 Prozent seiner Bezüge abführen. Wer nun denkt, es sei Populismus, sich ein paar »statistische Ausreißer« aus dem Gehaltsolymp herauszusuchen, verkennt die Dimension des Problems.

Der Angriff der Lobbyisten

Laut der detaillierten Lohn- und Einkommenssteuerstatistik des Statistischen Bundesamtes gibt es in Deutschland mehr als 5,8 Millionen Personen, deren Einkommen oberhalb der Beitragsbemessungsgrenze liegt und die zusammen Einkünfte in Höhe von rund 587 Milliarden Euro erzielen – dies ist mehr als die Hälfte der steuerpflichtigen Einkommen im Land.[18] Gäbe es eine Pflichtversicherung, in die jeder Bundesbürger einzahlen müsste, würde diese Personengruppe bei Beibehaltung der Beitragsbemessungsgrenze jedes Jahr rund 21,9 Milliarden Euro in die GKV einzahlen – und dies betrifft nur den Arbeitnehmeranteil. Zählt man den Arbeitgeberanteil hinzu, käme man sogar auf 41,4 Milliarden Euro. Ohne Beitragsbemessungsgrenze läge der Arbeitnehmeranteil dieser Gruppe bei stolzen 48,1 Milliarden und der Gesamtbetrag bei 91 Milliarden Euro. Wann immer »Experten« vom Schlage eines Bernd Raffelhüschen vor einer drohenden Kostenexplosion warnen, die die Beiträge der gesetzlich Versicherten in ungeahnte Höhen treiben würde, sollte man sich diese Zahlen vor Augen halten.

Dass starke Schultern mehr tragen können und sollen als schwache, ist mittlerweile sogar im Rhetorikbaukasten der FDP angekommen. Dennoch wird eine Stärkung der Einnahmebasis der gesetzlichen Krankenversicherung von Union, SPD, Grünen und FDP nicht einmal ernsthaft in Betracht gezogen. Warum eigentlich? Es sind ja nicht nur die Gering- und Normalverdiener, die davon massiv profitieren würden. Auch die vielzitierten Lohnnebenkosten könnten deutlich gesenkt werden, was vor allem den vielumworbenen mittelständischen Unternehmen zugute käme. Wie im dritten Kapitel über Lobbyismus bereits ausgeführt wurde, handelt es sich beim grassierenden Wirtschaftslobbyismus, der die Politik korrumpiert hat, nicht um einen Lobbyismus der mittelständischen Unternehmer, sondern um einen Lobbyismus der Finanzwirtschaft. Cui bono – wem nützt es, wenn die Beiträge zur GKV sich relativ verteuern und die Krankenkassen durch politisches Sperrfeuer sogar derart in die Enge getrieben werden, dass sie Zusatzbeiträge erheben müssen – wohl wissend, dass sie damit ihr potentielles Todesurteil unterschreiben? Die Antwort dürfte klar sein: Es nützt der Versicherungswirtschaft, die über die privaten Krankenkassen und vor allem über den boomenden Markt der Zusatzversicherungen das große Geschäft wittert. Doch nicht nur das: Die Erschließung immer neuer Kunden ist für die privaten Versicherer (über-)lebenswichtig, haben sie ihr Geschäft doch auf Sand gebaut.

Jahrelang wurde uns das Umlageverfahren der gesetzlichen Sozialsysteme als anachronistisches Überbleibsel aus alten Tagen verkauft, in denen der Begriff »Finanzmarkt« noch unbekannt war. Heute wissen wir, dass dies keine schlechten Zeiten waren und es töricht ist, die Daseinsvorsorge von den flüchtigen Launen der Märkte abhängig zu machen. Beim Umlageverfahren werden die anfallenden Kosten ganz klassisch durch die Einnahmen im gleichen Zeitraum gedeckt. Der große Vorteil dieses Systems ist seine Krisensicherheit, da das Volkseinkommen als Finanzierungsbasis wesentlich stabiler ist, als es die Finanzmärkte je sein können. Dies gilt nicht nur für den Gesundheitssektor, sondern ebenfalls für die Altersvorsorge. Auch die gesetzliche Rentenversicherung befindet sich im Sperrfeuer der Lobbyisten, die uns lieber eine kapitalmarktbasierte und – für die Versicherungen – sehr profitable Riester- oder Rürup-Rente verkaufen wollen. Das Umlageverfahren hat für den Finanzsektor nämlich einen entscheidenden Nachteil: Man kann damit kein Geld verdienen.

Theoretisch hört sich die Alternative zum Umlageverfahren ja auch durchaus reizvoll an: Jeder Versicherte zahlt während seiner aktiven Berufstätigkeit Beiträge ein, die höher sind als die von ihm verursachten Ausgaben, um die hohen Kosten im Alter von den Überschüssen finanzieren zu können. Natürlich »arbeiten« diese Überschüsse während der gesamten Versicherungslaufzeit auf den Kapitalmärkten und erzielen Zinsgewinne, durch die die Beiträge vergleichsweise niedrig gehalten werden können. Das alles erinnert ein wenig an Äsops Fabel von der emsig vorsorgenden Ameise und der Heuschrecke, die sich im Sommer vergnügt und im Winter betteln gehen muss. Das Leben ist jedoch keine Fabel, und die Realität der kapitalmarktgedeckten privaten Krankenversicherung hält nicht, was ihre Befürworter versprechen.

Wie groß die Diskrepanz zwischen Theorie und Realität, zwischen Anspruch und Wirklichkeit ist, zeigte eine Studie des Institutes für Gesundheits- und Sozialversicherung (IGES), die 2009 vom damaligen Wirtschaftsminister Michael Glos in Auftrag gegeben wurde. Die Berliner Sozialforscher unter Federführung des – alles andere als privatisierungskritischen – Wirtschaftsweisen Bert Rürup sollten die Auswirkungen des demographischen Wandels auf die Kosten und Beiträge des privaten Krankenversicherungssystems erforschen. Die Ergebnisse waren für Glos' Nachfolger Rainer Brüderle derart brisant, dass er die Studie postwendend im Giftschrank verschwinden ließ. Es ist nur einem Whistleblower zu verdanken, dass diese Studie über die Plattform WikiLeaks überhaupt publik gemacht werden konnte.[19] Wie aber kann es sein, dass die privaten Krankenversicherungen wesentlich größere Probleme mit dem demographischen Wandel haben als das gesetzliche Krankenversicherungssystem?

Zunächst einmal sind privat Versicherte für ihre Kasse vor allem im Alter bedeutend teurer als gesetzlich Versicherte. Während ein Versicherter, der jünger als vierzig Jahre ist, die privaten wie die gesetzlichen Krankenkassen im Schnitt zwischen 800 und 1 200 Euro pro Jahr kostet, steigen die durchschnittlichen Kosten pro Kopf im Alter drastisch an. Ein gesetzlich Versicherter im Renteneintrittsalter von 65 Jahren kostet seine Kasse durchschnittlich 2 500 Euro im Jahr. Sein privat versicherter Altersgenosse kostet seine Krankenkasse bereits 5 000 Euro – bei Frauen ist der Unterschied sogar noch größer. Richtig teuer wird der Versicherte für seine Kasse jedoch erst im hohen Alter: Über Achtzigjährige kosten die gesetzlichen Kassen durchschnittlich 5 000 Euro im Jahr, die privaten Kassen sogar über 9 000 Euro.

Während die gesetzliche Krankenkasse eine Umlagefinanzierung beinhaltet, die durch Steuermittel aufgestockt wird, muss die private Krankenversicherung (PKV) Altersrückstellungen bilden, um den Beitrag nicht ausufern zu lassen. Die 750 Euro, die ein privat versicherter Hochbetagter seine Kasse durchschnittlich im Monat kostet, müssen aber erst einmal hereingeholt werden. Um diese Lücke zu füllen, bilden die Versicherungen Rückstellungen, die sich aus den Überschüssen der Jahre bilden, in denen der Versicherte mehr einzahlt, als er kostet. In der Praxis erweisen sich diese Altersrückstellungen jedoch laut IGES als viel zu niedrig. Wollen die privaten Krankenkassen nicht bereits bei jüngeren Versicherten höhere Beiträge fordern, so müssen sie wohl oder übel die Beiträge im Alter massiv erhöhen. Für ältere Versicherte, die oft nicht mehr finanziell so leistungsfähig sind wie in ihren besten Jahren, ist dies natürlich eine mittlere Katastrophe. Die Alternative, die höheren Kosten auf die Prämien der jüngeren Versicherten anzurechnen, würde die private Krankenversicherung gegenüber der GKV jedoch deutlich unattraktiver machen.

Private Krankenversicherungen sind nicht nur teurer, sie sind von den Alterseffekten auch wesentlich stärker betroffen als die

GKV. Vor allem im ambulanten Bereich bedienen sich die Ärzte oftmals schamlos an den privat versicherten Melkkühen des Gesundheitssystems. Hohe Honorare, teure – häufig überflüssige – Apparatemedizin und teure, aber oft unausgereifte Medikamente lassen sich nun einmal nur bei privat Versicherten in Rechnung stellen.

Ein weiterer Grund für die Probleme des privaten Krankenkassensystems ist die ungünstige Alterspyramide der privat Versicherten. Während die Altersverteilung der GKV nahezu ausgeglichen ist, haben die privaten Kassen einen dramatischen Überhang bei den vierzig- bis fünfzigjährigen Männern. Dies ist verständlich, zählt diese Gruppe doch zu den Besserverdienern, die vor allem im letzten Jahrzehnt scharenweise zu den privaten Krankenkassen gewechselt sind – zu Konditionen, die schon bald zu einem Bumerang werden könnten. Die private Krankenversicherung ähnelt in diesem Punkt einem Schneeballsystem: Gelingt es den Kassen nicht, junge Versicherte zu ködern, die frisches Geld in die Krankenkassen spülen, rutscht der Überschuss der vierzig- bis fünfzigjährigen Männer bereits in fünfzehn Jahren in den massiv defizitären Bereich. Kaum auszudenken, was passieren wird, wenn die Versicherten in dreißig Jahren in das Alter kommen, in dem durchschnittlich die höchsten Kosten anfallen.

Der größte Risikofaktor der privaten Krankenversicherung ist jedoch die Kapitaldeckung, die vor wenigen Jahren noch als größter Vorteil des Systems verkauft wurde. Wie die andauernde Finanzkrise zeigt, sind die Finanzmärkte eben kein sicheres Rückgrat für die öffentliche Daseinsvorsorge. Der Gesetzgeber hat zwar sehr wohl die Risiken eines finanzmarktorientierten Versicherungssystems erkannt und darauf mit besonderen Reglementierungen reagiert – dummerweise haben diese Reglementierungen die Versicherungen jedoch in genau die Anlagen getrieben, die heute massiv unter Druck stehen. So müssen Versicherungen beispielsweise einen Großteil des von ihnen verwalteten Geldes in Anlagen mit höchster Bonität im eigenen Währungsraum investieren. Außer Staatsanleihen von Eurostaaten kommt da nicht viel in Frage. Die Eurokrise hat nun jedoch dazu geführt, dass diese Papiere entweder – so wie Bundesanleihen – so schlecht verzinst sind, dass die Rendite sogar noch unter der Inflationsrate liegt, oder aber plötzlich – wie die Staatsanleihen der Mittelmeeranrainer – als unsicher gelten. Ein Schuldenschnitt im Eurosystem würde somit nicht nur die Banken, sondern vor allem auch die Versicherungen treffen. Würden private Krankenversicherungen die Anlagen, die die Rückstellungen für ihre Versicherten bilden, heute zum Marktpreis bilanzieren, stünde das private Krankenversicherungssystem womöglich bereits wie der Kaiser mit seinen neuen Kleidern vor der Öffentlichkeit.

Die Forscher des IGES gehen davon aus, dass sich die Gesundheitskosten inflationsbereinigt in den nächsten zwanzig Jahren um rund 25 Prozent erhöhen werden. Selbst wenn die Finanzmärkte boomen – wovon nicht auszugehen ist –, können die privaten Krankenversicherungen kaum so viel Rendite einfahren, dass sie es schaffen, diese Zeitbombe zu entschärfen. Unter schlechten Marktbedingungen erscheint es vollkommen illusorisch, so hohe Reserven zu bilden, dass die Beiträge in Zukunft auch nur halbwegs stabil bleiben können. Sinkt die Zahl der jungen Mitglieder, steht die PKV vor dem Kollaps. Kracht es an den Finanzmärkten, stehen die Versicherten gänzlich ohne Versicherungsschutz da.

Es ist an der Zeit, sich vom Mythos der effizienteren privaten Krankenversicherung zu verabschieden. Die PKV bietet eine bessere Versorgung? Keineswegs, sie bietet lediglich eine teurere, aber keinesfalls qualitativ hochwertigere Versorgung. Die PKV wirtschaftet besser als ihr sozialstaatliches Pendant? Mitnichten, bei den gesetzlichen Kassen beträgt der Verwaltungsanteil 5,4 Prozent der Gesamtkosten, bei den privaten Kassen beträgt er indes 14,9 Prozent – beinahe das Dreifache. Die Beiträge der gesetzlichen Kassen explodieren, während die privaten Kassen immer günstiger werden? Auch hier ist das Gegenteil der Fall. Während die Beiträge der GKV im Zeitraum von 1997 bis 2008 um dreißig Prozent gestiegen sind, sind die Beiträge der Privaten um stolze 52 Prozent gestiegen – 3,9 Prozent pro Jahr, wesentlich mehr als das durchschnittliche Wirtschaftswachstum. Diese Beitragsexplosion wird allerdings gut vor der Öffentlichkeit versteckt, trifft sie doch vor allem Bestandskunden, die im Alter nicht mehr die Versicherung wechseln können. Die Einstiegstarife für jüngere Besserverdiener sind demgegenüber erstaunlich günstig – auch hier drängt sich der Verdacht eines Schneeballsystems auf.

Die privaten Versicherer sind nur ungenügend auf den demographischen Wandel vorbereitet und laufen mit offenen Augen in die Kostenkatastrophe, die nur über massive Beitragssteigerungen halbwegs kontrolliert werden könnte. Der aufmerksame Leser merkt bereits, dass dies exakt die Probleme sind, die von den Lobbyisten der Versicherungswirtschaft zu Unrecht dem gesetzlichen Krankenversicherungssystem angedichtet werden. Das Ergebnis der IGES-Studie ist für die Versicherungswirtschaft eine einzige Katastrophe. Wer würde schon freiwillig zu einer privaten Krankenversicherung wechseln, wenn er bereits vorher weiß, dass die Beiträge aller Voraussicht nach in den nächsten Jahren signifikant steigen werden und der Rückweg ins GKV-System gesetzlich versperrt ist?

Renditeobjekt Krankenhaus: Wie aus der Schwarzwaldklinik ein Profitcenter wurde

Wenn man die Deutschen fragt, welchen Berufsständen sie am ehesten vertrauen und welche sie am meisten achten, landen Ärzte und Krankenpfleger stets auf den obersten Rängen – nur Feuerwehrleute genießen noch mehr Vertrauen.[20] Von einer solchen Wertschätzung können Politiker und Journalisten nur träumen, die bei derartigen Befragungen immer am Ende der Skala zwischen Gebrauchtwagenhändlern und Versicherungsvertretern landen. Bei keinem Berufsstand ist der Unterschied zwischen Schein und Sein derart groß wie bei den Angestellten im Gesundheitssystem.

Keine andere Berufsgruppe leidet so häufig unter stressbedingten Erkrankungen wie Menschen in Heilberufen. Fast jeder dritte

Klinikarzt und jeder fünfte Hausarzt leiden Studien zufolge unter dem Burn-out-Syndrom. Expertenschätzungen zufolge wird jeder zehnte Arzt mindestens einmal im Leben alkohol- oder drogenabhängig.[21] Keine andere Berufsgruppe weist auch nur annähernd ein derart desaströses Ergebnis auf. Die Selbstmordrate unter Ärzten ist in etwa doppelt so hoch wie in der Gesamtbevölkerung. Auch das Berufsbild der Krankenschwester hat nichts mit dem Idyll der Kitschromane und Seifenopern im Fernsehen zu tun. Eine Untersuchung des Statistischen Bundesamts ergab, dass jeder dritte der bundesweit 1,5 Millionen Beschäftigten in den Pflegeberufen massiv unter Zeitdruck und Arbeitsbelastung leidet. Die Folgen sind nicht nur für die Patienten dramatisch: Krankenpfleger fallen im Jahr durchschnittlich 38 Tage wegen arbeitsbedingter Gesundheitsprobleme aus – beinahe doppelt so viele Tage wie der Durchschnitt aller Arbeitnehmer.

Wenn die Menschen diese Zahlen kennen würden, hätten sie sicherlich nicht mehr so viel Vertrauen in die Heilberufe. Denn wer permanent unter Stress steht und darüber sogar krank wird, macht natürlich auch im Beruf Fehler. Der Hochachtung für diese Helfer tut das freilich keinen Abbruch. Im Gegenteil, die Selbstaufopferung, die manchmal bereits an Selbstzerstörung grenzt, verdient Respekt. Mehr noch als Respekt hätten die Beschäftigten in den Heil- und Pflegeberufen jedoch menschenwürdige Arbeitsbedingungen verdient. Solche Forderungen hört man jedoch in der Öffentlichkeit eher selten, hätten sie doch Auswirkungen auf das Renditestreben der Krankenhausbetreiber und indirekt auch auf die Ausgaben der Krankenkassen.

So gesehen, sind Ärzte und Krankenschwestern die Vergessenen mitten in unserer Gesellschaft. Wir wollen gute Pflege zum Nulltarif, genauso wie wir leckeren Kaffee zum Billigpreis wollen. Dass unser Ideal und die Hochglanzprospekte der Krankenhauskonzerne keineswegs mit der Wirklichkeit übereinstimmen, verdrängen wir dabei gern. Wen interessieren schon Ärzte und Krankenschwestern mit Burn-out, wenn uns die Medien Tag für Tag in ihren Vorabendserien das Märchen von den Halbgöttern in Weiß in ihrer heilen Welt erzählen? Die alltägliche Verdrängung findet jedoch ein jähes Ende, wenn wir selbst zu Patienten werden.

Wie konnte es so weit kommen? In Deutschland gibt es mehr als 2 000 Krankenhäuser. Für insgesamt rund 1,1 Millionen Mitarbeiter sind die Krankenhäuser Arbeitgeber.[22] Mit insgesamt siebzehn Millionen stationären und achtzehn Millionen ambulanten Behandlungsfällen bilden sie ferner das Rückgrat des deutschen Gesundheitssystems und sind damit ein elementarer Bestandteil der öffentlichen Daseinsvorsorge. Aus Sicht der Kapitalmärkte ist jedoch eine ganz andere Zahl von Interesse: Zusammen erwirtschaften die deutschen Krankenhäuser einen Jahresumsatz von 67 Milliarden Euro – das sind rund fünfzig Prozent mehr als das gesamte Hotel- und Gaststättengewerbe.[23] Bereits bei einer konservativen Umsatzrendite von fünf Prozent könnten Investoren in diesem Sektor somit Jahr für Jahr mehr als drei Milliarden Euro »verdienen«. Die Krankenhäuser sind somit der große Jackpot der Privatisierung.

Es war eigentlich nur eine Frage der Zeit, bis die Kapitalmärkte diesen lange brachliegenden Sektor für sich entdeckten. Als Mitte der 1990er Jahre die große Privatisierungswelle den deutschen Krankenhaussektor überschwemmte, ahnten wohl nur die wenigsten, wohin sie das deutsche Gesundheitssystem tragen würde. Die damals wie heute chronisch unterfinanzierten Kommunen suchten in dieser Zeit händeringend nach Mitteln und Wegen, um die kommunalen Haushalte auf der Ausgabenseite zu entlasten. Privatisierungen waren im Trend. Die neoliberalen Talk-Show-Experten schossen die politische Landschaft sturmreif und erhielten dabei bestmögliche Schützenhilfe von den Leitartiklern der großen Zeitungen und Zeitschriften. Der »schlanke Staat« war das Gebot der Stunde, kaum ein Bereich der öffentlichen Daseinsvorsorge blieb vom Ausverkauf verschont. Es wurde auf Teufel komm raus privatisiert, und wer auch nur die Frage stellte, wohin das alles führen solle und ob ein gesellschaftlich elementarer Bereich wie die Krankenpflege überhaupt dem Gesetz der Märkte unterworfen werden dürfe, galt damals als »Sozialromantiker«, der die Zeichen der Zeit nicht erkannt hätte. Auch wenn die Öffentlichkeit Privatisierungen inzwischen wesentlich kritischer betrachtet, hat sich an der Vorgehensweise der Lobbyisten kaum etwas geändert.

Die Kärrnerarbeit im Vorfeld der Privatisierungen leisten dabei den Kapitalmärkten wohlgesonnene Unternehmensberatungen wie PricewaterhouseCoopers oder Ernst & Young. In regelmäßigen Abständen publizieren diese Beratungsunternehmen Studien, deren »Ergebnisse« erwartungsgemäß ausfallen und die stets die Privatisierung als einzige Handlungsoption für die Kommunen nennen. Das verwundert kaum, verdienen diese Unternehmen doch ihr Geld mit Privatisierungen. PricewaterhouseCoopers[24] und Ernst & Young[25] bieten ihren Kunden im Krankenhaussektor ein »Rundum-Sorglos-Paket« an, das von der Beratung bei der Restrukturierung über die Durchführung der Privatisierung, die Prozess- und Personaloptimierung bis zur fortlaufenden Begleitung im Prüf- und Rechnungswesen geht.

Neben den geschäftlichen gibt es auch personelle Querverbindungen. Zwischen den Beratern und den Krankenhausbetreibern findet ein reger Personalaustausch statt. Einer der größten deutschen Krankenhausbetreiber entstand sogar aus dem direkten Umfeld der Beraterbranche. Bernard große Broermann, der alleinige Gesellschafter der Asklepios-Kliniken-Gruppe, verdiente sich Anfang der 1970er Jahren seine ersten Sporen als Mitarbeiter und Partner von Ernst & Whinney, einem Vorläufer von Ernst & Young, für die er im Mandantenauftrag in den USA eine Klinikkette aufbaute. Mittlerweile verbucht Asklepios einen Jahresumsatz von 2,3 Milliarden Euro. Man betreibt 127 Krankenhäuser mit 18 000 Betten und beschäftigt 36 000 Mitarbeiter, einen Großteil davon in Deutschland. Broermann zählt heute mit einem geschätzten Vermögen von 2,1 Milliarden US-Dollar laut *Forbes*-Liste zu den reichsten Menschen der Welt.[26] Woher er das Startkapital für diese sagenhafte Karriere hatte und welche aktiven Geschäftsbeziehungen zu Ernst & Young er heute noch pflegt, entzieht sich dem Auge des Betrachters. Bei Konzernen wie Asklepios gehöre »die Intransparenz schließlich zum Geschäftsmodell«, gab ein Gewerkschaftssekretär dem Autor im Jahr 2010 zu Protokoll.

Obwohl diese Interessenkonflikte keinesfalls unbekannt sind, werden die genannten Beratungsunternehmen immer wieder von Kommunen damit beauftragt, zukunftsweisende Konzepte für die kommunalen Krankenhäuser zu erstellen. Das ist so, als würde die Kommune einen Automobilhersteller damit beauftragen, ein Konzept für den öffentlichen Personennahverkehr zu entwickeln. Da man Dummheit und Unkenntnis als Motive für die Beauftragung wohl ausschließen kann, muss man davon ausgehen, dass es sich bei diesen Gutachten vor allem um Argumentationshilfen handelt, mit denen privatisierungsfreudige Lokalpolitiker ihrem politischen Gegner und der Bevölkerung einen Sachzwang vorgaukeln wollen, der bei näherer Betrachtung gar nicht gegeben ist. Leidtragende sind in jedem Falle die Bürger.

Renditeziel fünfzehn Prozent

Für private Investoren zählt vor allem die Eigenkapitalrendite. Um mit einem Krankenhaus eine möglichst hohe Eigenkapitalrendite zu erzielen, muss der Kaufpreis möglichst niedrig gehalten werden. Würden die Kommunen ihre Krankenhäuser zu einem angemessenen Preis verkaufen, wäre die zu erwartende Rendite für die Privatinvestoren in vielen Fällen zu niedrig im Vergleich zu anderen Investitionen. Je katastrophaler die Gutachten der Beratungsfirmen ausfallen, desto niedriger ist der für die Kommunen realisierbare Verkaufspreis. Der Traum der Haushaltssanierung ist zu diesem Zeitpunkt bereits ausgeträumt, zum eingeschlagenen Privatisierungskurs gibt es aus Sicht der Befürworter dann jedoch erst recht keine Alternative mehr, da die prognostizierten Haushaltslöcher wie ein Menetekel über der Finanzrahmenplanung schweben.[27]

Zu einem Zuschussgeschäft wird die Privatisierung dann, wenn sich die privaten Krankenhausbetreiber auch noch eine vertragliche Investitionsförderung durch die öffentliche Hand zusichern lassen. Da Krankenhäuser eine öffentliche Versorgung anbieten, haben sie Anspruch auf eine Investitionsförderung durch die Bundesländer. Es macht hierbei keinen Unterschied, ob das jeweilige Haus im öffentlichen oder privaten Besitz ist. Diese Mittel werden von den privaten Betreibern natürlich auch reichlich in Anspruch genommen. So werden – je nach Betreiber – zwischen 30,3 Prozent und 57,6 Prozent der Investitionen aus den öffentlichen Kassen getragen.[28] Die Förderquote der privaten Betreiber ist damit oftmals höher als die der öffentlichen Häuser.

Das muss man sich einmal auf der Zunge zergehen lassen: Die privaten Krankenhausbetreiber übernehmen die Häuser dank der Gefälligkeitsgutachten der befreundeten Beraterfirmen zum Discountpreis und lassen sich darüber hinaus noch jeden zweiten Euro, den sie investieren, vom Steuerzahler bezuschussen – ein nicht nur narrensicheres, sondern vor allem sehr profitables Geschäft.

Konzerne wie Asklepios rühmen sich in ihren Hochglanzprospekten ihrer »im Vergleich zur Gesamtwirtschaft überdurchschnittlichen operativen Ertragskraft«,[29] die von einer Ratingagentur mit der außergewöhnlich guten Bewertung BBB belohnt wurde. Private Krankenhausbetreiber erzielen Renditen, die sich im Vergleich zu anderen Branchen wahrlich nicht verstecken müssen. Die Zielvorgabe der Branche liegt bei rund fünfzehn Prozent Eigenkapitalrendite und fünfzehn Prozent Umsatzrendite. Die drei großen Krankenhausbetreiber Asklepios, Helios und Rhön-Klinikum erzielten 2009 einen Umsatz von fast sieben Milliarden Euro. Die angestrebte Umsatzrendite von fünfzehn Prozent beträgt somit eine Milliarde Euro. Dieses Geld fließt Jahr für Jahr aus dem Gesundheitssystem an die privaten Investoren.

Klinikbetreiber wir Bernd Broermann legen jedoch großen Wert darauf festzustellen, dass sie diese Gewinne nicht etwa aus dem System abziehen, sondern reinvestieren und sich daher auch

nicht auf Kosten der Allgemeinheit und der Mitarbeiter bereichern. Diese Argumentation ist freilich eine Nebelkerze, sind die
Konzerne doch stramm auf Expansion ausgerichtet und zählen
Übernahmen weiterer Krankenhäuser auch zu den Investitionen.
Ob Broermann sich von den Gewinnen nun Gemälde, Villen oder
weitere Krankenhäuser kauft, spielt für den Tatbestand der Berei-
cherung nun wirklich keine relevant Rolle.

Das Geschäft rund um die Gesundheit ist sehr rentabel, nur
hält man solche Informationen als Betreiber natürlich gern geheim. Wie sonst könnte man die Mitarbeiter davon überzeugen,
Lohnkürzungen hinzunehmen? Wie sonst könnte man den Staat
überzeugen, immer mehr Geld in die Klinken zu pumpen? Wie
sonst könnte man Kommunen überzeugen, ihre Krankenhäuser
zu Discountpreisen zu verschleudern?

Um ein Krankenhaus nach Renditezielen zu optimieren, gibt es
nicht allzu viele Stellschrauben. Die Einnahmen werden beinahe
ausschließlich aus dem regulierten Krankenkassensystem erzielt.
Es ist jedoch ein offenes Geheimnis, dass die Krankenhausbetreiber systematisch bei den Abrechnungen mit den Kassen betrügen.
Jahr für Jahr ergeben stichprobenartige Überprüfungen des medizinischen Dienstes der Gesetzlichen Krankenversicherungen
(GKV), dass fast jede zweite Krankenhausrechnung Fehler auf-
weist.[30] Natürlich »verrechnen« sich die Krankenhausbetreiber
nicht zu ihren eigenen Ungunsten. Der Spitzenverband der GKV
geht davon aus, dass der Schaden für die Beitragszahler bei rund
1,5 Milliarden Euro pro Jahr liegt.

Gelegenheit macht bekanntlich Diebe, und die Abrechnungs-
modalitäten im Gesundheitssystem laden förmlich zum systema-
tischen Betrug ein. Wenn ein Krankenhaus eine »fehlerhafte«
Rechnung stellt und dabei erwischt wird, muss es lediglich die
Differenz zurückerstatten. Die Krankenkasse muss jedoch für
jede Prüfung pauschal 300 Euro Bearbeitungsgebühr an den
Krankenhausbetreiber überweisen. Wenn sich die Abrechnung
als korrekt darstellt oder die Wahrheit im Dickicht der Akten-
berge nicht mehr rekonstruierbar ist, bleibt die Krankenkasse auf

dieser Bearbeitungsgebühr sitzen. Obgleich die Krankenkassen seit Jahren fordern, dass die Krankenhäuser bei erwiesener Falschabrechnung zusätzlich zum Differenzbetrag auch noch eine Strafe zahlen sollten, und sich sogar der Bundesrechnungshof bereits des Themas angenommen hat, ignoriert die Politik diese Problematik beharrlich. Die Krankenhausbetreiber scheinen über eine sehr gute Lobby zu verfügen. In keinem anderen Wirtschaftsbereich wird es Abrechnungsbetrügern so leicht gemacht. Wären die Geschädigten nicht die Beitragszahler, sondern private Unternehmen, würde es sicherlich bereits längst ein Gesetz zur Sanktionierung dieses Milliardenbetrugs geben.

Aus Krankenschwestern werden Kostenfaktoren

Eine weitere relevante Stellschraube bei der betriebswirtschaftlichen Optimierung der Krankenhäuser sind die Personalkosten. Von 1996 bis 2008 sind in der Krankenpflege rund 50 000 Vollzeitstellen abgebaut worden – das entspricht jeder siebten Stelle.[31] Im gleichen Zeitraum stieg jedoch die Zahl der behandelten Patienten um 12,1 Prozent. Für den Krankenhausbetreiber sind diese Zahlen eine simple Produktivitätssteigerung, wie man sie auch aus der verarbeitenden Industrie kennt. Es macht jedoch einen gewaltigen Unterschied, ob VW mit immer weniger Mitarbeitern immer mehr Autos baut oder ob ein Krankenhaus mit immer weniger Mitarbeitern immer mehr Patienten versorgen muss. Was für den Betreiber Produktivität ist, bedeutet für die Mitarbeiter Stress und Belastung und für den Patienten eine schlechtere Versorgung. Es gibt nun einmal »noch« keine Roboter, die wundgelegene Patienten wenden und Pflegebedürftigen Essen reichen können.

Eine großangelegte Befragung des Pflegepersonals durch das Deutsche Institut für angewandte Pflegeforschung (dip) kam zu dem erschreckenden Ergebnis, dass sechzig Prozent der Befragten angaben, dass nicht in jeder Schicht ausreichend examiniertes Personal zur Verfügung stehen würde, um die Versorgung fachlich abzusichern.[32] Vierzig Prozent der Beschäftigten gaben an, ein »arbeitsgefährdendes Überstundenkontingent« angehäuft zu haben. Die jeden Monat geleisteten Überstunden entsprechen mittlerweile einem Äquivalent von 15 000 Vollzeitstellen. Selbstverständlich geht diese Überbelastung auch auf Kosten der Pflegequalität. Die große Mehrheit der vom dip befragten Pflegekräfte gab an, dass es im Arbeitsalltag oft zu gravierenden Mängeln bei der Patientensicherheit käme. Diese Mängel betreffen unter anderem Medikation, ausreichende Hygiene und mangelnde Beobachtung der Patienten.

Als letzter Ausweg bleibt den überforderten Pflegekräften oft nur eine Überlastungsanzeige. Das systemische Versagen wird auf die Angestellten abgewälzt, der Druck auf die Mitarbeiter bis zur Unerträglichkeit gesteigert. Nicht wenige Mitarbeiter ziehen die Konsequenz und kündigen ihren Job.

Um weiter Kosten zu senken, greifen die Krankenhausbetreiber gern auf ungelerntes und angelerntes Personal zurück, das wesentlich preiswerter zu haben ist. Zeitverträge von examinierten Krankenpflegern werden dabei nicht mehr verlängert, und ihre Stellen werden mit sogenannten Gesundheits- und Pflegeassistenten besetzt – dies sind meist ehemalige Arbeitslose, die nach einem halbjährigen Kurzlehrgang auf die Patienten losgelassen werden. In der Theorie sind sie als Servicekräfte nur für Tätigkeiten vorgesehen, die keine besonderen Kenntnisse erfordern. In der Praxis zählt dies bei einer chronischen Unterbesetzung natürlich wenig. Examinierte Kräfte und Gesundheitsassistenten ergänzen sich nicht, sie verdrängen einander. In einigen Häusern führt dies dazu, dass kein einziger Pfleger nach Abschluss seiner dreijährigen, qualifizierten Ausbildung übernommen wird. Stattdessen stellt man lieber die günstigeren Gesundheitsassistenten ein. Examinierte Kräfte müssen dafür immer mehr die Arbeit der Ärzte übernehmen, etwa Blut abnehmen oder Zugänge legen.

Durch diese Mehrbelastung bleibt allerdings oft keine Zeit für andere Aufgaben. Wenn man aus Zeitgründen nicht mehr allen

Patienten das Essen reichen kann, so werden halt Magensonden oder venöse Zugänge gelegt, um auf diesem Weg die Nahrung zu verabreichen. Mit dem Idyll der pittoresken Schwarzwaldklinik hat der Alltag in deutschen Krankenhäusern nichts zu tun. Moderne Kliniken sind Profitcenter, die von der zentralen Aufnahme bis zur Überstellung ins Krematorium auf Rendite getrimmt werden.

Deutsche Krankenhäuser sind im internationalen Vergleich bereits seit langem Spitzenreiter in Sachen betriebswirtschaftlicher Effizienz. Die durchschnittlichen Krankhausausgaben pro Einwohner und Jahr liegen hierzulande bei 787 Euro.[33] In der Schweiz sind es 1 136 Euro, in Dänemark 1 174 Euro, in Norwegen 1 185 Euro und in den USA sogar 1 568 Euro – rund das Doppelte des deutschen Werts. Interessanterweise sind dies genau die Länder, in die gut ausgebildete deutsche Ärztinnen und Ärzte gern abwandern.

Der Grund für diese Effizienz liegt vor allem in den niedrigen Kosten. Pro Behandlung fallen hierzulande durchschnittlich 3 908 Euro an – der Durchschnitt aller Industrieländer liegt bei 6 942 Euro. Sowohl beim Pflegepersonal als auch bei den Ärzten nimmt Deutschland bei der »Arbeitsproduktivität« einen Spitzenplatz ein. Erstaunlicherweise spielen diese Zahlen in der öffentlichen Diskussion keine Rolle und sind nur den wenigsten bekannt. Auf betriebswirtschaftlicher Ebene würde Deutschland den Stresstest in der Kategorie »Krankenhäuser« also ohne jeden Zweifel bestehen. Es wäre jedoch töricht, Krankenhäuser ausschließlich nach betriebswirtschaftlichen Maßstäben zu bewerten.

Bereits heute wird diese Produktivität vor allem auf dem Rücken der Beschäftigten erreicht. Die Gehälter im Pflegebereich liegen im Vergleich mit anderen Industrieländern im unteren Drittel. Sogar die Unternehmensberatung McKinsey, die ansonsten komplett unverdächtig ist, Arbeitnehmerinteressen zu erkennen und zu vertreten, brandmarkt diese offensichtliche Diskrepanz: »Wenngleich die Beschäftigten in deutschen Krankenhäusern sehr viel leisten, verdienen sie keinesfalls mehr als ihre Kollegen im Ausland. Im Gegenteil: Die höchste Produktivität geht einher mit dem niedrigsten Gehaltsniveau.«[34]

Zwanzig Prozent aller vollzeitbeschäftigten Krankenpfleger beziehen ein Bruttoeinkommen von unter 1500 Euro und weitere zwanzig Prozent zwischen 1500 und 2000 Euro. Nur dreizehn Prozent beziehen mehr als 3000 Euro brutto pro Monat. Der Berufsstand, der wie kaum ein anderer für unsere Gesundheit und unser Wohlbefinden verantwortlich ist, gehört zu den am schlechtesten bezahlten Berufen unseres Landes – das ist eine Schande.

Pflegenotstand ante portas

Vor allem im Süden der Republik fällt es den Krankenhausbetreibern bereits heute immer schwerer, überhaupt noch geeignete Kräfte zu diesen Konditionen finden. Die eigentliche Bombe tickt jedoch bereits bundesweit. In keinem anderen Berufszweig ist der Altersdurchschnitt so hoch wie in der Krankenpflege. Da sich aber nur jeder zweite Beschäftigte vorstellen kann, diesen physisch wie psychisch anspruchsvollen Job bis zum Eintritt ins Rentenalter auszuüben, wird die Branche schon bald ein Nachwuchsproblem bekommen. Da die Zahl der Ausbildungsplätze bundesweit stark rückläufig ist, dürften die Konzerne schon bald Schwierigkeiten haben, die vorhandenen Stellen überhaupt noch besetzen zu können.

Sicherlich wird man dann wieder das Lamento vom Fachkräftemangel hören. Wenn unter dem abschätzbaren Bedarf ausgebildet wird, ist ein Mangel freilich unabwendbar. Die Krankenpflege ist immer noch ein klassischer Frauenberuf – 85,4 Prozent des Pflegepersonals sind weiblich. Wer den Druck nicht mehr aushalten und es sich leisten kann, reduziert bereits heute seine Stunden oder hängt den Beruf ganz an den Nagel. Dies betrifft nicht nur ältere Arbeitnehmerinnen, sondern auch frisch ausgebildete Krankenschwestern, die – wenn überhaupt – weit unter Tarif und zu eigentlich unannehmbaren Bedingungen eingestellt werden. So bieten beispielsweise die Asklepios Harzkliniken examinierten Pflegekräften ein außertarifliches Einstiegsgehalt von 1 788,56 Euro brutto an. Bis Ende 2011 hat sich noch niemand auf dieses Angebot beworben. Wer in diesem Zusammenhang von einem »Fachkräftemangel« spricht, verkennt die elementarsten Regeln des Arbeitsmarktes. Jedem ist es freigestellt, per Zeitungsannonce eine Putzfrau zu einem Stundenlohn von einem Euro zu suchen. Sich dann aber darüber aufzuregen, wenn sich niemand auf die Annonce meldet, und von einem Fachkräftemangel zu lamentieren, ist unlauter.

Bei den Klinikärzten gibt es bereits jetzt einen Engpass. Es gibt keinen Krankenhausbetreiber, der nicht über Personalnot hinsichtlich des ärztlichen Personals klagen würde. Erstaunlicherweise vergessen die Betreiber jedoch gerade im Personalbereich ihr Geschwätz vom freien Markt und von Angebot und Nachfrage. Wie kann eine Klinik dafür sorgen, dass sie einen vakanten Arbeitsplatz besetzt, der schlecht bezahlt ist und miserable Arbeitsbedingungen bietet? Ganz einfach: Sie bietet mehr Geld als die Konkurrenz und verbessert die Arbeitsbedingungen.

Doch nur mit Mühe und Not kann der Marburger Bund jedes Jahr zufriedenstellende Tarifverträge durchsetzen. Wen mag es da verwundern, wenn den Ärzten der Kragen platzt und sie ins Ausland gehen?

Die Lage des medizinischen Personals hat sich in den letzten Jahren kontinuierlich verschlechtert. Die negativen Folgen für die Patienten sind bereits heute unübersehbar, und es nicht zu erkennen, dass es in nächster Zeit eine Trendwende zum Besseren geben könnte. Im Gegenteil: Die Krankenhäuser steuern mit voller Fahrt auf eine bereits heute absehbare Verschärfung des Pflegenotstands zu.

Wer einen Ausweg aus dem Pflegenotstand in den Krankenhäusern sucht, kommt dabei um zwei Lösungsansätze nicht herum: Zum einen muss die Privatisierung der Krankenhäuser rückgängig gemacht werden. Zum anderen müssen die Krankenhäuser besser finanziert werden. Die Dienstleistungsgewerkschaft ver.di beziffert den zusätzlichen Finanzierungsbedarf mit 56 Milliarden Euro. Woher dieses Geld kommen soll, lässt man jedoch wohlweislich offen.

Die Probleme des Gesundheitssystems sind nicht systemimmanent, sondern hausgemacht und politisch gewollt. Wenn auch noch folgende Generationen in den Genuss einer guten und vor allen Dingen für jeden bezahlbaren Gesundheitsversorgung kommen sollen, muss zunächst der Privatisierungswahn gestoppt und das gesetzliche Gesundheitssystem wieder gestärkt werden. Die Maximierung der Dividenden der Versicherungs-, Pharma- und Krankenhauskonzerne darf nicht das Ziel einer demokratisch legitimierten Gesundheitspolitik sein. Es muss daher auch das oberste Ziel des gesellschaftlichen Diskurses sein, den Menschen und das Allgemeinwohl wieder zum Maß aller Dinge zu machen – und dies gilt nicht nur für das Gesundheitssystem.

8 Finanzpolitik: Auf dem Weg zur marktkonformen Demokratie

Bundeskanzlerin Angela Merkel spricht davon, dass Deutschland den Parlamentarismus »marktkonform« gestalten müsse,[1] während der SPD-Vorsitzende Sigmar Gabriel es für ein dringliches Ziel hält, den Märkten das Vertrauen in die Verlässlichkeit der Politik zurückzugeben.[2] Hieß es früher, dass die Finanzmärkte Dienstleister für die Bevölkerung und die Wirtschaft sein sollten, geben sie mittlerweile die Richtung vor, der die Politik zu folgen hat.

Es scheint fast so, als hätten wir diesen Paradigmenwechsel noch gar nicht so recht begriffen. Nur vereinzelt ist Kritik an der schleichenden Machtübernahme durch die Finanzmärkte zu vernehmen. Wenn aber nicht mehr die gewählten Parlamentarier, sondern anonyme Finanzmärkte den Kurs der Politik vorgeben, ist dies nichts anderes als eine Suspendierung der Demokratie. Die Finanzmärkte haben sich still und leise selbst zum politischen Souverän ernannt, und fast niemand empfindet dies als Bedrohung. Nicht die Deutsche Bank, sondern die Linkspartei wird vom Verfassungsschutz observiert. Um die Interessen der Finanzmärkte durchzusetzen, wurden im Herbst 2011 die griechische und die italienische Regierung gestürzt. Angela Merkel und Nicolas Sarkozy haben der griechischen Regierung zu verstehen gegeben, dass sie weitere, bereits in wenigen Wochen dringend benötigte Kredite aus dem Europäischen Rettungspaket nur dann freigeben würden, wenn Griechenland sich kompromisslos hinter den Sparplan stellen würde, der dem Land von der EU diktiert wurde. Der französische Premier François Fillon drohte den Griechen gar mit einem Ausschluss aus der Eurozone. Die Botschaft war klar: Wenn Papandreou im Amt bleibt, lassen wir Griechenland fallen wie eine heiße Kartoffel. Ein wenig subtiler übte man seitens des deutsch-französischen Führungstandems Druck auf die italienische Regierung aus, indem man hinter vorgehaltener Hand andeutete, der EZB weitere Stützungskäufe zu untersagen, wenn Berlusconi nicht seinen Sessel im Quirinalspalast räume.

In beiden Ländern konnten die demokratisch gewählten Regierungen dieser Drohkulisse nicht standhalten und machten einer aus Experten bestehenden »Übergangsregierung« Platz, die diese Länder ohne eine echte demokratische Legitimation und über Notstandsgesetze streng nach den Vorgaben der Finanzmärkte regiert. Man kann hier mit Fug und Recht von einem kalten Putsch sprechen. Erstaunlicherweise wird dies in der Politik, in den Medien und in der Öffentlichkeit ganz anders wahrgenommen. Die Regierungen Giorgos Papandreou und Silvio Berlusconi hätten, so heißt es, sich gegen das europäische Gemeinwohl gestellt und müssten daher im höheren Interesse durch Regierungen abgelöst werden, die »unsere Interessen« besser wahrnehmen.

Was haben Papandreou und Berlusconi verbrochen, dass sie weggeputscht werden mussten? Der griechische Premier Papandreou wollte sein Volk befragen, ob es seiner Regierung bei der Umsetzung der von der Europäischen Union (EU), der Europäischen Zentralbank (EZB) und dem Internationalen Währungsfonds (IWF) geforderten radikalen Sparprogramme Rückendeckung gibt. So viel Demokratie passte den Herren des Geldes nicht ins Konzept, also wurde Papandreou abgesetzt und durch eine sogenannte Expertenregierung, die durch den ehemaligen Banker Loukas Papadimos geführt wird, abgelöst. Der italienische Premier Berlusconi war den Finanzmärkten wiederum nicht reformfreudig genug. Nur mit Mühe und Not konnte ihm die Troika – dieser Begriff hat sich inzwischen für das Dreigespann aus EU, EZB und IWF durchgesetzt – kleinere Sparpakete abringen. Auch Berlusconi wurde zum Rücktritt gezwungen und durch eine Expertenregierung unter Führung des ehemaligen Bankers

Mario Monti abgelöst. Die Botschaft könnte kaum klarer sein: Friss oder stirb, befolge die Vorgaben der Finanzmärkte, oder wir sorgen dafür, dass du abgesetzt und durch eine Expertenregierung unter Führung eines ehemaligen Bankers, der die Interessen der Finanzmärkte nur allzu genau kennt, abgelöst wirst.

Diese ganz offensichtlichen Verstöße gegen demokratische Gepflogenheiten werden dabei mit einer Art übergesetzlichem Notstand begründet. Sowohl die Politik als auch die Medien sind fest davon überzeugt, dass es im Sinne des Allgemeinwohls sei, wenn man in Krisenzeiten demokratische Grundwerte außer acht lässt. Die Finanzwirtschaft hat es geschafft, der Öffentlichkeit vorzugaukeln, dass ihre Partikularinteressen mit den Interessen der Allgemeinheit gleichzusetzen sind. Vor allem die Teilprivatisierung der Altersvorsorgesysteme war ein Eckpfeiler in diesem Konzept. Wer in seinem Alter auf die Renditen der Finanzmärkte angewiesen ist, hat auch ein eigenes Interesse daran, diese Renditen zu steigern und den Banken und Versicherungen möglichst wenig Steine in den Weg zu legen. Wir sind erpressbar geworden, und die Finanzmärkte wissen dies nur allzu genau.

Wie ist es den Finanzmärkten gelungen, die Politik zu ihren Marionetten zu machen? Ist die Politik überhaupt eine Getriebene? Wenn man sich die Kommentare zur Eurokrise anschaut, so ist das Lager der Kommentatoren zweigeteilt. Die einen stehen hinter der von der deutschen Regierung propagierten neoliberalen Sanierung der Staatshaushalte durch radikale Einsparungen und halten dies für die einzig wirksame Methode, die Märkte zu besänftigen. Die anderen zweifeln nicht nur an der Grundanalyse, nach der die Staatsschulden ursächlich für die Krise sind, sondern gehen darüber hinaus davon aus, dass die »Retter« ideologisch verbohrt sind und sich von den Finanzmärkten vor sich hertreiben lassen. Was wäre aber, wenn beide Seiten falsch liegen und die neoliberal denkende Bundesregierung die Krise mit Vorsatz eskalieren lässt, um Europa einer neoliberalen Schockstrategie zu unterziehen? Undenkbar? Die Alternative zu diesem Erklärungsmuster wäre es, dass die deutschen politischen Eliten den

Wald vor lauter Bäumen nicht sehen und in einer der wichtigsten Fragen der politischen Zukunft Europas total versagen. Um diese Fragen zu beantworten, muss man etwas tiefer in die Materie vordringen. Man muss die Frage beantworten, wer oder was die Finanzmärkte eigentlich sind, was Staatsanleihen sind und warum die Kaufzurückhaltung der Märkte Europa in eine Krise stürzen konnte.

Spekulantenbilder

Wer sind eigentlich »die Finanzmärkte«? Das menschliche Hirn neigt zur Vereinfachung. Schon unsere Vorfahren in der grauen Vorzeit konnten sich nicht damit abfinden, dass ihr Leben sich innerhalb eines höchst komplexen und dynamischen Systems abspielt. Um mit der Komplexität leben zu können, dachte sich der Mensch Götter und Dämonen aus. Fiel die Ernte schlecht aus, so hieß es, die Götter zürnten uns Menschen. Die Götter unserer heutigen komplexen Welt sind die Finanzmärkte, die Dämonen sind Spekulanten und Investmentbanker. Als sich in den späten 1980er Jahren das System des spekulationsbasierten Investmentbankings etablierte, entstand die Kunstfigur Gordon Gekko aus Oliver Stones Spielfilm *Wall Street*, die seitdem als Stereotyp des skrupellosen Finanzcowboys in den Köpfen der Menschen herumspukt. Ein Stereotyp beinhaltet natürlich immer auch ein Körnchen Wahrheit. Es gab sie, die »Wall-Street-Cowboys« mit ihren breiten Hosenträgern und ihrem selbstsicheren und großspurigen Auftreten. Mit James Cayne, einst Chef der Investmentbank Bear Stearns, der über die Immobilienkrise stürzte, wurde allerdings das letzte Prachtexemplar dieser Gattung hinweggefegt.

Ein realistischeres Stereotyp schuf Tom Wolfe 1987 in seinem berühmten Roman *Fegefeuer der Eitelkeiten*. Dessen Protagonist Sherman McCoy ist der Prototyp des Goldman-Sachs-Bankers: weiß, gebildet, feingeistig, aus gutem Hause, mit guten Manieren und dem stolzen »Yale-Kinn«, ein moderner »Master of the Universe« in einem Umfeld des großen Geldes und der großen Macht. Die Sherman McCoys dieser Welt sitzen heute nicht nur in den Chefetagen der Banken und Hedge-Fonds, sie haben auch den Sprung in die hohen Positionen der Politik geschafft und gestalten die Parameter, innerhalb derer ihr System gedeihen kann.

Die späten 1980er und die 1990er Jahre waren die Zeit der Gordon Gekkos und der Sherman McCoys. In jenen Tagen waren »die Finanzmärkte« ein loser Bund von Spekulanten, die entdeckten, dass sie mit der Wolfsrudeltaktik auch große Gegner reißen können. Heute funktionieren »die Finanzmärkte« eher wie ein anonymer, beinahe autarker Finanzmechanismus, der über Wohl und Wehe ganzer Nationen entscheidet. Der Spekulant unserer Tage trägt keine breiten Hosenträger, ja, er trägt noch nicht einmal Nadelstreifenanzug und Aktenkoffer. Die wackeren Arbeitsbienen im Finanzsystem tragen Jeans und Rucksack und haben mit Wirtschaft nicht viel zu tun – sie haben ihr Studium in den naturwissenschaftlichen Fächern oder in Mathematik und Informatik mit Prädikat abgeschlossen und verstehen etwas von komplexen Systemen und Algorithmen. Wann und zu welchem Kurs welches Papier gekauft, verkauft, gehedgt oder geshortet wird, entscheiden heutzutage leistungsstarke Computersysteme, die kontinuierlich mit Daten gefüttert werden. Im Finanzkasino sitzen keine menschlichen Spieler, sondern leistungsstarke Computersysteme, deren Algorithmen den Einsatz und die Spielstrategie bestimmen. Die Finanzmärkte haben kein Gesicht, sie sind nicht gut oder böse, sie sind nicht unmoralisch, sondern agieren vielmehr außerhalb jeder moralischen Bewertung.

Die einzelnen Akteure wissen nur zu genau, dass das System nur dann gewinnen kann, wenn es geschlossen agiert. Jeder noch so große Einzelakteur, sei es ein Hedge-Fonds oder eine Investmentbank, ist, auf sich allein gestellt, zu klein, um als Spekulant Staaten oder Volkswirtschaften in die Knie zu zwingen. Als geschlossenes System sind die Akteure jedoch nahezu unbesiegbar. Die Finanzmärkte handeln mit Papieren, die manchmal auf der Realwirtschaft basieren, oft jedoch rein synthetisch sind und sich ausschließlich im luftleeren Raum bewegen. Mit realer Wirtschaft hat das moderne Finanzsystem nur noch sehr wenig zu tun.

Geld aus dem Nichts

Will man die Finanzmärkte in Zahlen fassen, muss man angesichts der Absurdität der Größenordnungen kapitulieren. Die größten Akteure auf den Finanzmärkten sind die privaten Banken, die Werte von 95 Billionen US-Dollar (also 95 000 Milliarden US-Dollar) in ihren Bilanzen ausweisen. Die größte deutsche Bank heißt auch so und weist aktuell eine Bilanzsumme von 2,3 Billionen Euro aus – rund 28 000 Euro für jeden Deutschen, vom Säugling bis zum Greis. Nicht wesentlich kleiner als das offizielle Bankensystem ist das Schattenbankensystem mit all seinen Hedge-Fonds und Zweckgesellschaften, das eine Bilanzsumme von sechzig Billionen US-Dollar vorweisen kann. Weitere 39 Billionen US-Dollar werden von Versicherungen und Pensionsfonds verwaltet, zwölf Billionen US-Dollar von öffentlichen Finanzinstituten, zehn Billionen US-Dollar von den Zentralbanken und weitere fünf Billionen US-Dollar von sogenannten Staatsfonds. Insgesamt werden von den Akteuren der Finanzmärkte somit Gelder in Höhe von 221 Billionen US-Dollar verwaltet. Dies entspricht der Summe von 31 500 US-Dollar für jeden Erdbewohner. Unser Planet mag knapp an Öl oder Nahrung sein, knapp an Geld ist er nicht.

Man sollte jedoch nicht den häufigen Denkfehler begehen und Geld mit Vermögen gleichsetzen. Geld ist kein anderes Wort für Vermögen, es stellt vielmehr eine Forderung dar. Geld wird über Kredite, also über Schulden geschöpft. Wenn Sie beispielsweise ein Haus besitzen, das vollständig abbezahlt und nicht beliehen ist, und zusätzlich einen Hunderteuroschein Ihr Eigen nennen, besitzen Sie ein Geldvermögen in Höhe von hundert Euro. Wenn Sie nun aber auf Ihr Haus einen Hypothekenkredit in Höhe von 100 000 Euro aufnehmen, besitzen Sie ein Bruttogeldvermögen von 100100 Euro.[3] Wenn Sie aber Ihre Verbindlichkeiten gegenüber der Bank abziehen, haben Sie immer noch ein Nettogeldvermögen von 100 Euro. Es ist jedoch offensichtlich, dass durch das Wachstum der Geldmenge keine Werte geschaffen und weder Sie noch Ihre Bank reicher oder ärmer wurden.

Wenn Banken Geld für ihre Geschäfte benötigen, gehen sie nach einem ähnlichen Muster vor: Sie leihen sich das Geld von den Zentralbanken. Die Deutsche Bank hat beispielsweise eine Bilanzsumme von 2,28 Billionen Euro, verfügt aber nur über ein Eigenkapital in Höhe von 51,9 Milliarden Euro.[4] Für jeden Euro, den die Deutsche Bank besitzt, hat sie demnach 44 Euro an den Märkten angelegt – teils als Kredit, teils als Position in verschiedenen Formen des globalen Finanzkasinos. Der Großteil der oben genannten Summe stellt somit überhaupt keinen Vermögenswert dar, sondern besteht ganz profan aus Schulden und Forderungen, die sich gegenseitig aufheben.

Solange die Märkte brummen, ist dies freilich ein sehr profitables Geschäft. Nehmen wir einmal an, die Deutsche Bank macht auf ihre gesamte Bilanzsumme 2,5 Prozent Gewinn und zahlt auf ihre Schulden im Schnitt zwei Prozent Zinsen. Da die Deutsche Bank sich – wie jede Großbank – bei der EZB Geld zum günstigen Leitzins (zur Zeit zu einem Prozent) leihen kann, ist dieser Wert realistisch. Sie macht also auf einen Teil ihrer Bilanzsumme (dem Eigenkapital) 2,5 Prozent Gewinn und auf 44 Teile ihrer Bilanzsumme (dem Fremdkapital) 0,5 Prozent Gewinn. Auf einen Euro Eigenkapital macht die Bank bei dieser Verteilung somit 24,5 Cent Gewinn (2,5 Cent mit dem Eigenkapitel und 22 Cent mit dem Fremdkapital). So kommt ein Herr Ackermann dann auch zu seinen großspurig angekündigten Traumrenditen von zwanzig Prozent und mehr, die sich stets nur auf den Eigenkapitalanteil beziehen. Würde der Gesetzgeber den maximalen Fremdkapitalanteil in einer Bankbilanz (Fachwort: Hebel beziehungsweise Leverage-Ratio) auf zehn senken, kämen auf jeden Euro Eigenkapital »nur« noch zehn Teile Fremdkapital, und die Deutsche Bank würde nach obiger Rechnung nicht 24,5 Prozent Rendite, sondern »nur« noch

7,5 Prozent Rendite machen, womit sie im Verhältnis zu anderen Branchen immer noch ordentlich im Geschäft wäre.

Der Hebel mag zwar in guten Zeiten die Renditen der Banken steigern, in schlechten Zeiten wird er jedoch zu einem Bumerang. Wenn die Deutsche Bank nicht 2,5 Prozent Gewinn, sondern 2,5 Prozent Verlust einfährt, erzielt sie für jeden Teil Fremdkapital (bei zwei Prozent Zinsen) 4,5 Prozent Verlust. Bei zehn Teilen Fremdkapital und einem Teil Eigenkapital wären dies bereits 47,5 Prozent. Das Eigenkapital der Bank würde sich durch einen solchen Verlust, der mit 2,5 Prozent gemessen an der Bilanzsumme gar nicht so ungewöhnlich ist, fast halbieren. Beim realen Hebel von einem Teil Eigen- und 44 Teilen Fremdkapital reicht bereits ein Verlust von 0,1 Prozent (gemessen an der Bilanzsumme), um das Eigenkapital komplett aufzuzehren, was gleichbedeutend mit einem Bankrott wäre.

Moderne Banken sind zum Erfolg verdammt, sie sind dermaßen risikofreudig aufgestellt, dass bereits ein kleiner Rückschlag ausreicht, um sie zusammenbrechen zu lassen. Die Wolkenkratzer in New York, im Londoner Finanzdistrikt oder in Frankfurt sind sprichwörtlich Riesen auf tönernen Füßen. Da die westlichen Staaten die Banken für »systemrelevant« erklärt haben, müssen sie nun dafür sorgen, dass diese keine Verluste machen. Jede Regulierung, die Einfluss auf das Geschäftsergebnis hat, verbietet sich somit von selbst. Das ist der blanke Irrsinn, wenn man es näher betrachtet.

Noch beeindruckender als die Höhe der Bestandsgrößen ist dabei die Betrachtung der Stromgrößen. Der Wert aller weltweit in einem Jahr geschaffenen Güter und Dienstleistungen beträgt rund siebzig Billionen US-Dollar. Innerhalb dieser Stromgröße befinden sich die realen Märkte wie beispielsweise der Immobilienmarkt mit seinem Jahresumsatz von 0,4 Billionen US-Dollar, der Energiemarkt mit sieben Billionen US-Dollar und schließlich der Arbeitsmarkt, der mit einem Umsatz von 55 Billionen US-Dollar (die Summe aller Einkommen weltweit) wohl der größte reale Markt ist. Zum Vergleich: Der Aktienmarkt hat ein Jahresvolumen von 63 Billionen US-Dollar, der Derivatemarkt, an dem Termingeschäfte und Wetten auf künftige Preisentwicklungen gehandelt werden, hat ein Volumen von 708 Billionen US-Dollar, und der Devisenmarkt hat gar ein Volumen von 1007 Billionen US-Dollar. Dagegen ist der Anleihenmarkt, der in den letzten beiden Jahren zum Menetekel für unsere Volkswirtschaften zu werden droht, mit seinem Jahresvolumen von 24 Billionen US-Dollar vergleichsweise klein.

Diese gewaltigen Zahlen vermitteln einen Eindruck von der Fragilität des Finanzsystems. Um die Banken und Hedge-Fonds vor sich selbst zu retten, ist daher auch eine weitestgehende Neuordnung des Finanzsystems notwendig. An erster Stelle sollte dabei die Schrumpfung der Bilanzsummen stehen. Ein solcher Schritt wäre am einfachsten über signifikant verschärfte Eigenkapitalrichtlinien zu erreichen, die den Anteil von Fremdkapital in den Bankbilanzen scharf zurückfahren. Nur wenn die Banken ein vernünftiges Verhältnis von Eigen- zu Fremdkapital aufweisen, sind sie auch in der Lage, Verluste zu kompensieren, ohne damit gleich das gesamte Finanzsystem zu bedrohen.

Unter dem Eindruck der Finanzmarktkrise haben sich die großen Industriestaaten auf ihren G-20-Treffen sogar dazu durchgerungen, die Eigenkapitalanforderungen zu verschärfen. Das Problem dabei ist jedoch, dass die Banken heute die Möglichkeit haben, ihre Rücklagen an das jeweilige Risiko der vergebenen Kredite und gehaltenen Papiere anzupassen. So fallen beispielsweise vermeintlich risikolose Anleihen aus der Rechnung heraus und müssen überhaupt nicht mit Eigenkapital hinterlegt sein.

Welche Papiere sind nach Ansicht der Marktregulierer risikolos? Sie ahnen es: Staatsanleihen, die von den Ratingagenturen mit einem A-Rating versehen wurden. Eine Großbank kann sich also theoretisch beliebig viel Geld von der EZB leihen, dafür Euro-Staatsanleihen erwerben und diese dann wiederum bei der EZB als Sicherheit für weitere Kredite hinterlegen. Mit Eigenkapital müssen diese Papiere nicht unterfüttert sein, jeder Zinsgewinn stellt ein nahezu anstrengungsloses Einkommen dar, während jeder Verlust die Bank aufgrund der nicht vorhandenen Absicherung ins Mark trifft. Selbstverständlich könnte der Gesetzgeber dieses Risiko entschärfen, indem er dafür sorgt, dass auch Papiere wie Staatsanleihen mit Eigenkapital abgesichert werden müssen. Dies würde jedoch die Nachfrage nach diesen Papieren abschwächen und damit die Zinsen in die Höhe treiben. Daran haben die Staaten verständlicherweise kein Interesse. Solange sie darauf angewiesen sind, dass das Finanzsystem ihnen ihre Staatsanleihen zu guten Konditionen abnimmt, sind ihnen bei der Regulierung des Finanzsystems auch die Hände gebunden.

Das Geschäft mit den Staatsanleihen

Die öffentlichen Haushalte Deutschlands haben eine Gesamtverschuldung von rund zwei Billionen Euro, die Schulden des Bundes machen davon mit rund 1 150 Milliarden Euro den größten Teil aus.[5] Der Bund ist dabei überwiegend über Anleihen verschuldet, die mit unterschiedlichen Laufzeiten zwischen zwei und dreißig Jahren ausgegeben werden. Wenn eine Anleihe ausläuft, muss sie in der Regel durch eine neue abgelöst werden. Allein im Jahr 2011 wurden daher Bundesanleihen im Wert von 181 Milliarden Euro neu platziert.[6] Die OECD hat berechnet, dass der Kapitalbedarf ihrer 34 Mitgliedsstaaten im Jahre 2012 stolze acht Billionen Euro betragen wird.[7] Diese Zahlen sind erschreckend, lassen sie doch bereits erahnen, wie abhängig die Staaten von den Finanzmärkten sind.

Wem schuldet der Staat eigentlich Geld? Erstaunlicherweise gibt es auf diese einfache Frage noch nicht einmal eine zufriedenstellende Antwort. Ältere Leser werden sich sicherlich noch an die süße Schildkröte »Günther Schild« erinnern, die im Namen des Bundesfinanzministeriums in Anzeigen die Solidität von Bundesanleihen und Bundesschatzbriefen bewarb. Die populäre Annahme, der Staat sei vor allem bei seinen eigenen Bürgern verschuldet, lässt sich jedoch heute nicht mehr aufrechterhalten.

Auch die Annahme, Bundesanleihen befänden sich hauptsächlich im Portfolio der großen Lebensversicherungen und Pensionsfonds, die für breite Schichten der Bevölkerung einen wichtigen Teil der Altersvorsorge bilden, ist nicht mehr haltbar, wenn man die statistischen Erhebungen der Bundesbank betrachtet.[8] Im ersten Quartal 2011 waren die öffentlichen Haushalte gerade einmal mit 268 Milliarden Euro bei inländischen »Nichtbanken«, zu denen auch Versicherungen und Pensionsfonds zählen, verschuldet. Der Anteil der Staatsschulden, der von solchen inländischen Nichtbanken gehalten wird, geht dabei seit Jahren stetig zurück. Wenn nun aber nur rund vierzehn Prozent der gesamten öffentlichen Verschuldung durch inländische Nichtbanken gehalten werden, wer besitzt dann die restlichen 86 Prozent?

Die Antwort liegt auf der Hand: Die geänderten Eigenkapitalrichtlinien, die dazu geführt haben, dass die Banken Staatsanleihen ohne nennenswerte Rücklagen aus dem wertvollen Eigenkapital auf Pump erwerben und halten dürfen, sind nicht wirkungslos verpufft. Die Staaten sind heute zum größten Teil beim Bankensektor verschuldet, für den das Geschäft mit den Staatsanleihen eine Lizenz zum Gelddrucken darstellt.

Um diese Problematik in Gänze zu verstehen, lohnt es sich, der Frage nachzugehen, wie Staatsanleihen eigentlich gehandelt werden. Wenn man sich die Finanzplanung des Bundes anschaut, muss man feststellen, dass sie sich gar nicht einmal großartig von der Haushaltsplanung der schwäbischen Hausfrau unterscheidet. Dank relativ zuverlässiger Steuerschätzung weiß das Finanzministerium in etwa, zu welchem Zeitpunkt es wie viel Geld einnehmen wird. Durch das Haushaltsgesetz und die Haushaltsplanung der Fachministerien weiß man auch ungefähr, zu welchem Zeitpunkt man wie viel Geld ausgeben muss. Auch der Staat kann nur dann Geld ausgeben, wenn seine Konten gedeckt sind und das nötige Guthaben aufweisen. Dies ist jedoch nicht immer gegeben – vor allem dann nicht, wenn der Staat mittel- bis langfristig höhere Ausgaben als Einnahmen hat. Um immer ausreichend Geld zur Verfügung zu haben, stellt das Finanzministerium daher einen Finanzplan auf, der besagt, zu welchem Zeitpunkt der Staat sich wie viel Geld leihen muss.

Die eigentliche Emission (Ausgabe) der Bundesanleihen wird dabei von der öffentlichen Finanzagentur GmbH durchgeführt. Die Anleihen werden bei einer geschlossenen Auktion versteigert. Da die Anzahl der Gebote regelmäßig die Zahl der zu versteigernden Anleihen bei weitem übersteigt, bekommen die Interessenten, die den besten Kurs – und somit den niedrigsten Zins – bieten, den Zuschlag. Nur wenn eine Auktion außergewöhnlich schlecht verläuft, greift zusätzlich der vom Staat festgelegte Mindestkurs. Bei einer solchen Auktion kriegen nur die Bieter Anleihen zugeteilt, deren Gebot über dem Mindestkurs liegt. Der Rest der Anleihen wird bei solchen Auktionen nicht versteigert, was für den Staat ein echtes Problem darstellt, da er die nun entstandene Finanzierungslücke anderweitig schließen muss.

Bei diesen Versteigerungen kann jedoch nicht jeder Interessent mitbieten. Dieses Privileg ist einer sehr kleinen und sehr erlauchten Gruppe von deutschen und internationalen Großbanken vorbehalten, der sogenannten Bietergruppe. Wenn in den Medien vom »Primärmarkt« gesprochen wird, ist damit diese Versteigerung gemeint. Alle anderen Interessenten müssen die Anleihen an den Börsen dieser Welt auf den sogenannten Sekundärmärkten kaufen, egal ob es sich dabei um Lieschen Müller, einen deutschen Lebensversicherer oder einen Hedge-Fonds handelt, der in einer karibischen Steueroase registriert ist. An diesen Sekundärmärkten werden Staatsanleihen genauso gehandelt wie Aktien oder Terminkontrakte für Schweinebäuche.

Die Kurse an den Sekundärmärkten stehen zwar in einer Wechselwirkung mit den Versteigerungsergebnissen auf dem Primärmarkt – für die Staatsfinanzen ist jedoch ausschließlich letzterer von Interesse. Bei den Versteigerungen wird der eigentliche Zinssatz für die Staatsanleihen festgelegt, während sich der Handelskurs auf den Sekundärmärkten – wie auch bei Aktien – durch Angebot und Nachfrage regelt. Wenn eine Zeitung meldet, dass beispielsweise Italien seine Anleihen nur zu einem Zinssatz von 6,47 Prozent »am Markt platzieren« konnte, so ist damit der Primärmarkt gemeint. Wenn eine Zeitung hingegen meldet, dass die Kurse für griechische Anleihen an Märkten mit Renditen von vierzig Prozent gehandelt werden, sind die Sekundärmärkte gemeint. Diese Kurse haben jedoch keinen direkten Einfluss auf den griechischen Staatshaushalt – solange ein Staat keine Anleihen am Primärmarkt platzieren muss, ist es vollkommen unerheblich, zu welchem Kurs seine bereits ausgegebenen Anleihen gehandelt werden. Der Besitzer der Anleihen bekommt am Ende der Laufzeit den vollen Nennwert vom Staat zurückbezahlt. Dabei spielt es keine Rolle, ob er die Anleihe bereits bei der Versteigerung oder zum Ramschwert kurz vor Ablauf der Laufzeit erworben hat.

Die Erpressung

Für Banken stellt diese Form der Staatsfinanzierung eine ungeahnte Subventionierung durch den Staat dar. Wir erinnern uns: Eine Europäische Großbank kann sich das notwendige Kapital für den Erwerb einer Staatsanleihe zum günstigen Leitzins bei der Europäischen Zentralbank leihen und muss dafür keine Sicherheiten hinterlegen oder nennenswertes Eigenkapital mitbringen. Obgleich die Bank das Kapital zu einem Zinssatz von derzeit einem Prozent von der Zentralbank geliehen bekommt, kassiert sie für eine durchschnittliche Euro-Anleihe wie beispielsweise französische Staatsanleihen immerhin drei Prozent Zinsen. Mit jedem Euro, den sich die Bank von der Zentralbank leiht, macht sie also ohne jegliche Eigenleistung pro Jahr zwei Cent Gewinn. Bei »angeschlagenen« Anleihen wie beispielsweise den italienischen ist der Gewinn wesentlich größer als bei solide geltenden Anleihen wie den deutschen.

Stellen Sie sich mal einen Moment vor, Ihr Bankberater käme morgen auf Sie zu und würde Ihnen folgendes Geschäft vorschlagen: Sie nehmen einen Kredit auf, der nur mit einem Prozent –

und somit weit unter der Inflationsmarke – verzinst werden muss, und sollen dafür deutsche Staatsanleihen, die als sicherste Papiere der Welt gelten, kaufen, für die Sie eine garantierte Verzinsung von zwei Prozent bekommen. Würden Sie auch nur eine Sekunde zögern? Leider gibt es solch überaus verlockende Geschenke jedoch nicht für Privatkunden, man muss schon eine Großbank sein, um von den Spendierhosen des Staates zu profitieren.

Wenn man bedenkt, dass allein die deutschen Großbanken deutsche Staatsanleihen im Wert von 411 Milliarden Euro halten,[9] macht dieses Geschenk bei nur einem Prozent Zinsgewinn bereits 4,1 Milliarden Euro aus – pro Jahr, versteht sich. Die eigentlichen Zahlen sind weitaus höher, da die Zinsen für Bundesanleihen erst in den Turbulenzen der Eurokrise auf das derzeitige sehr niedrige Niveau absanken. Wenn Guido Westerwelle über anstrengungslosen Wohlstand philosophiert, sollte er sein Augenmerk künftig einmal auf die Banken richten. Auf die gesamte Eurozone übertragen, könnte man folgende Rechnung aufstellen: Die Länder der Eurozone sind mit insgesamt neun Billionen Euro verschuldet, von denen rund ein Drittel durch europäische Banken finanziert wird. Legt man nun eine Zinsdifferenz von zwei Prozent zwischen Leitzins und Nominalzins der Anleihen zugrunde, beträgt der Zinsgewinn des Bankensektors beachtliche 59,4 Milliarden Euro. Da muss man sich wahrlich nicht wundern, wenn sich der Finanzsektor mit Händen und Füßen gegen jeglichen Vorschlag wehrt, der die Staatsfinanzierung nicht dem privaten Bankensektor, sondern öffentlichen Anstalten oder gar den Zentralbanken übertragen will.

Glaubt man Bankenvertretern und marktliberalen Volkswirten, ist die Staatsfinanzierung über die Finanzmärkte angeblich alternativlos. Hinterfragen wir doch einmal die Kernaussagen dieser Sichtweise. Die Aussage, nach der die Banken die aufgezählten Zinsgewinne einstreichen, ohne dafür eine nennenswerte Eigenleistung zu erbringen, würde wahrscheinlich jedem Marktliberalen die Zornesröte ins Gesicht treiben. Nicht zu Unrecht, da die

Banken in der Theorie bei jedem Kreditgeschäft das Risiko tragen. Seien es Unternehmenskredite, Privatkredite oder auch Hypothekenkredite – immer wieder fallen einige dieser Kredite aus, und die Bank muss die ausstehende Kreditsumme abschreiben. Diese Risikoverteilung gehört schließlich zu den Kernaufgaben des Bankgeschäfts. Bei Staatsanleihen ist dies jedoch ein wenig anders gelagert. Ein Ausfall der deutschen Bundesanleihen wäre gleichbedeutend mit einem Staatsbankrott Deutschlands. Rein theoretisch ist ein solcher Staatsbankrott natürlich nicht auszuschließen, er würde jedoch allein schon wegen seiner verheerenden direkten und indirekten Auswirkungen ohnehin mit dem Zusammenbruch des gesamten Europäischen Bankensystems einhergehen. Daher ist es auch müßig, der Argumentation zu folgen, nach der die Banken eine Art »Risikoabsicherungsprämie« gegen diesen Super-GAU erheben müssten.

Nun ist nicht jede Volkswirtschaft derart »systemrelevant« wie die deutsche. Ein Staat, der in seiner eigenen Währung verschuldet ist und eine souveräne Notenbankpolitik betreiben kann, kann de facto nicht bankrott gehen. Bei sämtlichen Staatspleiten der vergangenen Jahrzehnte war der betreffende Staat nicht in seiner eigenen, sondern in einer Fremdwährung verschuldet. Alle Staatspleiten der Vergangenheit, in denen auch Staaten in den Bankrott gehen mussten, die in ihrer eigenen Währung verschuldet waren, betrafen Währungen, die durch Edelmetalle gedeckt waren. Selbst Zentralbanker können aus Blei kein Gold machen. Wenn ein moderner Staat im Notfall Geld braucht und es nicht an den Finanzmärkten bekommt, kann er sich dieses Geld von seiner eigenen Notenbank schöpfen lassen – man könnte hier auch von »Geld drucken« sprechen. Die Staatsanleihen der USA, Großbritanniens oder Japans haben daher auch kein wirkliches Ausfallrisiko – sie haben allenfalls ein Inflationsrisiko, das in den Kursen gebildet wird.

Möglich ist allerdings, dass die betreffende Währung gegenüber anderen an Wert verliert. Die Eurozone ist jedoch eine Währungsgemeinschaft. Kein Land hat Zugriff auf die EZB, und kein

Land kann somit eine souveräne Notenbankpolitik betreiben. Länder der Eurozone sind daher – bildlich betrachtet – nicht in ihrer »eigenen« Währung verschuldet und können theoretisch sehr wohl bankrott gehen, also zahlungsunfähig werden, wenn ihnen die Finanzmärkte kein frisches Kapital zur Verfügung stellen. Dies wäre der Fall, wenn bei den Auktionen am Primärmarkt zu wenige oder gar keine Gebote platziert würden.

Was theoretisch möglich ist, kann jedoch praktisch noch lange nicht als Argumentationshilfe für die Banken gelten. Auch wenn nach marktliberaler Logik momentan die halbe Eurozone in der Tat den Staatsbankrott anmelden müsste, wissen die Banker nur allzu genau, dass dieses Szenario nicht eintreten wird. Bereits der Lehman-Zusammenbruch hat gezeigt, dass im heutigen Finanzsystem fast alle Akteure untereinander verwoben sind und jeder größere Ausfall ungeahnte Nebenwirkungen auf das gesamte System hat. Die Eurozone kann beispielsweise Italien nicht einfach pleite gehen lassen, ohne damit eine gesamteuropäische Bankenkrise zu verantworten, bei der die Staaten wieder einmal mit Milliarden und Abermilliarden das Finanzsystem vor sich selbst retten müssen.

Die Too-big-to-fail-Logik hat uns eingeholt, heute sind nicht nur einzelne Banken systemrelevant, auch die Staatsschulden sind mittlerweile systemrelevant geworden. Folgt man dieser Logik, ist jedoch auch kein Ausfall der Papiere möglich, und somit tragen die Banken auch kein wirkliches Ausfallrisiko. Selbst die großspurig angekündigte Beteiligung der Banken bei der »Rettung« Griechenlands erweist sich bei näherer Betrachtung als glatte Schönfärberei. Das Angebot des internationalen Bankenverbands unter Führung des Deutschbankers Josef Ackermann ist vielmehr ein Bilanztrick, bei dem die Banken de facto überhaupt keine Verluste hinnehmen müssen. Selbst dieser äußerst bankenfreundliche Vorschlag ist jedoch schon wieder vom Tisch. Die aktuelle Krisenstrategie der Troika ist vielmehr, den dahinsiechenden Patienten Griechenland so lange leiden zu lassen, bis auch die letzte von Banken gehaltene Anleihe in den öffentlichen Besitz übergegangen ist und eine Umschuldung nur noch auf Kosten der öffentlichen Kassen geht und die Bankbilanzen nicht mehr tangiert.

Die Erpressung der Politik durch das Bankensystem hat so zu einer nur noch grotesk zu nennenden Finanzspirale geführt: Der Finanzsektor wird fürstlich mit Steuergeldern alimentiert und begründet diese Alimentierung damit, dass er das Risiko für finanzielle Probleme der Staaten tragen würde, obgleich in der Realität das genaue Gegenteil zu beobachten ist – die Staaten tragen schon heute das volle Risiko für die finanziellen Probleme ihrer Banken. Trotz dieses offensichtlichen Widerspruchs wagt sich kein Politiker an die Herkulesaufgabe, diesen Augiasstall endlich einmal auszumisten.

Hat die Bankenlobby die Politik bereits so fest im Griff? Unwahrscheinlich. Wahrscheinlicher ist es, dass das Fundament unseres Bankensystems bereits so marode ist, dass kein Politiker es wagt, Arbeiten an den Stützpfeilern zu unternehmen.

Eurokrise – Europa im Visier der Banken

Nicht die Höhe der Schulden, sondern die Zinskosten sind es, die ein Land an den Rand der Zahlungsunfähigkeit treiben. Anders als die Höhe der Staatsverschuldung wird die Höhe der Zinsen jedoch nicht von der Politik, sondern von den Finanzmärkten bestimmt. Die großen Akteure an den Finanzmärkten gehen dabei wie ein Wolfsrudel vor. Nur in absoluten Notzeiten würde ein Wolfsrudel einen kräftigen Bären attackieren, in normalen Zeiten sucht es sich stattdessen das schwächste Mitglied einer Herde aus und attackiert es in einer fein abgestimmten gemeinsamen Taktik.

Den Spekulanten war es sehr wohl bekannt, dass die Eurozone mit ihrer unabhängigen EZB den einzelnen Mitgliedsländern ohne ein festes politisches Bekenntnis zum Zusammenhalt keinen Schutz bieten kann. Also testete man den politischen Willen, indem man das schwächste Mitglied der Eurozone attackierte. Anstatt sich kompromisslos hinter Griechenland zu stellen, spielte damals die dominante Leitkuh der Euroherde ganz offen mit dem Gedanken an einen möglichen Bankrott der Hellenen. Wir schrieben April 2010, in Nordrhein-Westfalen standen wichtige Landtagswahlen vor der Tür, und Angela Merkel wollte ihrem Parteifreund Jürgen Rüttgers durch ihre offene Ablehnung der Solidarität mit Griechenland ein paar Prozentpunkte schenken.

Dieses Manöver ging gleich in mehrfacher Hinsicht grundsätzlich in die Hose, wobei die Wahlschlappe der CDU in Nordrhein-Westfalen sicher der unbedeutendste Kollateralschaden ist. Hätte Merkel im April 2010 klipp und klar gesagt, dass Deutschland und die Eurozone über die EZB die Rückzahlung der griechischen Anleihen ohne Wenn und Aber garantieren, wäre die Eurokrise damals bereits im Keim erstickt worden. Merkel schlug jedoch sämtliche Warnungen aus, spielte mit dem Feuer und löste ohne Not einen Flächenbrand aus. Statt der neunzig Milliarden Euro, um die es im April 2010 ging, geht es heute um 4 000 Milliarden Euro – so groß müsste ein wirkungsvoller Rettungsschirm nach Berechnungen des Centre for European Policy Studies inzwischen sein.[10]

Die Eurokrise wird fälschlicherweise häufig als Schuldenkrise bezeichnet. Wer schon immer gern dem Neoliberalismus das Wort geredet und die Staatsausgaben – vor allem die für die Sozialsysteme – kritisiert hat, sieht die Eurokrise natürlich als Steilvorlage, um den kalten Kaffee vergangener Jahre erneut aufzuwärmen und zu behaupten, sie sei eine direkte Folge des finanzpolitischen Schlendrians einiger Eurostaaten.

Vor allem in der schwarz-gelben Bundesregierung sind solche Thesen sehr populär. So ließ Finanzminister Wolfgang Schäuble die Öffentlichkeit in einem Interview mit der ARD-Sendung Plusminus im Sommer 2011 wissen, dass es – seiner Meinung nach – »unter Ökonomen weltweit unbestritten [sei], dass [...] die Hauptursache der Krise [...] die zu hohe Verschuldung der öffentlichen Haushalte auf der ganzen Welt [sei].«[11] Dies sind zweifelsohne starke Worte, deren Wahrheitsgehalt jedoch gen null tendiert und die den Wirtschaftsnobelpreisträger Paul Krugman sogleich zur launig-rhetorischen Frage veranlassten, wer denn diese »Ökonomen« seien – er selbst und die ihm bekannten namhaften Kollegen würden zumindest nicht dazugehören.[12]

Staatsschuldenquote ausgewählter OECD-Staaten

Staat	Staatsschulden in Prozent des BIP			Entwicklung	
	2000	2007	2010	2000–2007	2008–2010
Deutschland	38,4%	39,6%	44,4%	+ 1,2%	+ 4,9%
Frankreich	47,4%	52,1%	67,4%	+ 4,7%	+ 15,3%
Großbritannien	42,2%	42,7%	85,5%	+ 0,6%	+ 42,8%
USA	33,9%	35,7%	61,3%	+ 1,8%	+ 25,6%
Italien	103,6%	95,6%	109,0%	- 7,9%	+ 13,4%
Spanien	49,9%	30,0%	51,7%	- 19,9%	+ 21,7%
Irland	34,8%	19,8%	60,7%	- 14,9%	+ 40,9%
Griechenland	108,9%	105,7%	147,8%	- 3,3%	+ 42,2%

Quelle: OECD und Japanisches Finanzministerium – Bezug: Schulden der Zentral-/Bundesregierung (Central Government Debt)

Wenn man sich die statistischen Daten der OECD anschaut, kommt man nur schwerlich darum herum, Krugman in diesem Punkt recht zu geben.[13] Die »zu hohe Verschuldung«, die Wolfgang Schäuble für die Krise verantwortlich macht, entstand bei den allermeisten OECD-Staaten erst ab dem Herbst 2008, also im Kielwasser der Finanzkrise, bei der die Länder ihre angeschlagenen Banken mit Milliarden und Abermilliarden retten mussten. Am Vorabend der Krise hatte Europa kein Schuldenproblem – im Gegenteil, vor allem die Staaten, die heute Probleme mit ihrer Refinanzierung haben, galten noch im September 2008 als wahre Musterknaben. Wer zu den Ursachen der heutigen Eurokrise vorstoßen will, sollte daher auch zwei Perioden unterscheiden: die Zeit vor und die Zeit nach dem bisherigen Höhepunkt der Finanzkrise im September 2008.

Irland gehörte beispielsweise noch vor dreißig Jahren zu den am höchsten verschuldeten Industrieländern. Aus dem Sorgenkind wurde in den folgenden zwei Jahrzehnten der Klassenbeste. Am Vorabend der Krise betrug die irische Staatschuldenquote lediglich 19,8 Prozent. In keinem anderen Eurostaat schlug die Finanzkrise jedoch derart vernichtend zu wie in Irland. Der Staat hat nicht nur mit den Auswirkungen auf die Realwirtschaft zu kämpfen, die in Folge der Krise um mehr als zehn Prozent geschrumpft ist, sondern die irische Regierung hat sich mit der Verstaatlichung der großen Banken an den Rand der Handlungsunfähigkeit manövriert. Bis Ende 2013 soll die Staatsschuldenquote des ehemaligen keltischen Tigers auf 113 Prozent steigen. Diese Gesamtverschuldung wäre noch nicht einmal ein sonderlich großes Problem, wenn Irland seine eigene Währung und eine eigene Notenbank hätte. In einer Währungsunion hat ein einzelner Staat jedoch nicht die Ausweichmöglichkeit, seine Schulden im Notfall durch die eigene Notenbank begleichen zu lassen, und das wissen natürlich auch die Spekulanten, die die Zinsen für irische Staatsanleihen immer weiter in die Höhe getrieben haben. Bei einem Zinssatz von mehr als sechs Prozent ist es nahezu unmöglich, eine solch hohe Zins- und Schuldenlast zu bedienen, geschweige denn abzubauen. Dazu bedürfte es Wachstumsraten, die über dem Zinssatz liegen.

Infolge der Attacken durch die Spekulanten musste Irland daher als zweites europäisches Land die Hilfe des Europäischen Stabilitätsmechanismus in Anspruch nehmen, die jedoch keine langfristige Rettung darstellt, da der effektive Zinssatz mit 5,9 Prozent immer noch vergleichsweise hoch ist. Es wird noch sehr lange dauern, bis das 2008 noch vor Gesundheit strotzende Irland sich von der künstlichen Beatmung durch die »Retter« wird befreien können. So lange wird Irland auch jede Vorgabe aus Brüssel, Frankfurt und Washington eins zu eins umsetzen müssen.

Auch die spanische Krise ist ein Produkt der Finanz- und Wirtschaftskrise. Spanien konnte seine Staatsschuldenquote seit der Einführung des Euro von fast fünfzig Prozent auf dreißig Prozent im Jahre 2007 reduzieren. Am Vorabend der Krise konnte Spanien bei nahezu allen finanzpolitischen Kennzahlen bessere

Werte vorweisen als Deutschland, Frankreich oder Großbritannien – das Wirtschaftswachstum und der Haushaltsüberschuss waren höher, die Staatsverschuldung war niedriger. Die Finanz- und Wirtschaftskrise traf Spanien jedoch hart. Der Staatshaushalt lief infolge der Krise durch die rasant gestiegene Arbeitslosigkeit und die Kosten der Bankenrettungen aus dem Ruder. In den Jahren 2008 bis 2010 stieg die Staatsschuldenquote um 21,7 Prozentpunkte auf 51,7 Prozent.

Es gibt keine rationale, ökonomisch fundierte Erklärung dafür, warum ausgerechnet Spanien nicht mehr das Vertrauen der Finanzmärkte genießt. Es steht in allen Disziplinen besser da als Großbritannien und muss dennoch – anders als die Briten – für seine Staatsanleihen einen signifikant höheren Risikoaufschlag bezahlen. Für dieses Paradoxon hat der Ökonom Paul De Grauwe von der Universität Leuven eine überzeugende Erklärung.[14] Da die Eurostaaten auf ihre Verschuldung nicht mit einer souveränen Finanz- und Notenbankpolitik reagieren können, sind sie auf Gedeih und Verderb dem guten Willen des Euroäischen Rats in Brüssel und der EZB ausgeliefert. Wenn die Europäischen Regierungschefs sich weigern, einen verlässlichen »Rettungsmechanismus« zu verabschieden, der eine kollektive Haftung für die Schulden eines Mitgliedsstaats übernimmt, besteht immer die Möglichkeit eines realen Zahlungsausfalls, wenn ein einzelnes Land Opfer der Spekulation wird.

Das Krisenmanagement der Eurozone hat sich diese Option stets offengehalten – vor allem Angela Merkel und Wolfgang Schäuble schafften und schaffen es nicht, an einem Mikrophon vorbeizugehen, ohne den unkritischen Medien zu vermelden, dass die Option einer Umschuldung zwar nicht angestrebt, aber keinesfalls auszuschließen ist. Daher verwundert es gar nicht, wenn die Spekulanten einen Risikoaufschlag verlangen und ihn auch bekommen.

Das »Schuldenproblem« Spaniens ist somit eine sich selbsterfüllende Prophezeiung. Da die Spekulanten dem Land ein Schuldenproblem andichten, steigen die Risikoaufschläge für die Staatsanleihen, und plötzlich hat das Land ein sehr reales Schuldenproblem. Aus Angst vor einer Zahlungsunfähigkeit verlangen die Spekulanten immer höhere Zinsen, und als Folge der höheren Zinsen geraten die Staaten weiter in eine Abwärtsspirale durch die von der Troika diktierten Sparprogramme, die die fiskalische Lage abermals verschlechtern und die Zinsen wiederum in die Höhe treiben. Nur die beherzten Interventionen der EZB konnten bislang verhindern, dass die Zinsen für spanische Anleihen ein Niveau erreichen, bei dem das Land sich nicht mehr selbstständig refinanzieren kann. Schon heute muss Spanien, dessen Staatsschuldenquote nur unwesentlich über der deutschen liegt – gemessen am Bruttoinlandsprodukt –, mehr als doppelt so viel Geld für den Zinsdienst aufbringen. Nicht nur das, auch im Vergleich zum fast viermal so hoch verschuldeten Japan muss Spanien relativ mehr Geld für den Zinsdienst aufwenden.

Im Unterschied zu Irland und Spanien war Italien bereits vor dem Beginn der Finanzkrise relativ hoch verschuldet. Der finanzpolitische Schlendrian, den deutsche Medien den Südländern gern unterstellen, ist jedoch eine Legende. Italien meldete zwar seit Einführung des Euro jedes Jahr ein Haushaltsdefizit – da die Wirtschaft des Landes jedoch schneller als die Schulden wuchs, baute Italien seine Staatsschuldenquote de facto zwischen 1995 und 2007 um 17,9 Prozentpunkte auf eine Staatsschuldenquote von 95,6 (gemessen am BIP) ab. Dank relativ niedriger Zinsen war dies aber nie ein echtes Problem für das Land. Erst die Auswirkungen der Finanz- und Wirtschaftskrise 2008/2009 haben Italien ins Wanken gebracht. Es gibt jedoch keinen überzeugenden Grund, das Land in die Gruppe der potentiellen »Bankrottkandidaten« einzureihen. Mit einem Anwachsen der Staatsschuldenquote um 2,2 Prozent nahm Italien 2010 einen der Bestwerte innerhalb der Gruppe der OECD-Staaten ein.

Die gefährliche »Risikoprämie« ist vielmehr eine Folge des Herdentriebs der Spekulanten, die erkannt haben, dass die Eurozone angreifbar ist und ihre Spekulationsgewinne letztlich von der EU abgesichert werden. Dies war der Startschuss, reihum Länder zum Abschuss freizugeben. Nicht die Schulden, sondern die – nach ökonomischen Maßstäben vollkommen unnötige – »Rettung« hat das Zeug, aus einem grundsoliden Land wie Italien einen »Bankrottkandidaten« zu machen. Der als Übergangsregierung eingesetzte Expertenrat unter Leitung des ehemaligen Bankers Mario Monti verabschiedet seit November 2011 ein Sparprogramm nach dem anderen und legt damit den Grundstein, die volkswirtschaftliche Krise hervorzurufen, die aus einer virtuellen eine sehr reale Gefährdung der Eurozone machen kann.

Hurra! Wir sparen uns zu Tode!

Auf sämtliche Refinanzierungsprobleme hat die von Deutschland dominierte EU nur eine Antwort: sparen! Dabei sollte eigentlich bekannt sein, dass man sich in Krisenzeiten nicht durch Sparen sanieren kann. Dieses Kunststück mag der schwäbischen Hausfrau gelingen, da es bei ihr keine Wechselwirkung zwischen Einnahmen und Ausgaben gibt. Schon bei der Betrachtung eines kleinen Betriebs zeigt sich jedoch, dass die in letzter Zeit oft zitierte »Austeriät« (von lat. Austeritas: Enthaltsamkeit, strenge Einfachheit) eine Sackgasse ist. Was macht beispielsweise eine Eckkneipe, deren Wirt merkt, dass die Ausgaben langfristig die Einnahmen übersteigen? Er könnte Angela Merkels Leitbild folgen und sparen. Die Kühlung für das Bier kostet Geld, also abschalten! Ist eine Beleuchtung nach 22 Uhr wirklich notwendig? Abschalten und sparen! Teure GEMA-Gebühren für die musikalische Berieselung? Sollen die Gäste doch selbst singen, die Zeiten sind schließlich hart. Jeder kann sich denken, wohin dieses Kneipen-Austeritätsprogramm führt. Investiert der Wirt jedoch in Werbung oder eine gefälligere Ausstattung, kann es durchaus sein, dass er seine Einnahmen steigert und plötzlich wieder Profit macht.

Eine Volkswirtschaft ist natürlich keine Kneipe. Der größte Unterschied zwischen der Volkswirtschaft und der »Wirtschaft« ist, dass in einer Volkswirtschaft die Ausgaben ganz direkte Auswirkungen auf die Einnahmen und Ausgaben der nächsten Zeitperiode haben. Wer nur sparen will, erreicht daher auch oft das genaue Gegenteil. Kürzt man beispielsweise die staatlichen Investitionen und Löhne für Staatsdiener, hat dies direkte Auswirkungen auf andere Wirtschaftssubjekte: Der Bauunternehmer, der ansonsten die geplante Schnellstraße gebaut hätte, muss einen Teil seiner Arbeiter entlassen und zahlt weniger oder gar keine Steuern mehr, da er Verluste macht. Die entlassenen Arbeiter zahlen natürlich auch keine Einkommensteuer mehr, stattdessen produziert ihre Erwerbslosigkeit Kosten, die vorher nicht anfielen. Die schlechter verdienenden Staatsdiener geben weniger Geld aus, was nicht nur die Mehrwertsteuereinnahmen belastet, sondern auch sämtliche Wirtschaftstreibenden, denen die erzwungene Enthaltsamkeit die Geschäfte verhagelt.

Der Ökonom John Maynard Keynes hat bereits in den 1930er Jahren erkannt, dass der Staat durch seine Wirtschafts- und Finanzpolitik einen überaus großen Einfluss auf die Konjunktur ausübt und mittels konjunktureller Maßnahmen aktiv gegen eine sich abzeichnende Krise vorgehen kann. Keynes nannte ein solches Vorgehen »antizyklisch«: Der Staat sollte also in der Rezession seine Ausgaben erhöhen und während des Wirtschaftsaufschwungs seine Ausgaben zurückfahren, um die Schulden abzuzahlen, die er in Rezessionsphasen aufnehmen musste. Man muss kein Keynesianer sein, um zu erkennen, dass das genaue Gegenteil – nämlich eine prozyklische Ausgabenpolitik, die in Krisen spart und im Aufschwung das Geld mit vollen Händen aus dem Fenster wirft – nicht sinnvoll sein kann. Hätte der deutsche »Sparkanzler« Heinrich Brüning in seiner Amtszeit von 1930 bis 1932 die Ratschläge des Briten Keynes befolgt, wäre uns und der Welt womöglich das Dritte Reich erspart geblieben.

Die Politik zeigt sich jedoch zum wiederholten Male komplett lernresistent und probiert einmal mehr genau die Medizin, die sich bereits mehrfach als Gift herausgestellt hat. Heinrich Brüning baute im öffentlichen Dienst Stellen ab, kürzte die Gehälter und fuhr gleichzeitig die staatlichen Investitionen auf ein Minimum zurück. Dieses Musterbeispiel einer Austeritätspolitik, das durchaus als Blaupause für die Sparprogramme gelten kann, mit denen heute Griechenland, Portugal und Irland malträtiert werden, führte jedoch nicht zu einer Besserung der volkswirtschaftlichen Lage. Die Arbeitslosigkeit stieg stattdessen rasant an, die Preise purzelten in den Keller, die Staatseinnahmen gingen massiv zurück, und noch nicht einmal die Staatsverschuldung – die damals abgesehen von den Reparationsleistungen, die im Versailler Vertrag festgelegt worden waren, keine große Rolle spielte – konnte saniert werden. Die von Brüning fahrlässig herbeigeführte Krise verhalf schließlich den Nationalsozialisten zur Machtübernahme. Kaum im Amt, öffneten sie alle Kreditschleusen und betrieben – vor allem unter dem späteren Reichsbankpräsidenten Hjalmar Schacht – eine großangelegte Ausweitung der Staatsverschuldung, die jedoch ab 1934 ebenfalls prozyklisch war, da bereits die ersten Konjunkturprogramme die Rezession beendet hatten. Diese Politik führt bis heute zu der hinter vorgehaltener Hand geäußerten Behauptung, Hitler habe die Leute angeblich wieder in Lohn und Brot gebracht. Ohne die Sparpolitik Brünings wäre dies jedoch gar nicht nötig gewesen. Brüning ging somit auch nicht als »knallharter Sanierer« in die Geschichte ein, sondern vielmehr als unfreiwilliger Steigbügelhalter Hitlers.

Eine kompromisslose Sparpolitik hat freilich nicht immer derart dramatische weltgeschichtliche Folgen. In den meisten Fällen führt eine Austeritätspolitik schlicht zu Armut, Rezession und höheren Schulden, die letzten Endes durch eine Umschuldung abgeschrieben werden müssen. Als Beispiel einer erfolglosen Austeritätspolitik kann Mexiko gelten, das Anfang der 1980er Jahre durch seine hohe Fremdverschuldung in US-Dollar in eine Schuldenkrise geriet. Der IWF und die Weltbank zwangen das Land, als Gegenleistung für neue Kredite ein radikales Sparprogramm umzusetzen. Die Wirtschaft brach daraufhin ein, Arbeitslosigkeit und Massenarmut drohten die als »mexikanisches Wunder« bezeichnete Periode des Wirtschaftswachstums von 1940 bis 1970 rückgängig zu machen, und die Staatsverschuldung erklomm von Jahr zu Jahr neue Höchststände. Schlussendlich retteten die USA Mexiko – und vor allem die US-Banken, die Mexiko Geld geliehen hatten –, indem sie Mexiko indirekt das Geld liehen, das das Land benötigte, um seine nun massiv abgewerteten Altschulden zurückzukaufen. Erst als sich das Land Ende der 1980er Jahre vom Sparknebel des IWF befreien konnte, kam die mexikanische Volkswirtschaft wieder in Gang. 2003 konnte Mexiko die letzte der Hilfsanleihen der USA bedienen.

Ein wenig dramatischer ging die argentinische Staatsschuldenkrise aus. Auch Argentinien war nach einer Phase neoliberaler Wirtschaftspolitik zu Beginn dieses Jahrtausends extrem hoch in der Fremdwährung US-Dollar verschuldet. Um frische Devisen zu bekommen, musste sich das Land vom IWF unter der Führung des späteren Bundespräsidenten Horst Köhler ein Sparprogramm nach dem anderen diktieren lassen. Auch hier waren die Auswirkungen fatal: Massenarbeitslosigkeit, Rezession und eine Erhöhung der Staatsverschuldung. Erst der radikale Schnitt in Form eines Staatsbankrotts war der langersehnte Befreiungsschlag.

Es gibt viele weitere Beispiele für die kontraproduktive Wirkung von Sparprogrammen in Krisenzeiten. Aber selbst die Befürworter von Austeritätsprogrammen können auf kein einziges Beispiel verweisen, das den erwünschten Erfolg dieser Programme belegen könnte.

Schockstrategie: Kann die Welt am deutschen Wesen genesen?

Während die Länder Südeuropas unter dem Joch der Spekulation an den Finanzmärkten leiden, konnten andere Länder ihre finanzpolitische Situation in den letzten beiden Jahren merklich verbessern. Beleg dafür sind die deutlich gesunkenen Zinsen für Staatsanleihen, von denen nicht nur Deutschland, sondern auch Länder wie Großbritannien, Japan und die USA profitieren. Davon wird jedoch in den deutschen Medien nur sehr selten berichtet. Wenn Politiker und Journalisten den Eindruck vermitteln wollen, dass die Folgen der Finanzkrise zu einem »fundamentalen Vertrauensverlust« in den Staat geführt hätten, dann ist dies fundamentaler Unsinn. Deutschland und Japan, die im Vergleich zu anderen OECD-Staaten relativ unbeschadet aus der Finanzkrise herauskamen, zahlen heute bedeutend weniger für ihren öffentlichen Schuldendienst als vor der Krise.

Großbritannien und die USA müssen zwar mehr Geld als vor der Krise aufwenden. Dies liegt jedoch an der astronomischen Neuverschuldung dieser beiden Länder, die ihren ausufernden Finanzsektor mit staatlichen Geldern retten mussten. Großbritanniens Staatsverschuldung hat sich durch die Krise in den Jahren von 2007 bis 2010 von 42,7 Prozent auf 85,5 Prozent (gemessen am BIP) mehr als verdoppelt.[15] Von einem Vertrauensverlust der Märkte spüren die Briten dennoch nichts. Die Verzinsung ihrer Staatsanleihen ist seit 2007 kontinuierlich rückläufig – gleiches gilt für die USA. Einzig und allein Frankreich musste als größerer OECD-Staat im letzten Jahr eine Steigerung der Zinsen hinnehmen – dies jedoch auf niedrigem Niveau und immer noch weit unter der »Vorkrisenverzinsung« von 2007.

Bereits diese Entwicklung zeigt, dass es sich bei der Eurokrise weder um eine Staatsschuldenkrise noch um eine Vertrauenskrise der Märkte handelt, sondern um einen gezielten Angriff auf die schwächsten Glieder in einem Währungssystem, das sich nicht gegen solche Angriffe abgesichert hat. Die Anleger misstrauen den anderen Staaten nicht, sondern vertrauen ihnen so stark, dass sie ihnen ihr Geld zu einem Zinssatz leihen, der oft niedriger als die Inflationsrate ist. Wenn irgendwo ein »fundamentaler Vertrauensverlust« auszumachen ist, dann richtet er sich gegen die Banken, die sich noch nicht einmal selbst vertrauen und ihre liquiden Mittel lieber zum Einlagezinssatz von nur 0,75 Prozent bei der EZB parken, als sie anderen Banken zu einem höheren Zinssatz zu leihen.

Auch Deutschland profitiert von den sinkenden Zinsen für Staatsanleihen von Ländern, die als besonders solide gelten. Im Jahre 2007 betrug die Gesamtverschuldung des Bundes 962 Milliarden Euro. Dies entsprach 39,6 Prozent des Bruttoinlandsprodukts. Für die Zinslasten musste der Bundeshaushalt damals

38,8 Milliarden Euro bereitstellen – dies entspricht rechnerisch einem durchschnittlichen Zinssatz von vier Prozent und einem Anteil von rund 1,7 Prozent, gemessen am Bruttoinlandsprodukt.[16] Im Jahre 2011 betrug die Gesamtverschuldung des Bundes 1 150 Milliarden Euro. Dies entsprach 44,7 Prozent des Bruttoinlandsprodukts.[17] Die Schulden sind sowohl absolut als auch relativ gestiegen, die Zinslast ist jedoch merklich gesunken. Für die Zinslasten musste der Bundeshaushalt im letzten Jahr nur noch 37,1 Milliarden Euro bereitstellen – dies entspricht einem durchschnittlichen Zinssatz von 3,2 Prozent und einem Anteil von rund 1,4 Prozent des Bruttoinlandsprodukts. Die Finanzkrise hat somit nicht nur zu einer nur geringfügig höheren Gesamtverschuldung, sondern sogar zu einer signifikanten Reduzierung der relativen und absoluten Kosten der Verschuldung geführt.

Die populäre Behauptung, nach der Deutschland aufgrund der Schuldenproblematik keinen Spielraum hätte, um haushaltspolitisch gegen die massiven Folgen der Finanzkrise anzugehen, ist bei näherer Betrachtung nicht haltbar. Doch statt mit Hilfe antizyklischer Finanz- und Wirtschaftspolitik die Krisenfolgen einzudämmen, die Binnennachfrage zu stärken und damit als stärkste Europäische Volkswirtschaft die dringend benötigte Rolle einer Wachstumslokomotive zu übernehmen, verfolgt die deutsche Regierung eine prozyklische Sparpolitik und nutzt ihren gewonnenen Einfluss darüber hinaus auch noch dazu, ihre neoliberale Schockstrategie auf die gesamte Eurozone auszudehnen. Deutschland nutzt die Gunst der Stunde, um ganz Europa auf den neoliberalen Kurs deutscher Machart zu zwingen.

Wie leider kaum anders zu erwarten, erhält die Regierung dabei von den Medien die bestmögliche propagandistische Schützenhilfe. In der öffentlichen Meinung wurde aus einer spekulationsbedingten Refinanzierungskrise einiger Europäischer Staaten eine »Schuldenkrise«. Politische Ideen, die die neoliberale Theorie und Praxis widerlegen, werden als »falsches Signal an die Märkte« desavouiert – gerade so, als seien Spekulanten ein legitimer und legitimierter Schiedsrichter bei volkswirtschaftlichen Fragen.

Schaut man sich die Krisenstrategie für Länder wie Griechenland, Portugal oder Italien an, drängt sich jedoch die Frage auf, was der neoliberale Kurs, den die Troika mit ihren Forderungen bis ins kleinste Detail vorschreibt, eigentlich mit den Staatsfinanzen zu tun haben soll. Die in diesen Ländern nun umzusetzende Liberalisierung des Arbeitsmarktes und die Aufhebung bestehender Kündigungsschutzregeln lassen sich nur mit sehr viel Phantasie als Antwort auf eine vermeintliche Staatsschuldenkrise interpretieren. Wir haben es vielmehr mit einem Paradebeispiel für eine Schockstrategie zu tun, wie sie die Autorin Naomi Klein in ihrem gleichnamigen Buch beschrieben hat.[18]

Doch diese Strategie ist keinesfalls risikolos und zudem volkswirtschaftlich grotesk. Wer soll dem Vizeexportweltmeister Deutschland denn seine Waren abkaufen, wenn die gesamte industrialisierte Welt sich zu Tode spart? Schon heute lahmt die Wirtschaft vor allem deshalb, weil die Nachfrage aufgrund sinkender Reallöhne stagniert. Wie sollen Länder wie Griechenland, Spanien oder Portugal ihre Defizite abbauen, wenn Deutschland seine Überschüsse nicht verringern will? Wer soll überhaupt Defizite machen, wenn alle europäischen Staaten Überschüsse erzielen sollen? Die Überschüsse einiger Staaten müssen immer auch zwingend die Defizite anderer sein.

Will man der neoliberalen Schockstrategie einen Sinn abgewinnen, muss man sich von rationalen Überlegungen verabschieden und sich für einen Moment in die abstruse Gedankenwelt des Wettbewerbs der Nationen begeben. In dieser Gedankenwelt spielt weder das Streben nach Glückseligkeit noch das Allgemeinwohl eine Rolle, es geht nicht um absolute, sondern ausschließlich um relative Marktanteile im Welthandel. Eine solche Gedankenwelt ist die totale Übertragung der Angebotspolitik (siehe Kapitel 4) auf ganze Volkswirtschaften. Nur wer flexibler, billiger und unternehmensfreundlicher ist, wird in diesem Wettbewerb überleben. Die Menschen sind in dieser Vorstellungswelt lediglich Humankapital, ein Produktions- und somit Kostenfaktor unter vielen, der minimiert werden muss. Deutschland wurde unter diesem ideologischen Masterplan einst Exportweltmeister. Angela Merkel formulierte ihre große Vision am Rande des EU-Gipfels im November 2011 in dem bemerkenswerten Satz: »Wir müssen die Wettbewerbsfähigkeit für unsere Kinder und Enkel erhalten.«[19] Und damit meinte sie nicht nur Deutschland, sondern ganz Europa. Man muss diesen Satz nur einmal mit den europapolitischen Visionen ihrer Amtsvorgänger vergleichen, um zu verstehen, auf welches historische Tief wir gesunken sind.

Die Frage, die man sich hier stellen muss, ist jedoch: Wer soll in einer Welt der Billigproduzenten eigentlich noch die Produkte und Dienstleistungen als Endkunde abnehmen? China? Das rohstoffreiche Russland?

Länder, die sich auf den neoliberalen Wettbewerb der Nationen einlassen, fallen zumindest in der Breite als Kunden aus, da sie aufgrund der niedrigen Lohnkosten keine nennenswerte Nachfrage generieren können. Der Kuchen wird kleiner, in der Gedankenwelt des Wettbewerbs zählt jedoch nicht die Größe des Kuchens, sondern ausschließlich die relative Größe des eigenen Kuchenstücks. Angela Merkel scheint diese Sichtweise verinnerlicht zu haben, anders lässt sich auch ihr Krisenfazit von Anfang 2011, dass wir »gestärkt aus der Krise hervorgegangen sind«,[20] nicht erklären. Sicher, wenn man die eigene Stadt anzündet und vom eigenen Haus nur der Dachstuhl abrennt, während der Rest der Stadt bis auf die Grundmauern niederbrennt, geht man – relativ betrachtet – stärker als andere aus diesem Brand hervor. Kann oder besser darf eine solch destruktive Vorstellung aber ein politisches Leitbild sein?

Es ist sehr wahrscheinlich, dass die deutsche Hegemonialpolitik nicht nur die Europäische Währungsunion, sondern auch die Europäische Integration und sogar den Europäischen Gedanken an die Wand fahren wird. Wenn Angela Merkel denkt, ganz Europa und vielleicht sogar die ganze Welt würde sich von Deutschland einen selbstzerstörerischen Sparkurs aufzwingen lassen und dessen katastrophale Auswirkungen folgenlos hinnehmen, dann könnte sie sehr bald von ihrem hohen Ross gestoßen werden. Sie sägt nicht nur der extrem exportlastigen deutschen Wirtschaft den Ast ab, sondern sie isoliert Deutschland auch politisch von seinen Nachbarn und zerstört das über Jahrzehnte mühselig aufgebaute Vertrauen in die Europäische Vereinigung. Wir wären wieder in den Zeiten vor 1914 angekommen und damit um hundert Jahre zurückgeworfen.

Eurobonds als Ausweg aus der Eurokrise

Die Eurokrise hätte bereits sehr früh im Keim erstickt werden können. Als die griechische Regierung im Spätherbst 2009 »entdeckte«, dass ihre Vorgängerregierung jahrelang massiv geschönte Statistiken nach Brüssel gemeldet hatte, und daraufhin ihre Staatsschulden massiv nach oben korrigieren musste, hätte bereits ein Zeichen der Solidarität aus Berlin, Paris und Brüssel ausgereicht, um die Situation nachhaltig zu entschärfen.

Um Auswege aus der Eurokrise zu finden, muss man sich zunächst einmal vergegenwärtigen, wie und warum die attackierten Staaten in die Enge getrieben wurden und werden. Volkswirtschaftliche Kennzahlen spielen bei den Entscheidungen der Akteure am Finanzmarkt eine eher untergeordnete Rolle, wie nicht zuletzt der bereits erwähnte Vergleich von Spanien mit Großbritannien zeigt. Investoren und Spekulanten stellen sich – wenn auch aus unterschiedlichen Motiven – zwei grundlegende Fragen:

- Wie groß ist die Wahrscheinlichkeit eines teilweisen oder kompletten Zahlungsausfalls?
- Wie groß ist das Währungsrisiko zwischen der Nominalwährung der Anleihe und der Währung des Investors?

In einem finanzpolitisch souveränen Land wie Großbritannien, das in seiner eigenen Währung verschuldet ist, geht die Wahrscheinlichkeit eines Zahlungsausfalls gegen null. Für die Eurostaaten gilt dies aus den bereits genannten Gründen nicht. Nun wissen Spekulanten aber, dass sie durch ihre Attacken eine Situation hervorrufen können, in der ein reales Ausfallrisiko entsteht. Sie wissen auch, dass sie ihr makabres Spiel so lange fortsetzen und sich von einer Volkswirtschaft zur nächsten vortasten können, bis die Politik einschreitet. Die Politik will vorerst jedoch nicht einschreiten, sondern gibt den Spekulanten durch ihre Austeritätspolitik sogar noch Schützenhilfe. Wer glaubt, dass die angekündigten Sparpakete die Märkte beruhigen, sollte lieber einen genauen Blick auf die Risikoaufschläge werfen, die die betroffenen Länder bei ihren Anleiheversteigerungen schlucken müssen. Nach jeder Ankündigung eines neuen Sparprogramms sinken die Zinsaufschläge nicht etwa, sondern sie steigen. Diese Reaktion der Märkte ist absolut rational, da außer den deutschen Medien, die stets das nachplappern, was ihnen die Analysten der Finanzinstitute – die ein Interesse an steigenden Zinsen haben – und Wirtschaftslobbyisten erzählen, niemand daran glaubt, dass man sich durch Sparen sanieren kann.

Um der Spekulation ein Ende zu bereiten, müsste daher das Ausfallrisiko auf ein vertretbares Minimum heruntergefahren werden, will man die Staatsfinanzierung weiterhin über die Finanzmärkte abwickeln. Dieses Ziel erreicht man jedoch nur über eine Haftungsgemeinschaft, die beispielsweise über gemeinsame Anleihen (Eurobonds) umgesetzt werden könnte. Für Eurobonds haftet die gesamte Eurozone, somit wird die erstklassige Sicherheit deutscher, österreichischer, finnischer oder niederländischer Anleihen in die Waagschale geworfen, um die mangelnde Sicherheit von Ländern, die nach Ansicht der Ratingagenturen und der Spekulanten weniger solide sind, auszugleichen. Anstatt nie enden wollende Rettungsschirme aufzuspannen, müssten die Euroländer bei Eurobonds »lediglich« einen Mechanismus entwerfen, der die Haftungsfrage klärt. Allerdings müssten hierfür die EU-Verträge geändert werden, da bei einem solchen Modell die finanziell soliden Länder voll für ihre vermeintlich oder tatsächlich unsolideren Nachbarn haften würden.

Eine Alternative ohne Vertragsänderung wäre hingegen ein Eurobond-Modell, bei dem nicht die Staaten, sondern die nationalen

Zentralbanken direkt oder über Zweckgesellschaften haften würden. Beide Varianten lehnt Deutschland jedoch kategorisch ab, wobei die Gründe für diese Ablehnung vorgeschoben wirken. Eurobonds, so heißt es in den deutschen Medien, würden den Bundeshaushalt jährlich zusätzlich mit zweistelligen Milliardenbeträgen belasten. Stichwortgeber für diese These war niemand anderes als Hans-Werner Sinn, der über sein ifo-Institut Mehrbelastungen in Höhe von 47 Milliarden Euro ausrechnen ließ. Die zugrundeliegende Berechnung als Milchmädchenrechnung zu bezeichnen, würde jedoch jedes Milchmädchen beleidigen. Das ifo-Institut hat sich bei seiner Berechnung die aktuellen Zinsaufschläge für die Euroländer notiert und aus diesen Werten einen Mittelwert gebildet, der natürlich deutlich über dem Zins deutscher Anleihen liegt. Doch diese Rechnung widerspricht elementaren Regeln des Anleihenmarktes fundamental, da sie komplett ignoriert, dass eine gemeinsame Anleihe wesentlich ausfallsicherer wäre als der Durchschnitt aller einzelnen Anleihen. Eurobonds wären stets so sicher wie Anleihen des »stärksten« Mitgliedslands, das auch in letzter Konsequenz für diese Anleihen haftet. Da die Gesamtverschuldung der Eurozone vergleichbar mit der etwas höheren Gesamtverschuldung der USA ist, gibt es auch keinen überzeugenden Grund, warum Eurobonds wesentlich billiger oder teurer als die Treasury-Bonds der USA sein sollten, die nur unwesentlich höher verzinst sind als deutsche Staatsanleihen.

Um die Vorteile von Eurobonds zu verstehen, lohnt sich ein Blick auf Italien. Das Land ist mit rund 1 900 Milliarden Euro verschuldet. Momentan muss Italien jedes Jahr rund achtzig Milliarden Euro zur Bedienung der Zinskosten zahlen. Wenn das Land seine gesamten Schulden zum aktuellen Marktzins von 6,4 Prozent neu aufnehmen müsste, würden die Zinskosten auf 122 Milliarden Euro steigen. Legt man jedoch den aktuellen Marktzins für Bundesanleihen von 1,8 Prozent an, würden die Zinskosten auf 34 Milliarden Euro sinken. Wenn man einmal unterstellt, dass der Zins für Eurobonds sich am Zins für Bundesanleihen orientiert, beträgt der Vorteil für Italien somit 88 Milliarden Euro –

Geld, das nicht nur zur Rückzahlung der Schulden verwendet werden kann, sondern auch ausreichend Manövriermasse für Konjunkturprogramme darstellt. Dank der gesunkenen Zinskosten wäre die Politik nicht gezwungen, sich auf kontraproduktive und halsbrecherische Sparprogramme einzulassen. Das jedoch widerspricht der deutschen Linie, die auf Teufel komm raus im Sparen den einzigen Ausweg aus der Krise sieht.

Ein weiteres beliebtes Argument gegen Eurobonds ist die weitverbreitete Annahme, dass die nationalen Regierungen in unbegrenztem Umfang von diesem Instrument Gebrauch machen könnten. Dieses Argument ist jedoch in jeder Hinsicht unsinnig, da die Modalitäten ohnehin durch einen gemeinsamen Vertrag ausgehandelt werden müssten. Wenn Angela Merkel es schon schafft, der gesamten Eurozone eine kontraproduktive und unsinnige Schuldenbremse zu diktieren, wird sie es ja wohl auch schaffen, einen Vertrag für Eurobonds aufzusetzen, der den Missbrauch dieses Instruments ausschließt.

Das Ende der Spekulation wäre möglich

Eurobonds wären eine wirkungsvolle Methode, um die Krise zu entschärfen. Besser wäre es jedoch, das Einfallstor für Spekulanten ein für alle Mal zu schließen und die Staatsfinanzierung von den Finanzmärkten zu entkoppeln. Um das Risiko eines Kreditausfalls zu minimieren, muss ein möglichst solventer Bürge oder Mitschuldner für gefährdete Staaten gewonnen werden. Selbst Eurobonds sind letzten Endes an die Kreditwürdigkeit des stärksten Mitglieds der Währungsgemeinschaft gekoppelt. Ob Deutschland als Fels in der Brandung für die Schulden der gesamten Eurozone haften kann, ist eine eher akademische Frage. Ein Nationalstaat als »lender of last resort« (Kreditgeber der letzten Zuflucht) ist ökonomisch fragwürdig, politisch nicht denkbar und auch keinesfalls sinnvoll. Der einzige »lender of last resort«, der sowohl über die nötigen Mittel verfügt und zudem vollkommen unabhängig vom Urteil der Finanzmärkte ist, kann immer nur eine Zentralbank sein, die sich dieser Aufgabe auch stellt.

Die EZB kann – wie jede andere Zentralbank – Geld drucken und verfügt sowohl theoretisch als auch praktisch über unbegrenzten Geldvorrat. Bereits heute wird die EZB von der Politik als Instrument zur Krisenbewältigung eingesetzt. Mitte Dezember 2011 hatte die EZB Staatsanleihen im Marktwert von 211 Milliarden Euro in ihren Bilanzen.[21] Da der EZB jegliche Tätigkeit an den Primärmärkten verboten ist, stammen diese Anleihen ausschließlich von den Sekundärmärkten, auf denen die EZB und die nationalen Notenbanken seit geraumer Zeit sogenannte Stützungskäufe durchführen. Ziel dieser Stützungskäufe ist es, die Kurse auf dem Sekundärmarkt zu stabilisieren und dann darauf zu hoffen, dass sich die Käufer am Primärmarkt an diesen »falschen« Preisen orientieren. Selbstverständlich tun sie dies nicht, und somit stellen die Stützungskäufe für die Banken und Spekulanten eine ganz hervorragende Möglichkeit dar, sich ihrer Anleihen zu einem vertretbaren Kurs zu entledigen. Solange es zu keinem Zahlungsausfall kommt, ist dies übrigens ein sehr gutes Geschäft für die EZB, die – anders als einige Banken – Papiere nicht zum Marktpreis bilanzieren muss und somit die nötige Luft hat, die Krise auszusitzen und am Ende der Laufzeit Kasse zu machen.

Das Argument der geldpolitischen »Falken« – beispielsweise des scheidenden deutschen EZB-Direktoriumsmitglieds Jürgen Stark, der von der spanischen Zeitung *El Pais* im April 2011 sehr treffend als »finanzpolitischer Taliban« bezeichnet wurde[22] –, nach dem die EZB sich aus dem Markt für Staatsanleihen komplett herauszuhalten habe, ist ohnehin längst von der Realität überholt. Die EZB mischt jedoch nicht nur auf dem Sekundärmarkt mit, sie nimmt auch auf dem Primärmarkt eine – wenn auch indirekte – Schlüsselfunktion ein, indem sie den Banken das billige Geld ohne Auflagen leiht, mit dem diese die Staatsanleihen kaufen. Wenn die EZB nun aber den Banken das Geld für deren Anleihenkäufe vollständig leiht, ist die EZB bei genauer Betrachtung schon heute der eigentliche Kreditgeber für die Eurostaaten.

Der einzige Unterschied zwischen einer kompletten EZB-Finanzierung und der momentanen Staatsfinanzierung über die Finanzmärkte ist die Frage der Haftung. Wären die privaten Banken nicht in einem derart erbärmlichen Zustand, so dass die Staaten ohnehin wegen deren angeblicher Systemrelevanz auch für die von ihnen gehaltenen Staatsanleihen haften würden, könnte man an dieser Stelle durchaus einen ideologischen Disput führen. In einer Situation, in der die EZB das Geld für die Anleihen an die Banken verleiht und die Staaten deren Risiko absichern, ist eine solche Diskussion jedoch nicht zielführend. Die Verteidiger der freien Märkte verkennen schlichtweg, dass der Staat sich schon heute selbst finanziert. Warum sollte er überhaupt den Finanzsektor daran teilhaben lassen? Warum sollte er sich überdies auch noch von diesem erpressen lassen?

Mittel- bis langfristig ist die Staatsfinanzierung über die EZB die einzige Option, die den Interessen der Allgemeinheit einen höheren Stellenwert einräumt als den Interessen der Banken. Die EZB ist ein politisches Instrument, und somit lassen sich die Zinsen für Staatsanleihen, die von der EZB am Primärmarkt gekauft werden, auch politisch festlegen. Die direkte Staatsfinanzierung über die EZB hat jedoch auch einen – auf den ersten Blick kurios erscheinenden – Nachteil. Staatsanleihen gelten zu Recht als mündelsicher, und verschiedene Finanzdienstleister wie beispielsweise Lebensversicherungen sind qua Gesetz verpflichtet, einen großen Teil ihrer Kundengelder in Staatsanleihen aus dem eigenen Währungsraum zu investieren. Wenn man dem Markt Papiere im Wert von mehreren Billionen Euro entziehen würde, hätte dies auch massive Auswirkungen auf die Finanzmärkte. Eine tragfähige Lösung müsste Anlegern also die Möglichkeit geben, weiterhin über Anleihen risikoarme Kredite zu vergeben. Dies wäre jedoch auch über das EZB-Modell möglich. Auch Banken können bei der EZB Geld »parken« – dafür bekommen sie von der EZB den Einlagesatz von derzeit 0,25 Prozent. Es wäre also keinesfalls ausgeschlossen, dass auch Lebensversicherungen und andere Finanzdienstleister Geld bei der EZB »parken«, indem sie spezielle Anleihen kaufen.

Ein tragfähiges Modell, um die Eurokrise zu beenden, könnte folgendermaßen aussehen: Die EZB kauft den Eurostaaten ihre Anleihen mit einem vorher festgelegten pauschalen Zins ab, der je nach Laufzeit und Höhe der Neuverschuldung variiert. Sollte ein Staat das EZB-Modell ausnutzen, um beispielsweise mit dem geliehenen Geld Wahlgeschenke zu finanzieren, würde über gestaffelte Zinskonditionen ein »künstlicher Markteffekt« simuliert. Wer unbedingt mehr als drei Prozent (gemessen am BIP) Neuverschuldung aufnehmen will, müsste dann beispielsweise nicht 2,5 Prozent, sondern fünf Prozent Zinsen für die Papiere bezahlen, die oberhalb des Grenzwerts liegen. Die EZB haftet für die Rückzahlung der Schulden und gibt EZB-Bonds in Höhe der von ihr vergebenen Staatskredite aus, die zu einem niedrigeren Zinssatz von den Finanzmärkten erworben werden können, dies aber nicht müssen. Wenn eine Lebensversicherung in sichere Anleihen im eigenen Währungsraum investieren muss, könnte sie diese Papiere erwerben.

Die EZB würde bei diesem Modell einen deutlichen Gewinn machen, der je nach Inanspruchnahme der EZB-Bonds und Höhe der Zinsen durchaus in einer dreistelligen Milliardengröße liegen dürfte – Geld, mit dem man Konjunkturprogramme für die Europeripherie finanzieren könnte, um die strukturellen Ungleichgewichte auszugleichen. Egal welche finanzpolitische Lösung man aus der Eurokrise findet, die realwirtschaftlichen Probleme blieben davon zunächst einmal unberührt und sind ein weiteres Kapitel auf der langen Aufgabenliste für ein gemeinsames Europa.

Inflation – das deutsche Reizwort

Warum verfolgt die Politik nicht solche oder ähnliche Pläne, um die Krise zu beenden? Dafür gibt es mindestens zwei Arten von Gründen – die tatsächlichen und die vorgeschobenen. Man kann der Öffentlichkeit nun einmal schlecht sagen, dass man mit Steuergeldern Banken am Leben halten will, die im Finanzkasino an einem viel zu großen Rad gedreht haben. Man kann den Wählern auch nicht sagen, dass man sich vom politischen Ziel des gemeinsamen Wohlstands verabschiedet hat und nun plant, die Europäischen Volkswirtschaften auf einen Niedriglohnwettbewerb mit Schwellenländern zu trimmen. So viel Ehrlichkeit würde zu Widerstand und Unverständnis führen, und da man sehr genau weiß, dass man keine überzeugenden Argumente in der Hinterhand hat, greift man lieber gleich zu vorgeschobenen Gründen, die zwar keiner ernsthaften Überprüfung standhalten, aber über die emotionale Schiene an Ängste appellieren, die vor allem in Deutschland immer noch allgegenwärtig sind.

Zu diesen vorgeschobenen Gründen zählt die immer wieder geäußerte Behauptung, nicht nur eine EZB-Finanzierung, sondern sogar Eurobonds würden unweigerlich zu einer Inflation führen. Dieses Scheinargument ist freilich spitzfindig, da die Inflationswarner nie konkrete Zahlen nennen und jede Form der vollkommen normalen Preissteigerung auch eine Form der Inflation ist. In Deutschland ist der Begriff »Inflation« jedoch auf unbestimmte Zeit verbrannt. Wenn ein Deutscher an Inflation denkt, so hat er dabei immer gleich Bilder von Schubkarren voller wertloser Geldscheine mit vielen Nullen vor Augen und erinnert sich an die Geschichten von Uropa und Uroma, die täglich und schließlich stündlich immer weniger für ihr Geld kaufen konnten. Inflation ist in Deutschland gleichbedeutend mit Hyperinflation, und wenn ein Volkswirt vor einer höheren Inflationsrate warnt, denkt man hierzulande unweigerlich an die Jahre 1920 bis 1923.

Damit versperrt man sich jedoch den klaren Blick auf die Thematik. Ein Computertechniker würde den Begriff Inflation mit dem launigen Spruch »It's not a bug, it's a feature!« beschreiben. Inflation ist kein Systemfehler, sondern ein notwendiger Stützpfeiler unseres Wirtschaftssystems. Die EZB, die sich der Verhinderung einer höheren Inflation verpflichtet fühlt, hat eine Inflationsrate von zwei Prozent als Ziel ihrer Geldpolitik festgelegt. Auch dies wird in Deutschland oft falsch verstanden. Die EZB sieht die zwei Prozent nicht als gerade noch zu tolerierende Obergrenze, sondern als Zielmarke. Das heißt, sie ist auch verpflichtet, bei einer Inflationsrate von beispielsweise 1,2 Prozent tätig zu werden, um die Inflation anzukurbeln. Fortschrittliche Ökonomen wie Heiner Flassbeck oder Paul Krugman halten die EZB-Zielmarke von zwei Prozent überdies für zu niedrig und fordern stattdessen eine erhöhte Zielmarke von drei Prozent bis vier Prozent pro Jahr. Paul Krugman ist auch der Ansicht, dass ein möglicher Ausweg aus den strukturellen Ungleichheiten innerhalb der Eurozone darin bestünde, den Überschussländern wie Deutschland über eine längere Periode hinweg eine höhere Inflation zuzumuten als der defizitären Peripherie. Dies ist zweifelsohne korrekt, hat jedoch einen kleinen, nicht unbedeutenden Haken: Man kann die Inflation nicht so einfach zentral steuern, wie es uns mancher Bundesbanker gern glauben machen würde.

Wie entsteht Inflation? Auf diese Frage erhält man je nach Quelle komplett verschiedene Antworten. Die in Deutschland dominante monetäre Sichtweise, die auch von der Bundesbank geteilt wird, sieht die Inflation als Folge eines Wachstums der Geldmenge. In einem Wirtschaftssystem, in dem Banken noch Banken sind und primär die Bevölkerung wie Wirtschaft mit Krediten versorgen, die im Inland ausgegeben beziehungsweise investiert werden, ist dieser Zusammenhang zumindest theoretisch nicht völlig abwegig. Das Volumen der Finanzmärkte zeigt jedoch, dass nur ein Bruchteil des Geldes, das sich Banken von der Zentralbank leihen – und somit schöpfen –, in die Realwirtschaft geht. Wie und warum die Billionen Euro auf den virtuellen Märkten des Finanzkasinos einen konkreten Einfluss darauf haben, ob die Preise des statistischen Warenkorbs, mit dem das Statistische Bundesamt das Preisniveau misst, steigen, können jedoch auch die Bundesbanker nicht erklären.

Es gibt zwei Arten von Inflation: die sogenannte Kostendruckinflation und die Nachfrageinflation. Zu einer Kostendruckinflation kommt es, wenn externe Preise für Rohstoffe oder Importgüter steigen. Diese Form der Inflation ist sehr häufig in Ländern zu beobachten, deren Währung permanent abwertet, und hier gibt es auch einen klaren Zusammenhang zu den Staatsschuldenkrisen der Vergangenheit. Wenn die Notenbanken dieser Länder Geld gedruckt und in Umlauf gebracht haben, änderten sich Angebot und Nachfrage der Landeswährung, was zu einer Abwertung und dadurch zu einer Kostendruckinflation führte. Auch die momentane leichte Inflation in Deutschland ist vor allem auf steigende Rohstoff- und damit Energiekosten zurückzuführen. Auf diese Form der Inflation hat die Notenbankpolitik jedoch nur dann einen Einfluss, wenn sie die Stärke der eigenen Währung schwächt. Dies ist allerdings weder bei Eurobonds noch einer EZB-Staatsfinanzierung zu erwarten. Warum auch?

Eine Nachfrageinflation entsteht dann, wenn die Bevölkerung plötzlich mehr Geld in der Tasche hat und das Warenangebot nicht mit der steigenden Nachfrage mithalten kann. Händler können zum gegebenen Preis nicht die volle Nachfrage befriedigen und erhöhen daher den Preis so lange, bis sich Angebot und Nachfrage wieder einpendeln. Es ist jedoch mehr als umstritten, ob in einer Rezessionsphase, in der die Nachfrage ohnehin zurückgeht, überhaupt durch geldpolitische Maßnahmen eine Nachfrageinflation entstehen kann. Wenn die Bevölkerung den wirtschaftlichen Abstieg fürchtet, wird sie auch dann nicht mehr Waren nachfragen, wenn die Notenbanken die Leitzinsen auf den absoluten Nullpunkt senken. Auch hier gibt es jedoch keinen Zusammenhang mit Eurobonds oder einer EZB-Staatsfinanzierung. Bei beiden Instrumenten würde ja nicht mehr Geld in die Hände der Bevölkerung gelangen, was eine erhöhte Nachfrage auslösen könnte. Was passieren würde, wäre jedoch ein Wegfall der Sparprogramme und somit auch der Wegfall einer sinkenden Nachfrage, der jedoch keine Inflation auslöst, sondern vielmehr eine drohende Deflation verhindert.

Wer nun der festen Überzeugung ist, dass es hinsichtlich der Inflation einen Unterschied ausmachen würde, wenn man die Eurostaaten über Eurobonds oder die EZB finanzieren würde, sollte dafür auch Beweise auf den Tisch legen. Einerseits finanziert die EZB momentan ohnehin bereits indirekt die Anleihenkäufe der

Banken, andererseits hatten die großvolumigen Stützungskäufe, die nicht nur von der EZB, sondern auch von der US-Notenbank Federal Reserve seit längerem durchgeführt werden, bis dato keinen messbaren Einfluss auf die Inflation. Im Gegenteil: Sowohl in der Eurozone als auch in den USA sinkt die Inflation, anstatt zu steigen. Dies ist angesichts der Rezession jedoch auch alles andere als verwunderlich.

Anstatt die eigene Theorie den Realitäten anzupassen, reagiert man seitens der Bundesbank und der Bundesregierung mit einem unbegreiflichen Dogmatismus. Wir werden von finanzpolitischen Taliban regiert, deren unerschütterliche Engstirnigkeit den ganzen Kontinent und – aufgrund der wirtschaftlichen Verflechtungen – sogar die ganze Welt in den Abgrund reißen könnte. Die Eurokrise ist zwar unsere Krise, verursacht aber weltweit Probleme.

Bis vor kurzem war Europa noch das Vorbild der Welt, ein Kontinent, der nicht nur gelernt hat, in Frieden zu leben und alte Feindschaften zu begraben, sondern der auch ein außergewöhnliches Sozialmodell entwickelt hat. Ein Kontinent, in dem das Streben nach Glückseligkeit möglich war. Deutschland hat Europa schon einmal aufgrund ideologischer Borniertheit und Großmannssucht ins Unglück gestürzt. Lernen wir eigentlich nicht aus unseren Fehlern?

Nachwort: Demokratie in Gefahr

Die Erkundung verschiedener wichtiger politischer und gesellschaftlicher Themenfelder hat gezeigt, dass Deutschland den vorgenommenen Stresstest nicht bestehen kann. Die Politik hat sich von den Bürgern und deren Sorgen und Interessen entfernt. Sie dient nicht dem Allgemeinwohl, sondern den Partikularinteressen einer sehr einflussreichen Minderheit. Quer durch alle Bereiche bestimmen diese Partikularinteressen die politische Agenda. Dies betrifft ganz besonders die ökonomischen Interessen des Finanzsektors, die die Politik der letzten Jahre dominiert haben. Durch die Finanzkrise und die durch sie ausgelöste Eurokrise findet Politik nur noch unter Finanzierungsvorbehalt statt. Nicht das Volk, der eigentliche Souverän, sondern die Finanzmärkte bestimmen die Maximen der Politik. Die Entwicklung in Griechenland und Italien, wo demokratisch legitimierte Regierungen auf Wunsch der Finanzmärkte aus dem Amt gejagt und durch einen »Expertenrat« ersetzt wurden, sollte bei jedem Demokraten die Alarmglocken läuten lassen. Ein politisches System, das sich nicht am Willen der Mehrheit, sondern an den Einschätzungen von Experten orientiert, ist nach klassischer Definition keine Demokratie, sondern eine Technokratie. Übersetzt aus dem Altgriechischen bedeutet dieser Begriff denn auch »Expertenherrschaft«.

Warum stellt eine Politik, die sich auf die Fachkenntnis von Experten und Expertisen aus der Wissenschaft stützt, eigentlich ein Problem dar? So etwas klingt doch zumindest nicht unvernünftig. Leider ist die Wissenschaft jedoch schon lange nicht mehr objektiv, neutral und rational. Vor allem die Ökonomie hat sich mehr und mehr zu einer ideologisch getriebenen Wissenschaft entwickelt. Der Begriff Allgemeinwohl ist in den Wirtschaftswissenschaften heute kaum noch bekannt und spielt bei ihrer politischen Beratung auch keine wesentliche Rolle. Dummerweise haben sich diese »Experten« zumindest in Deutschland durchgesetzt. Sie beherrschen die öffentliche Debatte und werden in und von den Medien als glaubwürdige Sachkundige verkauft.

Als die Franzosen 1793 ihren König zum Schafott führten, skandierten sie »Freiheit, Gleichheit, Brüderlichkeit«. Wir haben es akzeptiert, dass eine politische Kaste den Begriff Freiheit pervertiert hat. Freiheit ist das Recht eines jeden Menschen, sein Leben so weit wie möglich selbst zu bestimmen. Wer am Monatsende nicht weiß, ob er noch genug Geld hat, sich und seine Familie zu ernähren, ist nicht frei. Wer seiner Träume beraubt wird, weil er das Pech hatte, in der »falschen« Schicht geboren zu sein, ist nicht frei. Wir haben es akzeptiert, dass unsere Gesellschaft sich vom Ideal der Chancengleichheit und vom Streben nach Gerechtigkeit verabschiedet hat und große Teile der Gesellschaft nicht mehr am allgemeinen Wohlstand partizipieren können. Es gab vor sechs Jahren noch einen großen Aufschrei, als eine Studie der Friedrich-Ebert-Stiftung herausfand, was wir eigentlich alle längst schon wussten, nämlich dass es in Deutschland eine Unterschicht gibt.[1] Damals nannte man diese Unterschicht noch verschämt »abgehängtes Prekariat«. Heute sehen wir es bereits als selbstverständlich an, dass wir uns zu einer Klassengesellschaft zurückentwickeln. Das alte Herrschaftsprinzip »divide et impera« – teile und herrsche – hat immer noch seine Gültigkeit. Wir regen uns nicht darüber auf, dass unsere Oberschicht 500 Milliarden Euro schwarz in der Schweiz bunkert und sich damit der gemeinsamen Finanzierung unserer Gesellschaft entzieht. Stattdessen fordern wir harte Sanktionen, wenn ein Hartz-IV-Empfänger seinen Antrag falsch ausfüllt. Wir haben es auch akzeptiert, dass unsere Gesellschaft sich von dem Ideal der Solidarität verabschiedet. Wir nehmen es als selbstverständlich hin, dass die starken Schultern immer stärker entlastet und die schwachen Schultern ständig stärker belastet werden, bis sie brechen. Eine Gesellschaft, die ihre Ideale verrät, hat keine Zukunft. Der Philosoph und Staatstheoretiker Jean-Jacques Rousseau beschrieb in seinem 1762 erschienenen Buch *Vom Gesellschaftsvertrag oder Prinzipien des politischen Rechtes*[2] den »allgemeinen Willen« (volonté générale) als Grundlage einer idealen Gesellschaft. Dieser allgemeine Wille sei absolut und habe sich nach dem Allgemeinwohl zu richten, das nach Rousseau im Mittelpunkt einer echten Demokratie stehen muss. In unserer Gesellschaft orientiert sich die Politik jedoch nicht am allgemeinen Willen, sondern an der Summe der Partikularinteressen, die Rousseau mit dem Begriff »Wille aller« (volonté de tous) umschrieben hat, der sich in seiner Theorie dem allgemeinen Willen unterzuordnen habe. Rousseaus Gedanken haben ihren Weg in die Verfassungen moderner Demokratien gefunden, auch das deutsche Grundgesetz interpretiert den allgemeinen Willen, indem es der Politik gewisse Leitplanken setzt. Die Verfasser des Grundgesetzes haben es jedoch wohlweislich vermieden, diese Leitplanken allzu eng zu setzen, vertrauten sie doch darauf, dass die Politik in einem demokratischen System die Partikularinteressen dem Allgemeinwohl unterordnet. Ob dieses Vertrauen gerechtfertigt war, wird sich in der Zukunft zeigen.

Eigentlich sollte unsere Gesellschaft das notwendige Korrektiv besitzen, um die Demokratie zu verteidigen. Doch die Medien, deren genuine Aufgabe es wäre, das wichtigste Korrektiv zu sein, haben heute eine zu große Nähe zur Macht. Diese Entwicklung ist doppelt tragisch, da den Medien auch bei der öffentlichen Meinungsbildung eine ganz zentrale Rolle zukommt. Der Bürger ahnt, dass hier etwas ganz gewaltig schiefläuft, ist jedoch mit seinen Zweifeln auf sich selbst gestellt. Vielleicht hat er es auch ganz einfach verlernt, sich aktiv zu informieren, um sich seine eigene Meinung zu bilden. Es gibt sie, die kritischen Kommentare in den Zeitungen – ganz weit hinten, im Feuilleton, oft in einer Sprache geschrieben, die selbst von Akademikern nicht so ohne weiteres verstanden wird. Es gibt auch noch wertvolle Dokumentationen im Fernsehen und geistreiche Interviews im Radio. Man muss sie jedoch mit der Lupe suchen, und da der Konsument angeblich mit anspruchslosem Klamauk zufrieden ist, werden sie auf Sendeplätze und Spartenkanäle verschoben, die es selbst dem Interessierten sehr schwer machen, sie überhaupt zu finden. Welcher berufstätige Bürger mag um Mitternacht eine anspruchsvolle Dokumentation über die Hintergründe der Finanzkrise anschauen? Zur Hauptsendezeit lässt man lieber lustige Musikanten auf die Gebührenzahler los. Hat das öffentlich-rechtliche Fernsehen nicht einen Bildungsauftrag?

Der durchschnittliche deutsche Medienkonsument ist bequem, er konsumiert passiv. Doch wer sein Medienverhalten ändert und aktiv auf Informationssuche geht, wird oft auch fündig. Das Internet mit all seinen Blogs, sozialen Medien und Foren ist der letzte Dorn im Fleisch der kollektiven Massenverblödung. Im Netz hat sich eine kritische Informationselite gebildet, die – nicht nur politisch – schon beinahe überinformiert ist. Das ist zwar durchaus löblich, birgt jedoch die Gefahr in sich, sich selbst in einem Expertenzirkel abzuschotten. So gibt es beispielsweise ganz wunderbare, kritische Weblogs von Ökonomen, die den ökonomischen Mainstream, der in den Massenmedien vorgebetet wird, bis ins letzte Detail widerlegen. Diese Blogger schreiben jedoch analog zu den Schöngeistern des Feuilletons nicht für Otto Normalverbraucher, sondern für sich selbst und die kleine Gruppe von vermeintlichen oder echten Experten, die diese Artikel versteht oder dies zumindest glaubt. Der Einfluss, den diese anspruchsvollen Blogs auf den öffentlichen Diskurs haben, geht gegen null. Um die Öffentlichkeit zu erreichen und etwas zu bewegen, müssen auch die Akteure der Netzmedien sich öffnen, Fachchinesisch vermeiden und sich allgemeinverständlich ausdrücken. Ob dies gelingt? Man darf skeptisch sein.

Dennoch erfüllt das Netz eine sehr wichtige Funktion jenseits der faktenbasierten Information und jenseits der kritischen Kommentierung des Zeitgeschehens. Das Netz verbindet, es zeigt den Unzufriedenen, dass sie nicht allein sind. Viele Leser lieben Blogs weniger wegen der dort veröffentlichten Artikel, sondern vor allem wegen der Möglichkeit, sich im Kommentarbereich mit anderen kritischen Stimmen auseinanderzusetzen. Der virtuelle Stammtisch ist längst Realität. Doch das Netz ist immer noch eine Parallelwelt, die kaum Schnittstellen zur echten Welt hat. Wenn nur zehn Prozent der Unzufriedenheit, die tagtäglich in Blogs und Foren artikuliert wird, ihren Weg auf die Straße finden würden, gäbe es eine sehr reale Chance, etwas an den Verhältnissen zu ändern.

Davon sind wir jedoch immer noch sehr weit entfernt. Wäre man zynisch, könnte man sogar sagen, dass es den Protagonisten des Systems sehr gelegen kommt, dass sich die Unzufriedenheit auf die virtuellen Welten des Internets beschränkt. Solange die Unzufriedenen sich gegenseitig in Blogs und Foren austoben, die keine Schnittstelle zur realen Welt haben, richten sie wenigstens keinen Schaden an. Insofern erfüllt das Netz in gewisser Weise auch die Funktion, Demokratie und Partizipation zu simulieren. Die Außenwelt interessiert sich jedoch nicht für den Klickaktivismus der Netzbewohner – mehr noch: Sie nimmt ihn gar nicht wahr.

Empört euch! Werdet aktiv!

»Es herrscht Klassenkrieg, richtig, aber es ist meine Klasse, die Klasse der Reichen, die Krieg führt, und wir gewinnen«[3] – so lautet die verstörend offene Warnung des drittreichsten Mannes der Welt. Warren Buffett hat zweifelsohne recht, der Klassenkrieg ist in vollem Gang, er wird jedoch nur von einer Partei geführt. Die Verliererseite hat noch nicht einmal richtig mitbekommen, dass um sie herum ein Krieg stattfindet und sie selbst drauf und dran ist, diesen Krieg zu verlieren. Wie konnte es überhaupt so weit kommen?

Das Ende der Weimarer Republik wird von einigen Historikern damit erklärt, dass sie eine »Demokratie ohne Demokraten« gewesen sei. Das ist falsch, es gab auch in der Weimarer Republik Demokraten, sie hatten allerdings gegen ein tief verwurzeltes antidemokratisches Denken der Eliten nie eine Chance. Es waren jedoch nicht die Eliten, die Hitler ins Amt wählten, sondern die Bürger. Diese simple Wahrheit hört man heute in Deutschland nicht gern, man sieht sich lieber als Opfer denn als Helfer oder gar Täter. Diese Opferrolle sitzt tief in der deutschen Seele. Selbst unter den kritischen Zeitgenossen gibt es viele, die sich auch heute als Opfer von »denen da oben« sehen. In einer Diktatur mag diese Schuldzuschreibung legitim sein. Wir leben aber heute nicht in einer Diktatur. Jeder Bürger kann offen seine Meinung sagen und mit Plakaten auf die Straße gehen und seinen Unmut kundtun. Auch für Intellektuelle gibt es heute nicht die geringste Rechtfertigung, in die innere Emigration zu gehen, wie es viele während des Dritten Reichs machten. Wer es nicht besser wissen kann und den Mund hält, mag ein Opfer sein. Wer es besser wissen könnte und lieber freiwillig im Strom mitschwimmt, ist schon kein Opfer mehr. Und wer es besser weiß und dennoch den Mund hält, ist kein Demokrat. Überspitzt könnte man sagen, dass auch die Berliner Republik eine Republik ohne echte Demokraten ist – und damit sind nicht die Politiker, sondern die Bürger gemeint.

Der Stresstest hat gezeigt, dass wir es in einem hohen Maß mit einem Versagen der Institutionen und mit einem Versagen der selbsternannten Eliten zu tun haben. Der Fisch stinkt vom Kopf her. Man würde es sich jedoch viel zu einfach machen, wenn man die Defizite unserer Gesellschaft ausschließlich mit der geistigen Erosion ihrer Eliten erklären würde. In einer politisch interessierten, aktiven und engagierten Gesellschaft wäre es gar nicht möglich, dass die Eliten die Bürger am Nasenring durch die Manege ziehen. So eine Gesellschaft fällt freilich nicht vom Himmel, sie wird einem nicht geschenkt, sie muss mühsam erarbeitet werden. Wir müssen es erst wieder lernen, Demokraten zu werden und die Politik aktiv mitzugestalten.

Sie sind unzufrieden mit den großen Parteien? Wählen Sie eine kleine Partei, mit der Sie eine größtmögliche Schnittmenge haben! Auch die Linken und die Piraten haben interessante Programme.

Sie ärgern sich über den Kurs der SPD? Bombardieren Sie den Abgeordneten Ihres Wahlkreises doch mit Anrufen, Faxen und Briefen, und sagen Sie Ihren Freunden, dass sie es Ihnen gleich tun sollen! Oder treten Sie doch in die Partei ein und kämpfen aktiv für eine Kurskorrektur!

Sie ärgern sich darüber, dass in den Talk-Shows immer nur die gleichen Lobbyisten sitzen? Rufen Sie den Sender an, und schreiben Sie einen erbosten Brief an den Intendanten!

Sie würden anspruchsvolle Dokumentationen lieber zur Hauptsendezeit sehen und mögen keine lustigen Musikanten? Beschweren Sie sich, lassen Sie Ihrem Ärger freien Lauf!

Sie sind mit der neoliberalen unkritischen Berichterstattung Ihrer Zeitung unzufrieden? Schreiben Sie Leserbriefe, kündigen Sie das Abo, und suchen Sie Alternativen im Internet! Nur diese Sprache wird von den Verlegern auch verstanden.

Stößt Ihnen das Verhalten gewisser Konzerne sauer auf? Kaufen Sie nicht mehr deren Produkte, machen Sie auch andere Menschen darauf aufmerksam!

Sie stört die groteske finanzielle Schieflage der Interessenvertretungen? Werden Sie Mitglied bei einer Gruppe, die Ihre Interessen vertritt!

Spenden Sie! Lassen Sie sich nicht alles gefallen, engagieren Sie sich, beschweren Sie sich, seien Sie unbequem, empören Sie sich! Sie sind nicht allein. Je mehr Menschen sich erheben, desto mehr Menschen werden mitmachen. Schauen Sie nicht weg, schweigen Sie nicht. Sie müssen dafür kein Held sein, auch kleine Dinge können große Wirkung haben. Änderungen geschehen nicht von selbst, sie müssen aktiv erarbeitet werden. Seien wir realistisch, versuchen wir das Unmögliche!

Anmerkungen[*]

Einleitung

1 http://de.statista.com/statistik/daten/studie/164503/umfrage/
groesste-aengste-der-deutschen-2010/
2 http://de.statista.com/statistik/daten/studie/182019/umfrage/
zufriedenheit-mit-dem-lebensstandard-in-deutschland-und-
der-eu/
3 http://de.statista.com/statistik/daten/studie/155661/umfrage/
angst-vor-einem-sozialen-abstieg-in-der-zukunft/
4 http://de.statista.com/statistik/daten/studie/1372/umfrage/
meinung-zur-entwicklung-des-lebensstandards-in-deutschland/
5 http://www.zeit.de/studium/hochschule/2010-11/
wirtschaftsstudium-ethik-moral
6 Berliner Zeitung vom 6./7. März 2004 (http://de.wikiquote.org/
wiki/Joseph_E._Stiglitz)
7 Kate Pickett, Richard Wilkinson: *Gleichheit ist Glück: Warum
gerechte Gesellschaften für alle besser sind*, erschienen bei Tolkemitt
bei Zweitausendeins, 2010
8 http://www2.le.ac.uk/ebulletin/news/press-relea-
ses/2000-2009/2006/07/nparticle.2006-07-28.2448323827

---

[*]   Alle Internetseiten wurden zuletzt geprüft am 15.01.2012

Kapitel 1

1 ARD-Deutschlandtrend von infratest dimap Ende 2006; eine von der Friedrich-Ebert-Stiftung in Auftrag gegebenen Studie des Münchner Instituts Polis/Sinus 2008; das Eurobarometer der EU 2007

2 http://www.vorwaerts.de/artikel/politikverdrossen-demokratieverdrossen

3 http://www.butter.de/

4 Näheres hierzu siehe Seite 246, Anmkerkung 4

5 Wikipedia: Das Netzwerk Berlin ist ein Zusammenschluss von circa vierzig SPD-Bundestagsabgeordneten, die als Netzwerker bezeichnet werden. Neben der Parlamentarischen Linken und dem, relativ gesehenen, rechten und konservativen Seeheimer Kreis ist es die dritte Strömung innerhalb der SPD-Bundestagsfraktion. Es wird SPD-intern den Reformern zugerechnet.

6 Jutta Ditfurth in der ARD-Sendung »Menschen bei Maischberger« vom 22. 02. 2011 (http://www.youtube.com/watch?v=r7Fm5FRx4MQ)

Kapitel 2

1 Als Leitmedien werden Massenmedien bezeichnet, die durch ihre Berichterstattung und Kommentierung nicht nur einen Einfluss auf die öffentliche Meinung, sondern auf andere Massenmedien haben. Dazu zählen hierzulande der *Spiegel*, die *Zeit*, die *Frankfurter Allgemeine Zeitung* und die *Süddeutsche Zeitung*.

2 http://www.bpb.de/files/MIMC25.pdf

3 Oliver Gehrs, *Der Spiegel-Komplex: Wie Stefan Aust das Blatt für sich wendete*, München 2005

4 http://www.taz.de/1/archiv/?id=archivseite&dig=2005/03/12/a0278

5 http://www.netzeitung.de/medien/280689.html

6 http://www.spiegel.de/spiegel/print/index-2004-14.html

7 http://www.dradio.de/dkultur/sendungen/thema/438829/

8 http://www.spiegel.de/spiegel/print/d-42813385.html
9 http://www.spiegel.de/spiegel/print/index-2007-13.html
10 http://www.spiegel.de/spiegel/print/index-2002-39.html
11 http://www.spiegel.de/spiegel/print/index-2002-26.html
12 http://www.spiegel.de/spiegel/print/index-2003-47.html
13 http://www.spiegel.de/spiegel/print/index-2003-42.html
14 http://www.spiegel.de/spiegel/print/index-2003-21.html
15 http://www.spiegel.de/spiegel/print/index-2005-26.html
16 http://www.spiegel.de/spiegel/print/index-2005-12.html
17 http://www.spiegel.de/spiegel/print/index-2010-24.html
18 http://www.spiegel.de/spiegel/print/index-2008-49.html
19 http://www.spiegel.de/spiegel/print/index-2010-46.html
20 http://www.spiegel.de/spiegel/print/index-2011-43.html
21 http://www.faz.net/aktuell/feuilleton/buergerliche-werte-ich-beginne-zu-glauben-dass-die-linke-recht-hat-11106162.html
22 Frankfurt 2010
23 München 2010
24 http://www.bild.de/tipps-trends/geld-job/ratgeber/vorsorge-rente-altersstufen-1306294.bild.html
25 http://www.spiegel.de/wirtschaft/0,1518,779273,00.html
26 http://www.wiwo.de/politik/deutschland/kritik-qualitaetsschwaechen-beim-ifo-institut/5026428.html
27 http://www.cesifo-group.de/portal/page/portal/ifoHome/a-winfo/d1index/10indexgsk
28 http://www.destatis.de/jetspeed/portal/cms/Sites/destatis/Internet/DE/Content/Publikationen/Fachveroeffentlichungen/VolkswirtschaftlicheGesamtrechnungen/Inlandsprodukt/InlandsproduktsberechnungVjPDF__2180120,property=file.pdf
29 http://www.otto-brenner-shop.de/publikationen/obs-arbeitshefte/shop/wirtschaftsjournalismus-in-der-krise-ah63.html
30 http://www.woz.ch/artikel/print_19127.html
31 http://www.nachdenkseiten.de/?p=8146
32 http://www.arvato.co.uk/our-clients/east-riding-yorkshire-council
33 http://www.focus.de/kultur/medien/media-box-arvato-projekt-kein-erfolg-wuerzburg-frustriert_aid_397610.html

34 http://www.taz.de/!58419/

35 http://publik.verdi.de/2009/ausgabe_01_02/gesellschaft/
.gesellschaft/seite_9/A0

36 Als Kampagnenjournalismus wird das wechelseitige Aufbauschen
eines bislang nicht beachteten Themas bezeichnet, um es auf die
politische Agenda zu setzen.

37 Tom Schimmeck:»Arschlochalarm«, http://www.taz.de/1/archiv/
archiv/?dig=2005/09/17/a0015

38 ebd.

39 http://www.spiegel.de/spiegel/0,1518,538963,00.html

40 http://blog.abgeordnetenwatch.de/2010/08/17/ein-buch-29-vor-
trage-und-einige-hunderttausend-euro-die-nebeneinkunfte-des-
peer-steinbruck/

41 http://www.thyssenkrupp-architektenwettbewerb.com/
independent/verguetung_aufsichtsrat_de.html

42 www.abgeordnetenwatch.de

43 http://meedia.de/fernsehen/die-meisteingeladenen-
talkshowgaeste-2010/2010/12/22.html

44 Dieses Kapitel ist eine leicht abgewandelte Fassung meines Schluss-
fazits zum 1. Kölner Bloggerkongress vom 15. Februar 2011.

45 http://www.focus.de/politik/deutschland/fdp-grossspende-an-
hotelbetreiber-sorgt-fuer-aerger_aid_471569.html

46 http://www.spiegel.de/wirtschaft/unterneh-
men/0,1518,799356,00.html

Kapitel 3

1 http://www.bpb.de/files/LD34GU.pdf

2 http://www.lobbycontrol.de/blog/index.php/schwerpunkte/
lobbyplanet-berlin/

3 http://www.dradio.de/dlf/sendungen/sonntagsspazier-
gang/1607813/

4 http://www.bundestag.de/dokumente/parlamentsarchiv/
sachgeb/lobbyliste/lobbylisteaktuell.pdf

5 http://www.lobbypedia.de/index.php/Cornelia_Yzer

6 http://www.taz.de/1/archiv/?id=archivseite&dig=2004/05/15/a0282

7 http://www.cbgnetwork.org/Ubersicht/Zeitschrift_SWB/SWB_1997/SWB_01_97/Ticker_01_97/politik___einfluss_01_97.html

8 http://www.greenpeace.de/ueber_uns/nachrichten_ueber_uns/artikel/fragen_antworten_zu_greenpeace-1/

9 https://www.vci.de/Die-Branche/Strukturdaten-Statistiken/Seiten/Chemiewirtschaft-in-Zahlen-online.aspx#

10 http://www.nabu.de/nabu/portrait/jahresberichte /

11 http://www.vda.de/de/zahlen/jahreszahlen/allgemeines/

12 http://de.statista.com/statistik/daten/studie/192144/umfrage/umsatz-und-gewinn-der-atomkonzerne-in-deutschland/

13 http://biaj.de/images/stories/2011-11-02_alo1011t.pdf

14 http://www.spiegel.de/wirtschaft/0,1518,724006,00.html

15 http://www.vermoegensteuerjetzt.de/topic/17.reichtumsuhr.html

16 http://www.boeckler.de/pdf/p_arbp_161.pdf

17 http://www.steuerzahler.de/Vorteile-fuer-Mitglieder/1698b639/index.html

18 http://dipbt.bundestag.de/dip21/btd/17/062/1706216.pdf

19 http://www.taz.de/1/archiv/archiv/?dig=2003/10/16/a0127

20 http://www.lobbypedia.de/index.php/Lobbyisten_in_Ministerien

21 Kim Otto, Sascha Adamek: *Der gekaufte Staat: Wie bezahlte Konzernvertreter in deutschen Ministerien sich ihre Gesetze selbst schreiben*, Köln 2008

22 http://www.db.com/medien/de/content/presse_informationen_2006_2919.htm

23 http://www.nachdenkseiten.de/?p=3314

24 http://www.sueddeutsche.de/politik/die-finanzkrise-und-die-spd-erkenntnisreiche-zwangsbeglueckung-1.544161

25 http://www.heringschuppener.com/deutsch/unternehmen/berater_detail.php?consultant_id=2

26 http://www.stern.de/blogs/hans-martin_tillack/ich_bin_zwei_ltanks/

27 http://www.lobbycontrol.de/blog/index.php/2011/09/seitenwechsler-aktuell-drei-neue-falle/

28 http://www.fr-online.de/politik/kritik-am-neuen-umweltminister -den-bock-zum-gaertner-gemacht-,1472596,3278770.html

29 http://www.vorwaerts.de/artikel/die-doppelstrategie-der-atomkonzerne

30 »Marktordnung für Lobbyisten« – Studie der Otto Brenner Stiftung (http://www.lobby-studie.de/)

31 http://www.spiegel.de/wirtschaft/unternehmen/0,1518,728339,00.html

32 http://www.bundestag.de/bundestag/abgeordnete17/biografien/K/kramme_anette.html

33 http://webarchiv.bundestag.de/cgi/show.php?fileToLoad=1365&id=1118

34 http://www.spiegel.de/politik/deutschland/0,1518,493927,00.html

35 http://www.bundestag.de/bundestag/abgeordnete17/biografien/index.html

36 http://www.cnc-communications.com/de/unternehmen/management.html

37 http://www.cnc-communications.com/de/unternehmen/management/person.html?employee=12&cHash=80712de597

38 http://www.youtube.com/watch?v=eWQmMPiUc_g

39 http://www.sueddeutsche.de/politik/clements-kritik-an-der-spd-seiner-partei-fremd-geworden-1.534515

40 http://www.welt.de/politik/article1571459/Clement_warnt_vor_Wahl_von_Andrea_Ypsilanti.html

41 http://www.landaumedia.de/unternehmen/management/aufsichtsrat/

42 http://www.dussmann.com/uploads/tx_noaddress/wolfgang_clement_de.pdf

43 http://www.boersenblatt.net/108436/

44 http://www.dumont.de/dumont/de/101277/presse

45 http://www.riverrockecp.com/team/partners

46 http://www.deutsche-wohnen.com/html/vorstand-aufsichtsrat.php

47 http://www.versatel.de/file/15914/20110413061527/Jahresabschluss_Versatel_AG_2010.pdf

48 http://www.daldrup.eu/ir/files/Daldrup-Depesche-1-08.pdf

49 http://www.handelsblatt.com/unternehmen/management/
koepfe/ex-minister-clement-beraet-citigroup/2622444.html

50 http://www.welt.de/politik/article3555333/Wolfgang-Clement-
wird-Energie-Berater-in-Russland.html

51 http://www.kloepfel-consulting.de/das-unternehmen/beirat/

52 http://www.stern.de/politik/deutschland/verkauf-der-westlb-ein-
merz-spezial-honorar-1673610.html

53 http://www.nebeneinkuenfte-bundestag.de/merz-friedrich/

54 http://www.law.com/jsp/tal/PubArticleTAL.
jsp?id=1202472338838&slreturn=1

55 http://www.stern.de/politik/deutschland/verkauf-der-westlb-ein-
merz-spezial-honorar-1673610.html

56 http://www.stern.de/wirtschaft/news/ruege-vom-rechnungshof-
berater-kassieren-bei-bankenrettung-ab-1671577.html

57 http://www.nzz.ch/nachrichten/wirtschaft/aktuell/westlb_
zerschlagung_landesbank_steuerzahler_1.11040948.html

58 http://www.lobbypedia.de/index.php/Friedrich_Merz

59 ebd.

60 http://www.unodc.org/images/treaties/UNCAC/Status-Map/
UNCAC_Status_Map_Current_Large.jpg

Kapitel 4

1 http://www.boeckler.de/pdf/wsimit_2008_09_schulten.pdf

2 Mit dem im September 1982 veröffentlichten »Konzept für eine Politik zur Überwindung der Wachstumsschwäche und zur Bekämp-
fung der Arbeitslosigkeit« legte der damalige FDP-Wirtschaftsmi-
nister Otto Graf Lambsdorff eine Blaupause für die später
umgesetzten neoliberalen Reformen vor. Dieses als »Lambsdorff-
Papier« bekannt gewordene Konzept markierte die Neupositionie-
rung der FDP als wirtschaftsliberale Partei und besiegelte das Ende
der rot-gelben Koalition.

3 http://www.ludwig-erhard-stiftung.de/files/wohlstand_fuer_alle.pdf

4 Das 1999 verfasste Grundlagenpapier mit dem Titel »Der Weg nach vorne für Europas Sozialdemokraten« beschreibt die – als notwendig empfundene – Abkehr von klassisch sozialdemokratischen Positionen und sieht vor, dass die neue Politik von New Labour und der SPD einen dritten Weg zwischen Marktliberalismus und der alten Sozialdemokratie beschreiten müsse.

5 http://www.fr-online.de/arbeit---soziales/niedriglohnsektor-der-volltreffer-von-schroeder,1473632,2677948.html

6 http://archiv.bundesregierung.de/bpaexport/rede/91/780791/multi.htm

7 Jahresgutachten des Sachverständigenrats zur Begutachtung der gesamtwirtschaftlichen Entwicklung

8 ebd.

9 http://www.sachverstaendigenrat-wirtschaft.de/aktuellesjahrsgutachten.html

10 http://www.destatis.de/jetspeed/portal/cms/Sites/destatis/Internet/DE/Content/Statistiken/Zeitreihen/WirtschaftAktuell/Basisdaten/Content100/vpi101a,templateId=renderPrint.psml

11 Lohnstückkosten beschreiben den realen Lohnanteil bezogen auf die Wertschöpfung einer Volkswirtschaft und bilden somit – anders als die reinen Lohnkosten – auch die Entwicklung der Produktivität ab. Bei einer hocheffizienten industriellen Fertigung spielen beispielsweise die Lohnkosten eine wesentlich geringere Rolle als bei manueller Fertigung.

12 Das Primäreinkommen beschreibt die Nettoeinkünfte eines volkswirtschaftlichen Sektors im Inland.

13 Jahresgutachten des Sachverständigenrats zur Begutachtung der gesamtwirtschaftlichen Entwicklung

14 http://www.allianzglobalinvestors.de/web/download?file=Analysen-und-Trends-Deutschland-Superstar.pdf

15 http://www.destatis.de/jetspeed/portal/cms/Sites/destatis/Internet/DE/Content/Statistiken/Aussenhandel/Handelskennzahlen/Tabellen/Content50/Exportquote,templateId=renderPrint.psml

16 Organisation for Economic Co-operation and Development/
    Organisation für wirtschaftliche Zusammenarbeit und Entwicklung
17 http://www.solidarische-moderne.de/serveDocument.
    php?id=63&file=e/0/134.pdf
18 http://stat.wto.org/StatisticalProgram/WSDBStatProgramHome.
    aspx?Language=E
19 Bundesbankstatistik September 2011
20 Der Begriff »Meinungsmacher« bezieht sich hier auf Albrecht
    Müllers Buch *Meinungsmache* und beschreibt die Journalisten,
    PR-Fachkräfte, Lobbyisten, Politiker und Wissenschaftler, die eine
    bestimmte Agenda unter das Volk bringen wollen.
21 Außenhandelsstatistik der Bundesbank
22 http://www.ft.com/intl/cms/s/0/225bbcc4-2f82-11df-9153-
    00144feabdc0.html?nclick_check=1
23 http://www.spiegel.de/wirtschaft/soziales/0,1518,685235,00.
    html
24 http://www.welt.de/wirtschaft/article13726512/Schaeuble-
    verhindert-Strafe-fuer-deutschen-Ueberschuss.html

Kapitel 5

1 Deutscher Paritätischer Wohlfahrtsverband Gesamtverband e. V.,
    Von Verhärtungen und neuen Trends. Bericht zur regionalen Ar-
    mutsentwicklung in Deutschland 2011
2 http://www.spiegel.de/politik/deutschland/0,1518,678319,00.html
3 In den USA werden zum Tode Verurteilte, die in der Zelle auf ihre
    Exekution warten, als »dead man walking« bezeichnet.
4 http://www.zeit.de/online/2006/20/Schreiner
5 http://www.mlwerke.de/beb/beaa/beaa_000.htm
6 § 28 Abs. 4 SGB XII
7 http://www.bundesverfassungsgericht.de/entscheidungen/
    ls20100209_1bvl000109.html
8 Statistik der Grundsicherung für Arbeitsuchende nach dem SGB II,
    Bundesagentur für Arbeit, Nürnberg, November 2011

9 http://www.boeckler.de/pdf/impuls_2009_18_gesamt.pdf
10 ebd.
11 http://www.dgb.de/themen/++co++17f2321c-d301-11e0-4902-
    00188b4dc422
12 http://www.iaq.uni-due.de/iaq-report/2010/report2010-06.pdf
13 http://www.dgb.de/themen/++co++17f2321c-d301-11e0-4902-
    00188b4dc422
14 Erwerbstätige Arbeitslosengeld-II-Bezieher, Juli 2011, Bundesar-
    beitsagentur, Nürnberg
15 http://dip21.bundestag.de/dip21/btd/17/007/1700748.pdf
16 http://ver-und-entsorgung.verdi.de/abfallwirtschaft/
    schmuddelecke/gera
17 http://www.oecd.org/document/40/0,3746
    ,en_21571361_44315115_49166760_1_1_1_1,00.html

Kapitel 6

1 Paul Krugman, *The Conscience of a Liberal*, New York 2007
2 http://www.bild.de/sport/fussball/fussball/hoeness-will-nicht-
   kleinlich-sein-14488206.bild.html
3 http://en.wikipedia.org/wiki/Income_tax_in_the_United_States
4 http://www.difu.de/projekte/2005/kommunaler-
   investitionsbedarf-2006-bis-2020.html
5 http://www.handelsblatt.com/politik/oekonomie/nachrichten/
   die-maer-vom-steuerschungel/5664240.html
6 http://www.manager-magazin.de/unternehmen/
   artikel/0,2828,446918-2,00.html
7 Paul Kirchhofs Modell enthält de facto drei Steuertarifstufen mit
   Steuersätzen von fünfzehn Prozent, zwanzig Prozent und 25 Prozent.

Kapitel 7

1 http://www.destatis.de/jetspeed/portal/cms/Sites/destatis/
Internet/DE/Navigation/Statistiken/Gesundheit/
Gesundheitsausgaben/Gesundheitsausgaben.psml

2 Keller u. a., Geld und Dialyse, in: *Medizinische Klinik – Intensivmedizin und Notfallmedizin*, 2007-08-01, Springer Berlin/Heidelberg

3 http://www.wdr.de/tv/quarks/global/pdf/gedaechtnis.pdf

4 https://www.cia.gov/library/publications/the-world-factbook/
geos/ao.html

5 http://www.prostata.de/pca_haeufigkeit.html

6 http://www.3sat.de/page/?source=/nano/cstuecke/72601/
index.html

7 http://www.bdi.de/fileadmin/PDF/bdi_aktuell/2002/11/
Bdi02_11M.pdf

8 Uffe Ravnskov, Udo Pollmer, *Mythos Cholesterin: Die zehn größten Irrtümer*, Stuttgart 2004; Jörg Blech, *Die Krankheitserfinder. Wie wir zu Patienten gemacht werden*, Frankfurt 2003, S.78 ff.

9 http://www.bertelsmann-stiftung.de/cps/rde/xchg/bst/hs.xsl/
nachrichten_102416.htm

10 http://www.spiegel.de/spiegel/print/d-41558711.html

11 Statistisches Bundesamt

12 http://www.uniklinik-freiburg.de/onlinemagazin/live/aktuelles/
sozial.html

13 http://www.nachdenkseiten.de/upload/pdf/091202_hinweis_
gesundheitskosten.pdf

14 http://www.destatis.de/jetspeed/portal/cms/Sites/destatis/
Internet/DE/Content/Statistiken/Gesundheit/Krankenhaeuser/
Tabellen/Content100/KrankenhaeuserJahre,templateId=
renderPrint.psml

15 http://www.nachdenkseiten.de/?p=9555#h15

16 http://www.nachdenkseiten.de/upload/pdf/091202_hinweis_
gesundheitskosten.pdf

17 Uta Ziegler, Gabriele Doblhammer, Steigende Lebenserwartung geht mit besserer Gesundheit einher, in: Max-Planck-Institut für de-

mografische Forschung (Hrsg.), *Demografische Forschung aus Erster Hand*, Nr. 1/2005, S. 1–2

18 http://www.destatis.de/jetspeed/portal/cms/Sites/destatis/ Internet/DE/Content/Publikationen/Fachveroeffentlichungen/ FinanzenSteuern/Steuern/LohnEinkommensteuer/Einkommenste uerstatistik2140711077004,property=file.pdf

19 http://wikileaks.org/wiki/IGES_Schlussbericht_Private_ Krankenversicherung,_25_Jan_2010

20 Institut für Demoskopie Allensbach; 04. 02. 2011 bis 17. 04. 2011

21 Quelle: http://www.spiegel.de/wirtschaft/unterneh-men/0,1518,749750,00.html

22 http://www.dkgev.de/dkg.php/cat/23/aid/2/title/Aufgaben_ und_Ziele

23 Deutscher Hotel- und Gaststättenverband (DEHOGA Bundesverband)

24 http://www.pwc.de/de/gesundheitswesen-und-pharma/assets/ Die_Zukunft_unserer_Krankenhaeuser_umsichtig_gestalten.pdf

25 http://www.ey.com/DE/de/Industries/Other-industry-sectors/ Health-Care/Health-Care---Dienstleistungen_MAH

26 http://www.forbes.com/profile/bernard-broermann

27 Werner Rügemer, *Die Berater: Ihr Wirken in Staat und Gesellschaft*, Bielefeld 2004

28 http://www.vlk-online.de/files/articles/2009-04/200904_9a8fd6173f.pdf

29 http://www.presseportal.de/pm/56312/1551969/-bbb-rating-fuer-asklepios-kliniken-verwaltungsgesellschaft-mbh-bestaetigt-outlook-stabil

30 http://www.private-krankenkasse-pkv.de/private-krankenversiche-rung/pkv-gkv-jede-zweite-krankenhausrechnung-fehlerhaft-561

31 http://www.dip.de/fileadmin/data/pdf/material/dip_Pflege-Ther-mometer_2009.pdf

32 ebd.

33 Rainer Salfeld u. a., *Modernes Krankenhausmanagement*, Berlin–Heidelberg–New–York 2007

34 ebd.

Kapitel 8

1 http://ondemand-mp3.dradio.de/file/dradio/2011/09/01/
dlf_20110901_1822_a7746d5b.mp3

2 http://www.faz.net/aktuell/feuilleton/debatten/kapitalismus/
eurokrise-was-wir-europa-wirklich-schulden-11560106.html

3 Der Einfachheit halber verzichte ich hier darauf, Zinsen und Bear-
beitungsgebühren mit einzubeziehen.

4 http://www.bloomberg.com/news/2011-11-21/johnson-deutsche-
bank-could-transfer-contagion.html#

5 http://www.bundesfinanzministerium.de/nn_142078/DE/BMF__
Startseite/Publikationen/Monatsbericht__des__BMF/2011/10/
inhalt/Monatsbericht-Oktober-2011,templateId=raw,property=
publicationFile.pdf

6 http://www.deutsche-finanzagentur.de/fileadmin/Material_
Deutsche_Finanzagentur/PDF/Aktuelle_Informationen/bund_
fact_sheet.pdf

7 http://www.focus.de/finanzen/news/staatsverschuldung/oecd-
warnt-vielen-industrielaendern-droht-schuldenchaos_aid_693334.
html

8 http://www.bundesbank.de/statistik/statistik_zeitreihen.php?lan
g=de&open=&func=list&tr=www_v27_web004_02a

9 http://www.bundesbank.de/statistik/statistik_zeitreihen.php?
lang=de&open=&func=row&tr=BQ1722

10 http://www.ft.com/intl/cms/s/0/526099b8-e3a3-11e0-8990-
00144feabdc0.html#axzz1Z0HeDTms

11 http://mediathek.daserste.de/sendungen_a-z/432744_
plusminus/7996770_in-der-schuldenfalle--wo-europa-
wackelt?type=null&bu zitiert nach http://www.nachdenkseiten.
de/?p=10585

12 http://krugman.blogs.nytimes.com/2011/08/25/fiscalization-
watch/

13 http://stats.oecd.org/Index.aspx

14 http://www.econ.kuleuven.be/ew/academic/intecon/Degrauwe/
PDG-papers/Discussion_papers/Governance-fragile-eurozone_s.pdf

15 http://stats.oecd.org/Index.aspx?DataSetCode=GOV_DEBT

16 Finanzplan des Bundes 2011 bis 2015: http://www.
bundesfinanzministerium.de/nn_4314/DE/Wirtschaft__und__
Verwaltung/Finanz__und__Wirtschaftspolitik/Bundeshaushalt/
Bundeshaushalt__2012/20110905-Bundeshaushalt12-Finanzplan,
templateId=raw,property=publicationFile.pdf

17 BIP 2011 laut DIW-Prognose +2,8 Prozent

18 Naomi Klein, *Die Schock-Strategie: Der Aufstieg des Katastrophen-Kapitalismus*, Frankfurt am Main 2007

19 http://www.ftd.de/politik/europa/:schuldenkrise-der-schwaechste-fliegt-aus-euroland/60124374.html?page=2

20 http://www.bundesregierung.de/Content/DE/Magazine/02Maga
zinWirtschaftArbeit/01/t1-konjunktur-gestaerkt-aus-der-krise.html

21 http://www.nzz.ch/nachrichten/wirtschaft/aktuell/
stockmarkettickerdepartment/urnnewsmla-
wpch20111219818_1.13716206.html

22 http://www.elpais.com/articulo/economia/Mucho/peor/
Lehman/elpepieco/20110428elpepieco_8/Tes

Nachwort

1 http://www.fes.de/aktuell/documents/061017_Gesellschaft_im_
Reformprozess_komplett.pdf

2 Originaltitel: *Du contrat social ou Principes du droit politique*

3 http://www.nytimes.com/2006/11/26/business/
yourmoney/26every.html?ex=1165554000&en=02ed48ae1473
efe0&ei=5070

Literatur

Weitergehende Informationen zu den im Buch behandelten Themen finden Sie in folgenden empfehlenswerten Büchern:

Adamek, Sascha, Kim Otto, *Der gekaufte Staat: Wie Konzernvertreter in deutschen Ministerien sich ihre Gesetze selbst schreiben*, Köln 2009

Arbeitsgruppe Alternative Wirtschaftspolitik, *Memorandum 2011, Strategien gegen Schuldenbremse und Eurochaos*, Köln 2011

Arnim, Hans Herbert von, *Volksparteien ohne Volk: Das Versagen der Politik*, München 2009

Blüm, Norbert, *Ehrliche Arbeit, Ein Angriff auf den Finanzkapitalismus und seine Raffgier*, Gütersloh 2011

Bosbach, Gerd, *Lügen mit Zahlen: Wie wir mit Statistik manipuliert werden*, München 2011

Butterwegge, Christoph, *Kritik des Neoliberalismus*, Wiesbaden 2007

Crouch, Colin, *Postdemokratie*, Frankfurt am Main 2008

Ditfurth, Jutta, *Krieg, Atom, Armut. Was sie reden, was sie tun: Die Grünen*, Berlin 2011

Flassbeck, Heiner, *Das Ende der Massenarbeitslosigkeit. Mit richtiger Wirtschaftspolitik die Zukunft gewinnen*, Frankfurt am Main 2007

Flassbeck, Heiner, *Die Marktwirtschaft des 21. Jahrhunderts*, Frankfurt am Main 2010

Galbraith, John Kenneth, *Eine kurze Geschichte der Spekulation* (neu editierte Version), Frankfurt am Main 2010 (*A Short History of Financial Euphoria*, London 1994)

Herrmann, Ulrike, *Hurra, wir dürfen zahlen: Der Selbstbetrug der Mittelschicht*, Frankfurt am Main 2010

Hetzer, Wolfgang, *Finanzmafia: Wieso Banker und Banditen ohne Strafe davonkommen*, Frankfurt am Main 2011

Horn, Gustav A., *Des Reichtums fette Beute, Wie die Ungleichheit unser Land ruiniert*, Frankfurt/New York 2011

Klein, Naomi, *Die Schock-Strategie: Der Aufstieg des Katastrophen-Kapitalismus*, Frankfurt am Main 2007 (*The Shock Doctrine: The Rise of Disaster Capitalism*, New York 2007)

Krugman, Paul, *Nach Bush. Das Ende der Neokonservativen und die Stunde der Demokraten*, Frankfurt am Main 2008 (*The Conscience of a Liberal*, New York 2007)

Krugman, Paul, *Die neue Weltwirtschaftskrise*, Frankfurt am Main 2009 (*The Return of Depression Economics And The Crisis Of 2008*, New York 2009)

Leif, Thomas, *Die fünfte Gewalt: Lobbyismus in Deutschland*, Wiesbaden 2006

Liedtke, Rüdiger, *Wir privatisieren uns zu Tode, Wie uns der Staat an die Wirtschaft verkauft*, Frankfurt am Main 2007

Müller, Albrecht, *Die Reformlüge*, München 2004

Müller, Albrecht, *Machtwahn – Wie eine mittelmäßige Führungselite uns zugrunde richtet*, München 2006

Müller, Albrecht, *Meinungsmache – Wie Wirtschaft, Politik und Medien uns das Denken abgewöhnen wollen*, München 2010

Müller, Albrecht, Wolfgang Lieb, *Nachdenken über Deutschland, Das kritische Jahrbuch 2011/2012*, Frankfurt am Main 2011

Reiners, Hartmut, *Mythen der Gesundheitspolitik*, Bern 2011

Rose, Mathew D., *Korrupt, Wie unser Politiker und Parteien sich bereichern – und uns verkaufen*, München 2011

Rügemer, Werner, *Die Berater: Ihr Wirken in Staat und Gesellschaft*, Bielefeld 2004

Rügemer, Werner, *Heuschrecken im öffentlichen Raum: Public Private Partnership – Anatomie eines globalen Finanzinstruments*, Bielefeld 2008

Schimmeck, Tom, *Am besten nichts Neues: Medien, Macht und Meinungsmache*, Frankfurt am Main 2010

Schneider, Ulrich, *Armes Deutschland – Neue Perspektiven für einen anderen Wohlstand*, Frankfurt am Main 2010

Schumann, Harald, Christiane Grefe, *Der globale Countdown, Gerechtigkeit oder Selbstzerstörung – Die Zukunft der Globalisierung*, Köln 2008

Schuler, Thomas, *Bertelsmannrepublik Deutschland: Eine Stiftung macht Politik*, München 2010

Stiglitz, Joseph E., *Im freien Fall. Vom Versagen der Märkte zur Neuordnung der Weltwirtschaft*, München 2010 (*Freefall: America, Free Markets, and the Sinking of the World Economy*, New York 2010)

Überall, Frank, *Abgeschmiert – Wie Deutschland durch Korruption heruntergewirtschaftet wird*, Köln 2011

Wagenknecht, Sahra, *Freiheit statt Kapitalismus*, Frankfurt am Main 2011

Wilkinson, Richard und Pickett, Kate, *Gleichheit ist Glück, Warum gerechte Gesellschaften für alle besser sind*, Berlin 2009

Zeise, Lucas, *Geld – der vertrackte Kern des Kapitalismus: Versuch über die politische Ökonomie des Finanzsektors*, Köln 2010

WESTEND

Heiner Flassbeck
Die Marktwirtschaft des 21. Jahrhunderts

304 Seiten, gebunden

Die Politik scheitert. Die Industrieländer wissen nicht mehr,
wie man die freie Entwicklung der Menschen zulässt, den
Fortschritt aber ökologisch und sozial so sichert, dass nach-
haltiges Wirtschaften möglich ist. Heiner Flassbeck zeigt, dass
die Teilhabe aller Bürger am gemeinsam erarbeiteten Fortschritt notwendig ist, um erfolgreich zu sein. Er erklärt, warum
Ökonomen, Politiker und Medien versagen, und zeigt, wie ein
neues Wirtschaftswunder möglich wird, wenn man die vier
großen Bereiche der Finanzen, des Handels und der sozialen
und ökologischen Absicherung richtig miteinander verknüpft.
Er macht Hoffnung, fordert aber gleichzeitig eine funda-
mentale politische Wende, bei der die Parteien- und Lobby-
demokratie radikal reformiert wird.